江苏省社科应用研究精品工程社会教育（社科普及）专项课题成果

回顾与展望

苏州社区教育发展研究（2014—2023）

主　　编　高觐悦　孙桂英
编撰人员（按姓氏笔画排序）
　　　　　方拥军　沈开弟　张国翔
　　　　　吴彩燕　姚巧林　蔡怡然
学术顾问　钱旭初　陶亦亦

南京大学出版社

序

终身教育理念刷新了现代教育体系,越来越多的人认识到:教育,不仅仅只有限制了时间(学龄期)和封闭了空间(校园内)的形态;学习,也不只有"知识本位、学科导向"这种纯知识累积且单向度发展的固定特征。纵向,教育应该贯穿人的一生;横向,教育应该是整合了各类资源的开放系统。当构建终身教育体系、建设学习型社会作为党和政府的重要战略目标唤起社会成员对优质教育的强烈需求,国家意志与民众意愿双向奔赴之时,"人人皆学、时时能学、处处可学"的局面已经悄然形成。

苏州文化底蕴深厚,是经济社会发展最具活力的城市之一。崇文、融和、创新、致远的城市精神不仅表达了解放思想先行先试的开拓精神和城市发展的长远眼光,也体现了开放包容兼收并蓄多种文化元素和崇文重教的宽阔情怀,为以社区教育为载体的终身教育理念的实践提供了充足的养分,也为社区民众应对社会生活急剧变化的旺盛教育需求提供了坚实的保障。

过去的十年,是苏州社区教育实现跨越式发展的重要时期。多项政策陆续出台为社区教育提供了工作遵循,引领了社区教育发展方向,也大力推动了社区教育的快速发展;转型升级的管理体制提升了社区教育的运行效率;2016年苏州市教育局等14个部门联合颁发的《关于加强社区教育工作　推进学习型苏州建设的意见》对苏州社区教育进行了整体规划,同时开启了齐抓共管的新局面,计划必落实、工作无死角进入制度化的轨道;全省范围率先完善的四级办学网络在联席会议制度的配合下将原来自上而下的单项业务管理关系升级为双向沟通和横向合作的新型关系,"十二五"期间开展的"苏州市教育现代化乡镇(街道)老年大学"创建工作、"十三五"期间开展的"苏州市学习型乡镇(街道)"创建工作和"十四五"期间在全省率先开展的"示范性社区教育中心"创建工作,保障了学习型社会建设的高质量发展;政府为主、部门分担、社会捐助、受教育者支付的社区教育经费多元化筹措机制辅之以《苏州市终身教育专项资金使用和管理办法》明确"科学规划、合理安排、责任清晰、规范管理、专款专用、注重实效"的原则支撑社区教育规范运行并充满活力;选拔、培训、引进、示范、能力竞赛等师资队伍建设多措并举,让社区专技人员和社会贤达在工作之余或退休闲暇之时体验了实现自身价值的乐趣,而为专业教师开通职称晋升通道,更是促进了教师职业发展,释放了生产力,最大限度地使社区资源转化为教育资源、社区活动转化为教育活动、课程开发和建设臻于完善成为可能,推进了社区教育内涵发展。

  扎实的工作基础树立了苏州社区教育领风气之先的自信,"精准滴灌"的模式创新盘活了优质资源。特色主题教育、助力社区治理、服务乡村振兴、平台资源融合、家校社协同、非遗文化传承、老年智慧学习、品牌项目建设等各类教育活动如春风化雨滋润社区民众多元化、个性化学习需求,社区教育花开满园。

  《回顾与展望:苏州社区教育发展研究(2014—2023)》客观全面地描述了苏州社区教育十年的发展轨迹,提供了社区教育实践的苏州样本。艰辛磨砺所取得的经验、所遭遇的困难、所揭示的内在规律和发展方向,都可资社区教育同行研究、借鉴和思考。我们欣喜地看到,十年重要成果之一的《苏州市终身学习促进条例》成为全国首部关于终身学习的地方性法规于2023年6月1日起实施,"学习者为中心"的理念以地方法规的形式加以推行,具有里程碑意义。我们有理由相信,当学习者的主观能动性得以充分发挥、需求侧的响应对接供给侧更为"精准"的"滴灌",社区教育的前景必将更加辉煌灿烂。

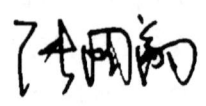

  (张国翔,昆山开放大学正高级讲师,江苏省"333 高层次人才工程"首批中青年科学技术带头人,江苏省终身教育研究会社区教育专业委员会学术委员会副主任)

前言

2023年6月1日《苏州市终身学习促进条例》正式颁布,是全国首部关于终身学习的地方性法规;2024年,苏州纳入联合国教科文组织全球学习型城市网络、教育部第一批全国学习型城市网络,苏州在推动终身学习和学习型城市建设方面所做的努力得到认可。在过去的十年里,苏州社区教育工作者默默奉献着自己的一份光一份热一份情。

本书是十年来苏州社区教育工作者辛勤奉献的成绩回顾,是对苏州十年社区教育发展态势的深入的研究。本书全面梳理了苏州社区教育政策保障与顶层设计、教育资源布局、师资队伍建设、社区教育项目化运作模式、打造特色品牌、提升居民文化素养、助力社区治理等方面的脉络、内涵、成效与问题。通过案例分析、数据研究、调查研究,精准把握具有苏州特色的社区教育发展规律,为苏州社区教育创新发展,探索社区教育与职业教育、高等教育的融合发展,推动苏州学习型城市建设提供了翔实的记录和研究的空间。

本书上篇主要阐述苏州十年社区教育创新的体制机制改革、"一体两翼"的管理格局和"精准滴灌"的苏州社区教育模式;梳理和分析了苏州十年社区教育专兼职队伍状态;社区教育数字化平台建设,以及区域化学习联盟建设、课程建设、课题研究、实验项目探索等方面的经验、问题与对策。中篇则以特色主题教育、助力社区治理、服务乡村振兴、平台搭建与运行机制、家校社联合协同等八个方面的案例呈现社区教育在过去的十年中为苏州这个城市所作的贡献。下篇记录了2014年至2023年苏州市社区教育工作方面的重大事件。

  本书在写作过程中参考并引用了一些国内学术机构、专家学者的研究成果，绝大部分文献来源已经在参考文献中标明，如有遗漏，敬请谅解。作者的学识和经验有限，书中所提出的观点、问题和对策等有一定的局限性，同时由于资料和时间的限制，书稿中有遗漏和不当之处，敬请专家学者和广大读者批评指正。

  本书回顾过去十年苏州社区教育的发展，记录了一代社区教育人的奋斗经历和取得的成绩，在编著过程中得到了苏州市教育局、苏州市职业大学(苏州开放大学)、苏州市10个市(区)的大力支持，特别感谢徐展、刘恬、戴涵莘、吴隽、陈勇、潘勇平、金志明、朱志钦、易平、胡卫文、裔沁阳、赵奕一、顾安平、赵辰等同志。衷心感谢南京大学出版社责任编辑的细心编校！

2024年8月

目 录

上 篇
苏州市社区教育发展报告（2014—2023 年）

第一章 苏州市社区教育政策保障和组织机构 ········· 5
- 第一节 基本管理体制 ········· 5
- 第二节 创新办学模式 ········· 7
- 第三节 基本特点 ········· 13
- 第四节 经费投入及管理 ········· 20

第二章 苏州市社区教育队伍建设 ········· 22
- 第一节 社区教育队伍现状 ········· 22
- 第二节 社区教育管理队伍建设 ········· 28
- 第三节 社区教育教师队伍的建设 ········· 31
- 第四节 社区教育志愿者队伍建设 ········· 45

第三章 苏州市社区教育内涵建设 ········· 49
- 第一节 社区教育学习阵地建设 ········· 49
- 第二节 社区教育课程建设 ········· 79
- 第三节 社区教育研究 ········· 96

第四章　苏州市社区教育项目建设与品牌打造 ………………… 138
　　第一节　参与主体 ……………………………………………… 138
　　第二节　项目建设 ……………………………………………… 140
　　第三节　品牌打造 ……………………………………………… 147

第五章　苏州市社区教育存在的问题与对策 …………………… 158
　　第一节　经验及特点 …………………………………………… 158
　　第二节　存在问题及对策 ……………………………………… 164
　　第三节　发展展望 ……………………………………………… 170

中　篇
苏州市社区教育优秀案例(2014—2023年)

第六章　特色主题教育培训类 …………………………………… 177
　　案例一：双拥特色项目　退役士兵培训(太仓市) …………… 177
　　案例二：教育为民　技能惠民(吴中区) ……………………… 180
　　案例三：以需求为导向的农村社区职业技能培训(吴江区) … 183
　　案例四：开展昆山方言培训，促进文化昆山建设(昆山市) … 186
　　案例五：社教惠企，创新提亮(常熟市) ……………………… 190
　　案例六：弘扬优秀传统文化　打造特色社区教育(吴中区) … 194

第七章　助力社区治理类 ………………………………………… 197
　　案例一：虎丘街道人才培育载体的提升路径(姑苏区) ……… 197
　　案例二：元和街道康桥花园社区"萤火虫公益阅读站"(相城区) … 200
　　案例三：打造文化微阵地，构筑友邻善治新模式(高新区) … 202
　　案例四："一米菜园"知天识地(工业园区) ………………… 205

第八章　服务乡村振兴类 ………………………………………… 210
　　案例一：董浜镇从参与到融入、助力农民专业合作社发展(常熟市)
　　　　　　……………………………………………………………… 210

案例二：建在田间地头的乡村振兴教学点——阳澄讲堂（昆山市）
　　　　　…………………………………………………………… 213
　　案例三：科普教育助力乡村振兴（昆山市）………………… 219
　　案例四："互联网＋农业"赋能乡村振兴（吴江区）………… 221

第九章　平台搭建、运行机制类 ……………………………… 224
　　案例一：元和街道基层社区教育项目化运作（相城区）…… 224
　　案例二："金港大讲堂"架起社区教育"惠民桥"（张家港市）……… 227
　　案例三：依托社区教育服务　助力文创产品发展（姑苏区）……… 230
　　案例四：从百草园到共享花园——多元参与激发社区新活力（姑苏区）
　　　　　…………………………………………………………… 233

第十章　家校社联合协同类 …………………………………… 237
　　案例一：狮山、横塘街道"四点半学校"（高新区）………… 237
　　案例二：湖西社工委"湖西小当家"（工业园区）…………… 239
　　案例三："双减"背景下社区教育促进家校社协同育人的实践做法
　　　　　（张家港市）………………………………………… 242
　　案例四："唱响童谣·传承乡韵"吴侬软语话通安（高新区）… 245
　　案例五：碧溪上鹞灯进校园（常熟市）……………………… 248

第十一章　非遗教育、文化传承类 …………………………… 252
　　案例一：大运河文化带建设：服务国家战略，普及和传承江南文化
　　　　　（苏州开放大学）…………………………………… 252
　　案例二：振兴龙狮，弘扬文化（太仓市）…………………… 257
　　案例三：非遗学堂，传承蚕桑（高新区）…………………… 261
　　案例四：传承非遗文化，弘扬工匠精神（吴中区）………… 264
　　案例五：虞东书屋·阅享社区（常熟市）…………………… 267
　　案例六：越溪船拳文化的传承与推广（吴中区）…………… 271

3

第十二章　老年教育、智慧学习类 ·· 275
　　案例一：风景这边独好——大新镇"幸福夕阳移动课堂"(张家港市)
　　·· 275
　　案例二：赋能银龄　智行江城(吴江区) ······························ 278
　　案例三："七彩夕阳"学共体化身社区群治生力军(张家港市) ······ 282
　　案例四：急救知识　"援"在社区(高新区) ·························· 285

第十三章　社区教育项目建设类 ·· 290
　　案例一：翰墨张浦　泽惠万家(昆山市) ································ 290
　　案例二：醉美沙家浜——"阿庆嫂"在行动(常熟市) ··············· 293
　　案例三：一眼千年·游古赏今——文化姑苏游学(姑苏区) ········ 297

下　篇
苏州市社区教育大事记(2014—2023年)

上　篇

苏州市社区教育发展报告
（2014—2023年）

《中国教育现代化2035》提出了"更加注重全面发展,更加注重面向人人,更加注重终身学习,更加注重融合发展,更加注重共建共享"等推进教育现代化的基本理念。《中华人民共和国国民经济和社会发展第十四个五年规划和2035年远景目标纲要》要求"发挥在线教育优势,完善终身学习体系,建设学习型社会"。2022年全国教育工作会议提出"要深刻认识和把握人民群众不断提高的教育期盼,推动教育改革发展成果更多更公平惠及全体人民"。《教育部2022年工作要点》要求"加快构建服务全民终身学习的教育体系"。社区教育是学习型社会建设的基石,在学习型社会建设中起着至关重要的作用,它是实现教育公平、提高居民素质、促进社会发展的重要途径。撰写区域社区教育发展报告可以全面了解区域社区教育的现状、特点、存在的问题以及未来发展趋势。这为政府决策者、社区教育组织者和社区居民提供了重要的参考依据,对于推动社区教育的持续发展、提高居民的生活质量、促进社会的和谐与进步具有重要的意义。

苏州位于长江三角洲中部、江苏省东南部,古称吴,简称为苏,又称姑苏、平江等。苏州城始建于公元前514年,距今已2500多年历史,目前仍坐落在春秋时代的位置上,基本保持着"水陆并行、河街相邻"的双棋盘格局,以"小桥流水、粉墙黛瓦、史迹名园"为独特风貌,是全国首批24个历史文化名城之一。全市现有文物保护单位884处,其中国家级61处、省级128处。苏州是国家历史文化名城和风景旅游城市,国家高新技术产业基地,长江三角洲城市群重要的中心城市之一、G60科创走廊中心城市、江苏长江经济带的重要组成部分。全市总面积8657.32平方公里,截至2023年年末,常住人口1295.80万人,城镇常住人口1068.82人,城镇化率为82.48%。全市共有4个县级市:张家港市、常熟市、太仓市、昆山市,6个行政区:姑苏区、吴中区、相城区、吴江区、高新区、工业园区。2022年年末,全市共有51个镇、46个街道、1275个居委会、940个村委会。

苏州始终把教育放在优先发展、率先发展的战略地位,大力实施"科教兴市"战略,全面推进区域教育现代化,实现了教育事业的跨越式发展。截至2023年年末,我市拥有各类学校1928所(含幼儿园),在校生228.63万人,拥有专任教师15.21万人。全市拥有幼儿园1034所,在园幼儿34.99万人。全市学前教育毛入园率100%,九年义务教育巩固率100%,高中段教育毛入学率100%,高等教育毛入学率70.7%,16—59周岁人口平均受教育年限11.81年,老年教育普及率40.25%。

"苏州人文底蕴深厚,各类教育资源较丰富,长期以来,基层社区重视对于居民终身学习活动的组织和开展,全市形成了'自上而下'与'自下而上'相结合的良好发展局面。"[1]苏州逐渐形成了以学习者为中心的终身学习体系,教育服务可及化、学习资源精品化、教学形式多样化,学习氛围日益浓厚。"2011年,苏州印发了《社区教育'十二五'发展规划》,2016年,苏州市教育局等十四部门联合颁发了《关于加强社区教育工作 推进学习型苏州建设的意见》。同时把社区教育作为重要内容写入《苏州市中长期教育改革发展规划纲要(2010—2020)》,2018年,苏州市颁发了《市政府办公室关于成立苏州市终身教育促进委员会暨苏州市社区大学校务委员会的通知》(苏府办〔2018〕306号)、《关于成立苏州市终身教育促进委员会办公室的通知》(苏教民社〔2018〕18号)文件。"[2]2023年6月,苏州出台了《苏州市终身学习促进条例》,从法律层面保障和推动了苏州市的社区教育在科学的规划中不断前行。

截至2023年12月,苏州市共有10个市(区),全市有开放大学8所,社区培训学院10所,乡镇(街道)社区教育中心89个,村(社区)居民学校2077所。现已经建成国家级社区教育示范区3个,国家级社区教育实验区1个,省级社区教育示范区4个,省级社区教育实验区2个。全市拥有老年大学11所,街(镇)老年学校86所,村(社区)老年学校、教学点、收视点1000多个,"家门口的老年大学"166家。

---

[1] 孙桂英:《苏州社区教育发展的实践与思考》,《继续教育研究》2022年第7期。
[2] 孙桂英:《苏州社区教育发展的实践与思考》,《继续教育研究》2022年第7期。

第一章
苏州市社区教育政策保障和组织机构

第一节 基本管理体制

"社区教育是一项系统工程,除了需要社会的大力支持,还需要法律法规的制度支撑和政策措施的持续关注。"[①]体制机制是社区教育发展过程中的深层次问题,只有解决好了体制机制问题,才能促进社区教育的健康、可持续发展,才能充分发挥社区教育在推进社会主义文化大发展、大繁荣中的作用。创新社区教育体制机制,是加强社会管理、促进社会和谐的必然要求,是建设学习型社会的制度保证。建设学习型社会,最根本的路径和最主要的动力在于改革创新,必须以体制机制改革为重点。

一、社区教育顶层管理体制的转型升级

"十二五"期间,苏州持续深入推进社区教育机构标准化、现代化建设,明确市、县级市(区)、乡镇(街道)、村(社区)四级社区教育机构的功能定位,形成了以开放大学为龙头,以社区大学和老年大学为两翼,以社区学院、社区教育中心为骨干,以市民学校为基础的终身教育办学体系。2016年,苏州市十四部门意见的出台,对地方社区教育发展进行了整体规划。随着苏州市终身教育学会(2016年)、苏州市社会教育服务指导中心(2017年)的成立,苏州市实现了"一体两翼"的管理格局,一个符合苏州市特点的社区教育体系基本形成(见图1.1)。以市教育局为主体,协作开展,在管理体制、运行机制、制度设计、经费投入、队伍建设等方面取得了一定的成效,逐步将苏州

[①] 鲁昕:《广泛开展城乡社区教育 大力推进学习型社会建设——在全国社区教育工作座谈会上的讲话》,《中国职业技术教育》2011年第1期。

的社区教育引向规范化、制度化发展。

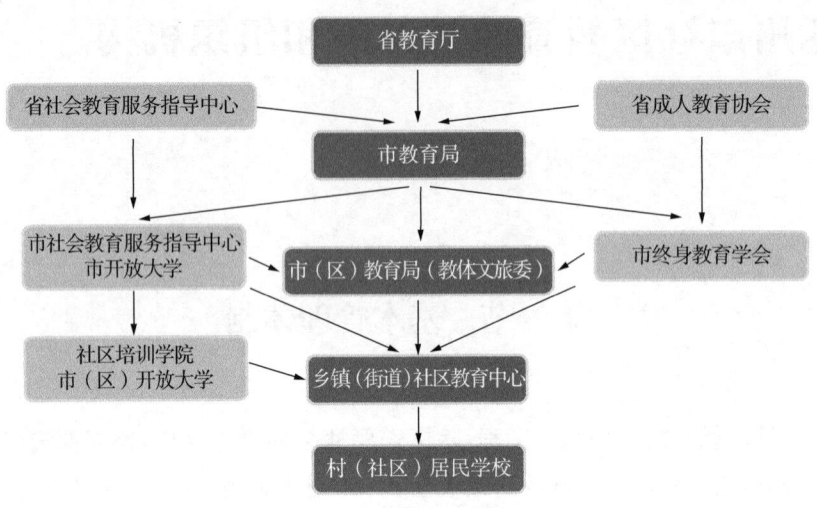

图 1.1 苏州社区教育组织机构架构

二、创新社区教育体制机制

苏州市以体制机制改革为重点,创新社区教育体制机制。"十二五"期间开展"苏州市教育现代化乡镇(街道)老年大学"创建工作,"十三五"期间开展"苏州市学习型乡镇(街道)"创建工作,"十四五"期间在全省率先开展"示范性社区教育中心"创建工作,保障了学习型社会建设的高质量发展。苏州逐步完善了"党政统筹领导,教育部门主管,有关部门配合,社会积极支持,社区自主活动,群众广泛参与"[①]的体制机制。各市(区)实现了教育行政部门与开放大学(社区培训学院)的协作管理。各级终身教育促进委员会或社区教育工作委员会发挥了统筹规划功能,制定发展规划和政策措施,制定发展目标任务,协调社区教育发展。社区教育中心组织开展日常管理、协调工作。村(社区)市民学校发挥了基层教育功能,以人为本,促进社区可持续发展。

三、社会力量参与模式的创新

苏州市社区教育项目化运作的全面推动,"实现了市场的有效介入,社

---

① 《广东省教育发展"十一五"规划》,百度百科,http://baike.baidu.com/view/3016282.html,2008-04-20。

会力量真正参与到社区教育中,为市民学习整合了优质的资源,推动了社区教育的体制机制的改革和创新发展。如:张家港社区教育的管理体制可以概括为"科层为主,项目为用"。科层为主是指建立了市—镇—村三级办学网络,主要管理路径和行政路线是市级层面的社区教育工作领导小组及其办公室到镇社区教育工作领导小组及办公室到村市民学校委员会三级,从业务路线来看是从市教育局职社科到镇社区教育中心到村市民学校。项目为用是指无论镇、村、社团组织还是具有一技之长的个人,都可以申请社区教育公共服务项目,获得市级社区教育专项经费扶持后实现项目进村。项目制打破了科层制的呆板,在行政体系中嵌入市场机制,实现了行政与市场相结合的管理体制"[①]。再如,苏州工业园区确定了以园区终身教育促进委员会为引领、以园区教育行政部门为主导、以园区开放大学为组织、以各街道社工委为支撑、以各社区居委会为支点的社区教育管理体系,形成了政府主导、统筹规划、协调推进的园区终身教育管理格局。园区现有1所开放大学、5所社区教育中心和178所居民学校,园区基本建立了以开放大学为龙头、以各街道社工委社区教育中心为主体、以各社区居民学校为基础的三级社区教育办学体系。

第二节　创新办学模式

苏州社区教育将"精准滴灌"这一农业灌溉的技术应用于社区教育之中,将社区教育四级网络主体与社会资源、力量高度融合,使受教育群体个性化教育需求得到持续高质量供给。经过多年的实践检验,形成了一套可复制可推广的社区教育办学模式,盘活和转化优质丰富的教育资源,直滴市民多元化、个性化学习需求。

一、市级社区教育四级办学网络

苏州市率先完善了市级开放大学、社区培训学院、乡镇(街道)社区教育

---

① 孙桂英:《苏州社区教育发展的实践与思考》,《继续教育研究》2022年第7期。

中心、村(社区)居民学校四级办学网络,将原来自上而下的单项业务管理关系转为双向沟通和横向合作的新型关系,以点到面,并根据施教主体的资源储蓄特色,进行分层分类,便于精准选择学习内容,扩大了学习者学习资源、学习环境和学习机会,形成"网格化"终身学习服务体系。各级社区教育机构职责明确,充分利用辖区内公办学校、图书馆、科技馆、文化馆、博物馆、美术馆和体育场馆等各类公共设施及资源,发掘教育内涵,组织开展社区教育活动,并以项目共建的形式引导辖区内企事业单位、社会组织参与社区教育,为社区各类人群提供有组织、多样化的学习服务,实现了社区教育的全覆盖(见表1-1)。如:吴中区现有开放大学1个,乡镇(街道)成人教育中心(社区教育中心)13个,村(社区)居民学校191个。木渎镇、甪直镇、长桥街道为列编成人教育中心校,其他10所成人教育中心校为非独立列编成人教育中心校,10所非列编成人教育中心校办学基地基本与文体中心资源整合共享,相对独立。全区"社区内资源共享、条线间网络清晰、城乡间联合互动",形成了以开放大学为龙头、乡镇(街道)社区教育中心为骨干,一大批村(社区)居民学校和企业自主培训机构为基础,以社会力量为补充的区域性社区教育服务体系。

表1-1 苏州市社区教育覆盖情况一览表(2023年12月)

市、区	社区培训学院	区级老年大学	乡镇(街道)社区教育中心	乡镇(街道)老年学校	村(社区)居民学校	村(社区)老年学校、教学点、收视点
张家港市	1	1	9	22	245	190
常熟市	1	1	12	10	349	144
太仓市	1	1	9	6	155	2
昆山市	1	1	10	3	249	2
吴江区	1	1	8	8	327	234
吴中区	1	1	13	13	191	162
相城区	1	1	8	8	141	141
姑苏区	1	1	9	8	169	165
工业园区	1	1	5	9	178	94
高新区	1	1	6	7	73	57
总计	**10**	**10**	**89**	**94**	**2077**	**1191**

二、市级教育行政部门统筹

苏州市加强部门合作,发挥教育行政部门统筹协同作用。苏州市已于2018年建立了由规划、教育、财政、宣传、科技、文化、体育、园林与绿化等23个部门组成的学习型城市建设联席会议制度,负责全市学习型城市建设的统筹管理和议事协调,制订工作计划并督促落实。由教育行政牵头成立苏州市社区大学校务委员会,促进部门合作,校务工作委员会设在苏州开放大学,同时学校与市教育行政部门共建了苏州市社会教育服务指导中心,形成了政校合力的动力枢纽。依托苏州市社会教育服务指导中心促进区级教育行政与区开放大学的协同开展,将政府的支持和学校的业务工作实现了精准对接,有力地推动基层社区教育工作的开展。如:太仓市教育局强化以太仓开放大学、社区培训学院为龙头的社区教育三级网络体系。推动现有社区教育资源的开放共享共建,充分盘活各类社会教育资源。各社区教育中心要切实加强对居民学校的指导,把基层的居民学校的作用发挥出来,协调和利用各方社会资源,形成合力。实现一个基地、多种功能,一个场所、多块牌子,不求所有,但求共享。探索开放、可持续发展的资源共享模式。

三、市级社区教育各类资源建设

苏州市通过不懈的努力制定了涉及社区教育教学、科研、师资管理等各项制度,建设了"学习型苏州""苏州市终身教育学会"公众号等推广平台,建设了惠及社区居民的各类项目,推进社区教育的覆盖广度和深度。全面推进社区教育项目化运作,通过市级社区教育项目的遴选和立项,逐步推动了区、街(镇)项目的挖掘和培育,整合、丰富优质资源。通过政校联席工作推进机制、项目成本分担机制、绩效考核导向机制等机制建设,推动了各部门、条线的高效沟通,形成了各板块课程、阵地、师资等资源互通共享的局面,疏通了市、区、乡镇(街道)、村(社区)社区教育机构和社区教育项目基地的运行管路。引导和协助各级社区教育点根据人群、年龄、学习基础、学习时间和环境要素分层分类,定位教育"对象",以专项支出预算绩效指标引导精准施教,伴随实施过程中的动态需求调研,及时调度资源输送,真正做到了"人人皆学、处处能学、时时可学"。如:吴江区以公办教育机构[区社区培训学院、区老年大学、区青少年科技文化活动中心、苏州市太湖高级人才培训中心、乡镇（街道）成校、社区学校等］为主，民办非学历教育机构（25家）为辅，具体实施社区教育培训活动。办学内容有业余学历（大专、本科）、职业技能、人文素养、生活质量等方面教育培训，培训对象覆盖全体居民，并突出从业人员、老年人、青少年、弱势群体等。

案例一：组织运行机制

工业园区：苏州工业园区公益课程进社区惠民项目

一、案例背景

2017年，园区教育局公布《苏州工业园区关于开展公益课程进社区活动的实施意见》（苏园教〔2017〕8号），正式启动公益课程进社区活动。文件在广泛调研和深入论证基础上制定而成，对于公益课程开设的基本原则、组织管理、课程数量和经费标准等作了具体规定。课程分春秋两季，按照"就近社区、适应需求、优胜劣汰"等原则开设，每门课程开课不低于15次，每次课程时长不低于90分钟（两节小课），所有课程均免费向居民开放。

二、案例呈现

1. 四级管理体系

园区教育局负责政策引领，制定公益课程项目相关制度、年度实施计划，以及统筹经费发放等全局工作。园区开放大学负责组织管理，开展公益课程遴选、追踪管理、教学质量把控、评优评选工作，逐步建立公益课程精品课程库。各街道社区教育中心负责具体实施，上报公益课程、开展课程推广、协助做好课程招生及考核工作。各社区居民学校负责提供教学场所及教学设备，组织公益课程的日常教学（见图1.2、图1.3）。

2. 细化课程遴选

前期，园区开放大学统一部署公益课程上报工作，提出满足居民所需、突出区域特色、覆盖各年龄层次的具体要求；园区开放大学、各社区教育中心走进社区实地了解居民需求，通过问卷调查、居民访谈、委托第三方机构

图 1.2　工业园区公益课程现场照片 ——少儿科普

图 1.3　公益课程进社区活动——舞蹈

等形式认真调研,了解当下园区居民终身学习的热点,认真分析园区居民的年龄、学历、职业背景等特征。

3. 师资队伍建设

全力优化公益课程的师资力量,确保将最优质师资投入公益课程。公益课程师资队伍主要由园区开放大学教师、社区教师师资库以及社区内教育机构外聘老师构成。对参与公益课程的教师，园区教育局拨付专项经费，给予其150元/课时的补贴，为了进一步提升教师参与公益课程的积极性，2018年公益课程的课时补贴标准提高至200元/课时。

4. 多渠道宣传

线上主要是通过广播、媒体等平台发布公益课程开课信息，发挥园区教育局公众平台、园区开放大学公众平台、街道社工委等网络平台协同作用，及时发布招生信息、课程信息和报名指南。线下，园区开放大学及各街道社工委在园区所有居民小区张贴宣传海报、分发口袋书，确保社区居民对公益课程信息应知尽知。

5. 规范日常管理

公益课程开课之后，园区开放大学安排专人实时跟踪、随时抽查课程进展情况，及时掌握出勤信息，严肃课堂纪律；记录课堂内容，把控上课质量；收集学员反馈，累积考核资料等，确保公益课程有管理、有组织地进行。各社区教育中心负责组织区域内课程的正常开展，整理公益课程信息，做好学员考勤管理，反馈教师和学员的意见建议，收集课程资料信息，从区域层面把握课程整体进度，保证公益课程的正常开展，并相互借鉴学习、创新管理举措，涌现出各具特色的管理办法。

6. 加强课程考核

每季课程结束后，园区开放大学以考量课程内容和教学质量为核心，根据课程开设期间走访检查的情况、教师教学过程性材料以及学员满意度测评结果等，对课程实施进行考核，每季筛选出一批品质优秀、居民喜爱的精品课程，淘汰一些考核不合格或不受居民欢迎的课程（淘汰率约为10%），并对一些课程形成进一步完善的意见。每季评选出优秀公益课程20门，并将优秀公益课程以微课程的形式制作上传至园区全民终身学习平台，便于居民进一步学习。

三、案例成效

苏州工业园区公益课程进社区活动自2017年春季推出以来，反响十分热烈。2017年至今已经开设公益课程3季，课程总数达307门，开课4605次，累积近万学时，参与人次近两万，街道社工委一级全覆盖、社区一级覆盖范围达95%,园区居民对本次公益课程的总体评价优秀率为90.1%。

1. 助推学习热情高潮

园区公益课程体系设计科学,课程遴选切合居民的实际需求,很多门课程一经发布,瞬间就遭"秒杀",成了一课难求的热门学习活动,在居民中掀起了学习的新高潮。

2. 塑造社会良好风尚

公益课程不仅能满足居民学习需求,而且对形成社区居民积极的价值观、提高社区居民的素质和文化水平、建设良好的社区文化、促进居民自治等具有非常重要的作用。

3. 营造浓厚学习氛围

自公益课程开设以来,全区万余名居民参与学习。在公益课程的引领带动下,园区居民投入终身学习的火热浪潮,越来越多有着共同兴趣爱好的社区居民走到了一起,大家同学习、共进步,在公益课程学习中体验成就感、获得感、幸福感,为学习型园区的建设营造了良好的社会氛围。

第三节　基本特点

一、健全教学机制,灵活办学方法

1. 通过三个协同策略具体实施,健全教学机制

改变市、区、乡镇(街道)、村(社区)四级办学主体之间原有的自上而下的机制,形成内部平行合作,并与区域内相关部门、企事业单位、社会组织等建立外部合作机制,总体上形成纵向贯通、横向融合、敏锐度高,持续发力、良性循环发展的社区教育教学机制。一是"政校协同"策略。2018年成立由苏州市23个局委办及有关单位组成的苏州市社区大学校务委员会,明确各部门在苏州社区教育中的职责,在苏州开放大学下设工作委员会,建立政校联席工作推进机制。二是"校际协同"策略,建立了市、区开放大学,社区培训学院,基层社区教育中心,村(社区)市民学校的纵向业务指导和横向项目合作的运行机制。三是"校社协同"策略。以社区教育四级办学主体为核

心,引导社会力量的合理参与,以项目共建和成本分担机制、绩效考核导向机制等畅通资源和经费双向流动机制,实现资源和经费的高效使用。

2. 以人为本,灵活教学方式

苏州社区教育以人为本,从服务市民终身学习的角度,将社会的资源、力量高度融合,直滴市民多元化、个性化学习需求,盘活和转化优质丰富的教育资源,从而保障社区教育机制高效运行。引导基层社区教育中心挖掘区域特色资源,以学习者为中心,在制度建设、阵地拓展、项目推动、载体建设等主要方面进行了实践探索。如《苏州市社区教育游学项目管理办法(试行)》《苏州市"市民学习苑"建设及管理办法(试行)》等文件的出台。以学习者为中心,构建环绕式社区学习方式,搭建多元载体。如:基于传授式学习方式,建立市民学习苑,给学习者提供相对固定的学习阵地和课程;基于实践式学习方式,建立社区教育游学项目,让学习者在体验实践中学习;基于互助式学习方式,培育市民学习共同体,让有共同兴趣的学习者相互学习、共同进步;基于熏陶式学习方式,培育名师工作室,让学习者在名师良好的品行和传统技艺的濡染下,渐趋同化,提升自我。

3. 整合社会力量,转化学习资源

建立了"职业圈""校园圈""生活圈"三个资源汇聚地,并根据社区居民的学习现状,精准定位学习需求本源,有目的、有计划、有组织地将社会各界的丰富资源,如课程、师资、实施设备等按照职业类、校园类、生活类进行初步分类汇聚,形成三个丰富的蓄水池,使丰富水源汇聚社区教育的良田,为精准滴灌积蓄源泉。如:支持社区教育机构与相关部门、条线、企事业单位、社会机构、组织等共同申报建设,明确了项目成本分担机制的实施细则,形成政府、社会和个人共同承担教育学习成本的方式。一是充实社区教育师资库。实施"社区教育师资建设实施方案"。开展学教双师师资选拔引入工作,通过学习者与教学者的双向转化,实现了师资数量与设置课程匹配;开展专项能力培训,实现了师资专业能力与项目需求匹配;开展教师技能大赛,实现了优秀教师的示范引领作用。二是建立优质课程资源库。建设了传统文化、非遗技能、吴侬乡音等系列地方特色数字课程;针对人群特点建设了数字赋能系列课程,并开展了社区教育精品课程建设工作。三是建立社区教育阵地。建立游学基地、学习苑、学习体验基地、名师工作室等阵地,各市(区)项目申报纳入苏州市社区教育发展年报数据,实现了社会优质资源的充分挖掘。

二、以评促进,推广优秀典型

1. 全面开展社区教育评比工作

苏州市教育局联合苏州市社会教育服务指导中心和苏州市终身教育学会,以"社区教育品牌项目""社区教育先进工作者""社区教育优秀志愿者""优秀成人继续教育院校(培训机构)""苏州市社会教育先进集体和个人"等评比为主积极开展社区教育优秀评比工作,以评比促进实践工作的特色化、专业化发展。2016年以来,评选出苏州市社会教育优秀单位43个、优秀项目10项、优秀个人34人。涌现了全国百姓学习之星7人,江苏省百姓学习之星53人,苏州市百姓学习之星60人。苏州开放大学连续五年获江苏省社会教育先进集体。

2. 项目驱动,打造社区教育品牌

为发挥社区教育品牌的影响,形成可推广可宣传的内涵支撑,积极探索创新,加强宣传凝练。以社区游学、养教联动、银龄赋能等项目建设凝练社区教育品牌案例,进行推广宣传。以优秀课程、优秀团队、能力大赛、公开课观摩等评比活动夯实社区教育品牌内涵。以科研项目、发展报告、学术交流等凝练社区教育经验成果,提升理论研究水平,科学指导实践工作,发挥社区教育社会效益。已建设社区教育游学项目45个,老年教育赋能项目23个、优秀课程40门,立项省、市级社会教育课题130项,表彰优秀论文124篇,培育省级社区教育(老年教育)品牌项目101个,名师工作室24个,苏州市社会教育服务指导中心微信公众号"学习型苏州"推送宣传简讯500多篇。

3. 积极推进教育教学评比

"十三五"期间,苏州市获"江苏省社会教育(教学)成果奖"一等奖5项、二等奖11项,2020年苏州市教育教学成果奖特等奖1项,2022年获江苏省教学成果奖一等奖1项。获得江苏省社区教育系列大赛优秀组织奖13项。江苏省社区教育系列大赛获奖196项。2021年,全市社区教育机构覆盖率达99.85%,有953.8万人次参与到社区教育的学习中(见表1-2)。

表 1-2　2016—2021 年苏州市社区教育覆盖率增长表

序号	项目名称	2016 年	2021 年	增长率
1	全市社区教育机构覆盖率	80.25%	99.85%	19.6%
2	终身学习网络覆盖率	60.46%	90.25%	29.79%
3	城乡居民社区教育活动年参与率	50.36%	68.27%	17.91%
4	全市老年人参与率	25.85%	40.56%	14.71%
5	青少年参加校外教育率	85.46%	92.38%	6.92%
6	参与学习的人次	637.4 万	953.8 万	49.64%

三、加强宣传推广，积极交流合作

1. 承办大型会议论坛

苏州社区教育是江苏省社区教育的一张靓丽名片，2015 年承办了"全民终身学习活动周全国总开幕式"，2016 年举办了"新常态、新发展——中国经济供给侧之转型升级"教育惠企大讲堂，2017 年承办了"社区学习共同体国际研讨会"，同年全国高职工作会议中为苏州社区教育设立专区进行工作经验介绍及参观学习，2018 年承办"全国农村积极老龄化培训与研讨会"，2019 年承办"联合国教科文组织城市社区学习中心（CLC）能力建设项目"开题会。2023 年协办了中国教育发展战略学会终身学习专委会 2023 年学术年会暨第六届全国社区共学养老研讨会和省社区教育研究骨干科研能力提升及特色品牌打造专项培训班。

2. 加强对外交流宣传

2019 年 4 月，苏陕两省社区教育建设工作会议中，苏州进行了社区教育建设工作交流汇报；同年 11 月，苏州市在长三角终身教育一体化建设发展论坛作经验交流。近六年，五省六市的社区教育团队先后慕名而来，考察学习苏州社区教育模式。2018 年以来，与贵州、陕西、广西三省三市开展社区教育共建合作，发挥了苏州模式的辐射效益。通过在苏举办社区教育管理干部培训班，组织苏州社区教育的专家和教师赴省外开展社区教育业务培训等方式逐渐深入合作，将苏州社区教育经验进行更大范围的复制和推广。2022 年，苏州开放大学获社会教育东西部结对先进集体，高觊悦同志获社会教育东西部结对先进个人。

3. 营造善学苏州良好学习氛围

苏州市每年举办全民阅读节、全民终身学习活动周、老年文化周等庆祝活动,评选"市民学习之星"和各类学习型组织。每两年表彰一次优秀教育工作者。其中,全民终身学习活动周作为全市重大活动项目,列入地方性法规。通过举办市、区、乡镇(街道)三级全民学习、阅读活动,大力宣传"全民终身学习"理念,提升市民学习力,促进了城市文化和经济发展。在知识经济和信息高速发展的今天,苏州让终身学习成为一种时尚,成为人们提升生活质量、生活品位,促进人的全面发展,推动全社会和谐发展的潮流。各行各业学习之星不断涌现,市民生活品质得到提升,基层学习型团队遍布各地,劳动年龄人口的学历、学位、技能等级等大幅度提升,全民终身学习蔚然成风。

案例二:资源整合,创新运行机制

昆山市:学悦双城——昆山花桥·上海安亭学习型社区一体化建设

一、案例背景

花桥经济开发区(花桥国际商务城)隶属于江苏省昆山市,安亭镇(上海汽车城)隶属于上海市嘉定区,虽两地分属不同的行政区域,但两地世代"唇齿相依",地缘相连,人缘相亲,文化相近。近年来,随着长三角一体化发展的不断深入,花桥经济开发区社区教育中心为了学习上海社区教育、居民教育先进经验,主动对接安亭镇中等文化技术学校,对标上海,旨在提升自身社区教育能力水平。

两地学习型社区共建最具代表性的是"双城共舞"共建项目和"共享书香"社区居民书法比赛,持续举办多年,取得了良好的社会效应。基层社区间、部门间、学习团队间和居民间的共建活动都成为"学悦双城"品牌建设和特色发展、高品质发展的源泉。

二、案例呈现

1. 为两地社区教育新一轮高位发展创造了条件

"学悦双城"昆山花桥·上海安亭学习型社区跨区域一体化建设项目（见图1.4），全面响应了"长三角一体化发展国家战略"，在实施过程中，通过花桥、安亭两地社区教育跨区域一体化建设机制的探索，为两地社区教育的发展注入新思路、新方法、新资源、新机制，全面提升了两地社区教育能力，促进了双方内涵的新发展，突破了两地社区教育发展"瓶颈"，使两地社区教育的新一轮共建更有新作为、更有新天地。项目得到昆山市委、市政府肯定，被列入昆委（2018）30号文件《对接融入上海三年提升工程实施方案（2018—2020年）》。2019年12月"昆山市民终身学习体验基地"授牌为两地社区教育和学习型社区高质量发展创造了条件。

图1.4 "学悦双城"人文行走活动

2. 为两地学习型社区（学习点）示范化建设注入新能源

通过学习点优质资源的共享，两地加速了基层社区教育学习点各项活动的联合，推动了学习点示范化建设。近三年来，两地先后共实施了22个基层社区学习点的标准化、示范化建设，完成4个市民终身学习体验点建设，花桥先后建设昆山市学习型社区12个，苏州市、江苏省教育现代化社区11个，项目为两地学习型社区建设注入新能源，两地社区教育发展有了新动力。

3. 促进了区域学习型团队品质化建设

通过"学悦双城"项目实施,积极推进两地基层学习团队的自主交流、学习互动。全面优化了两地学习团队的建设机制、管理机制、扶持机制,为花桥学习团队的成长提供了学习样板。近年来,花桥学习团队的学习能力、组织能力得到很大提高,花桥新增社区学习型团队 19 个,并先后拥有省、市学习型团队 7 个;安亭新增学习型团队 26 个,并先后拥有上海市级"五星"学习团队 2 个、市级(优秀)学习团队 75 个、区级优秀团队 6 个。

三、案例成效

通过"学悦双城"项目的有效实施、有效探索,以花桥、安亭社区教育一体化建设为主体,以"学悦学习点""学悦团队""学悦课堂""学悦之旅"等活动为支点的两地社区教育联合发展机制已逐步成型(见图 1.5)。通过"学悦双城"学习型社区一体化建设,在省级以上刊物发表论文 4 篇,2018 年、2019 年分别评选出 10 位双城学习之星、10 个双城学习团队、6 家学习型社区,全面促进了项目覆盖的广泛性、项目活动的多样性、项目内容的丰富性、项目推进的有效性、项目发展的品牌性,创新性推动了花桥、安亭社区教育跨区域一体化建设。

图 1.5 "书香双城,学悦久久"读书月

第四节　经费投入及管理

一、社区教育专项经费的投入机制

"社区教育专项经费是现阶段苏州市社区教育经费的主要组成部分，主要用于完善终身教育体系建设，提升社区教育基础能力建设，开展城乡社区教育培训活动，其他支持社会教育建设项目等。市财政社区教育专项经费由市教育局根据预算拨付到相关的区教育局、开放大学。区级财政的社区教育经费由区教育局拨付到区开放大学、各乡镇（街道）社区教育中心。经费的使用和管理由市（区）开放大学、社区教育中心根据区社区教育专项经费使用规定及财政规定实行专项经费、专项使用并专项管理。"[1]苏州市多方筹措社区教育经费，以地方财政投入为主，以各级开放大学投入为辅，加以项目等专项经费投入，全面推进社区教育项目化运作，开展市级重点项目建设，制定了项目管理办法，支持社区教育机构与相关部门、条线、企事业单位、社会机构、组织等共同申报建设，明确了项目成本分担机制的实施细则，形成政府、社会和个人共同承担教育学习成本的方式。鼓励社会募集。2017—2021年间，全市人均经费保持在4元以上，2017年最高人均达7.01元，2023年受财政紧缩影响，跌至3.68元。

二、社区教育经费筹措办法

"在经费相对不足的情况下，苏州市各地积极借助社会资源，建立成本分担机制。如工业园区财政下达社区教育专项经费，重点用于重大社区教育活动、创建学习型组织、重大社区教育研究课题、社区教育先进单位和先进个人的表彰、社区教育宣传和培训等方面的社区教育工作，并且按照规定的资金用途、使用范围，加强资金管理、监督检查，提高资金使用效益。同时，园区也相应建立了社区教育专项经费管理办法，采取'政府拨一点、社会

---

[1] 孙桂英：《苏州社区教育发展的实践与思考》，《继续教育研究》2022年第7期。

筹一点、单位出一点、个人拿一点'的社区教育经费筹措办法"[1],逐步形成了政府为主、各部门分担、社会捐助、受教育者支付的社区教育经费多元化筹措机制和保障体制。

三、经费使用的范围规定

苏州市2020年出台了《苏州市终身教育专项资金使用和管理办法》,坚持"科学规划、合理安排、责任清晰、规范管理、专款专用、注重实效"[2]的原则,对终身教育专项资金的使用进行了详细的规定。规定经费主要用于构建服务全民终身学习的教育体系,建立终身教育课程、项目及专家资源库,推动全市终身教育资源共建共享,丰富终身学习内容,支持苏州市社会教育服务指导中心建设运行等。一是阵地建设经费,主要用于我市示范性社区教育中心、市民学习苑、游学项目、社区老年教育阵地建设等。二是内涵建设经费,主要用于课题研究、实验项目实施、社区教育课程开发、社区教育品牌建设、社区教育读本编撰、推进老年教育信息化资源建设等。三是队伍建设经费,主要用于开展继续教育、社区教育培训、社区教育教师能力大赛、公民素质教育、青少年校外教育、职业技能培训等。四是宣传活动经费,主要用于各类媒体合作,加大社区教育宣传力度,评选奖励全民教育、终身学习先进典型,以及承办专项大型社区教育活动、举办全民终身学习周等所产生的制作费、宣传费、印刷费及劳务支出等。并提出了具体的经费管理和监督规定,保障了经费的有效、规范使用。

---

[1] 孙桂英:《苏州社区教育发展的实践与思考》,《继续教育研究》2022年第7期。
[2] 《财政部 教育部关于印发〈现代职业教育质量提升计划专项资金管理办法〉的通知》,http://www.mof.gov.cn/gkml/caizhengwengao/202001wg/202001wg/202005/t20200522_3518629.htm。

第二章
苏州市社区教育队伍建设

社区教育队伍是组织开展社区教育活动、提供社区教育服务的主体。对于基础教育、职业教育或高等教育来说，队伍建设一般就是指教师队伍建设。但是，对作为"在社区""由社区"和"为社区"的社区教育来说，队伍除了教师之外，管理人员（特别是社区管理人员）、志愿者群体同样重要。因此，本章所说的社区教育队伍建设将社区教育管理者、志愿者也列入其中，他们与社区教育教师一样，都是社区教育顺利开展的基本保证，也是衡量一个地方社区教育是否正常开展、是否有活力、能否发挥功能的关键性指标。

第一节 社区教育队伍现状

2014—2023年十年间，苏州市社区教育建立起了一支以管理人员为主导、以专兼职教师为主体、以大量志愿者为支撑的社区教育队伍。在此期间，苏州市社会教育服务指导中心对苏州全市4市6区的社区教育队伍数量每两年作一次统计，基本情况见表2-1。

表2-1 2014—2023年苏州市社区教育队伍数据统计

人员类别	2016年	2018年	2020年	2022年	2023年
专职管理人员（人）	230	548	336	333	300
专职教师（人）	312	542	916	739	557
兼职管理人员（人）	2190	1844	970	1314	927
兼职教师（人）		2190	4106	4577	3862
志愿者人数（万人）		13.69	38.19	56.8	48.4

一、社区教育管理人员

社区教育管理人员是社区教育的主导者，主导着社区教育服务百姓生活和社区发展的基本方向。社区教育管理人员根据社区发展的实际及需要，将教育作为创新社区治理方式、提升社区治理能力的重要手段引入社区，规划、组织、策划、动员、实施、监督和推广社区教育活动。社区教育管理者包括教育局职能科室的工作人员、社区教育机构(开放大学、社区培训学院、老年大学、社区教育中心)管理人员、乡镇(街道)职能科室工作人员、村(社区)干部及具体工作人员，他们有的专门从事社区教育管理，有的兼有其他工作，因此，有专兼职之分。表2-1对社区教育管理人员作分类统计，其中村(社区)干部(书记、主任)及工作人员是社区教育管理者队伍中的主要力量，他们的管理理念和领导方式，直接关系到社区教育开展的广泛与否及质量高低，关系到社区教育的成败与兴衰。

2014—2023年，苏州市全面创建江苏省社区教育示范区、江苏省标准化乡镇(街道)社区教育中心、江苏省标准化村(社区)居民学校，以创建来推动全市社区教育的市、市(区)、乡镇(街道)、村(社区)、学习基地(点)等社区教育网络的全面形成，以广泛性发展来推进社区教育的高质量发展。在一系列的创建活动中，苏州市社区教育管理员队伍作出了重大贡献，从表2-1也可以看出，相较于2016年，2018年社区教育管理者队伍数量有较大的提升，专职管理人员达548人，兼职管理人员达1844人，这些与社区教育在村(社区)全面开展，将老年教育、青少年假日学校、家长学校等建到"老百姓的家门口"分不开。当然，2020—2023年社区教育专兼职管理者队伍的数量都有所回落，主要是与村(社区)区域的调整、社区工作人员的精简、部分管理人员转为专兼职教师等有关，这是在前期扩展基础上优化调整的过程，体现苏州市社区教育稳步、健康和可持续发展的基本实情。

二、社区教育教师

社区教育教师是社区教育课程的建设者和实施者，他们是将社区资源转化为教育资源，将社区活动转化为教育活动，彰显教育特色，实现教育功能的专业人员。社区教育的课程体系、教学内容与基础教育、职业教育等相比要丰富得多、复杂得多,凡是有利于提升百姓生活品质、促进社区建设的内容都可以成为社区教育的课程,社区教育可以实现将教育扩展到生活的每一个领域,将生活提升到教育所要瞄准的水平。为此,社区教育需要一支数量庞大、专业丰富、课程开发能力强、与百姓沟通意识好的教师队伍。社区教育教师,既包括社区教育机构(开放大学、社区培训学院、老年大学、社区教育中心)的有教师资格证的专业人员,也包括散落在社区各个角落的有一技之长的民间贤者、能人,他们或是有书法、绘画、舞蹈、戏曲等特长的民间艺术家,或是懂烹饪、会收纳、知茶艺等的生活达人,或是热心传播时事政策、法律法规、中华优秀传统文化、现代科学知识等的社会贤达。

2014—2023年,苏州市社区教育专职教师由312人发展到557人,兼职教师由1000人左右发展到3862人,专兼职教师的总数达到4419人,占苏州总人口万分之五左右。一支数量众多、专业多样的社区教育专兼职教师队伍保证了苏州市社区教育各项服务活动的顺利开展,也为宣传党和国家的方针政策、活跃城乡社区文化生活、普及现代科学技术、提升百姓生活技能等提供了基础性的教育支持服务。

三、社区教育志愿者

社区教育志愿者是在社区教育活动中提供辅助性管理服务和教育服务的广大社区居民。社区教育志愿者与其他志愿者一样,发扬着奉献、友爱、互助、进步的志愿者精神,出现在社区教育活动的各个场合,他们或是作为活动的导引和讲解,或是参与秩序的维护,或是烘托活动的氛围,或是完成活动的报名、通知、点名……社区教育志愿者又有着与其他志愿者所不同的特点:他们对知识和文化的传播富有极大的热情,对教师有着特别的尊敬,他们本身就是社区教育的忠实学员,是终身学习的积极支持者和参加者。对于组织力量相对薄弱的社区教育来说,社区教育志愿者是社区教育队伍中不可或缺的一员,他们是社区教育教师的得力助手,是团结社区各类人员的黏合剂和润滑剂,是社区教育的支撑者。

苏州市社区教育志愿者人员从无到有,队伍从小到大,从2018年的13.69万人发展到2023年的48.4万人,对繁荣和壮大苏州市城乡社区教育起到了基本的支撑作用。

案例三：社区教育专兼职教师培训

高新区：搭建苏绣培训平台　传承和弘扬苏绣文化

一、案例背景

苏绣是中国四大名绣之一，是我国古代劳动人民创造和发展起来的优秀文化遗产，至今已有2500多年的历史。镇湖作为苏绣的发源地，肩负着传承和弘扬苏绣的使命。但长期以来，镇湖的苏绣生产者创新意识不够，表现在各家产品图案基本相同、款式基本一样，整体质量不高，且呈下坡趋势，这严重影响了苏绣艺术的发展。

为传承苏绣技艺，镇湖街道以思维大于技巧的理念为指导，走传统刺绣与现代艺术、传统刺绣与现代科技相结合之路，在各个时期成功探索和创作了一批批刺绣精品。同时，开办各种与苏绣相关的素描、摄影、美术培训班，不断提升绣娘的专业素养，培养年轻一代绣娘。

镇湖作为"中国刺绣艺术之乡"，刺绣产业是辖区内的第一大产业，共有8000多名绣娘，刺绣相关产业从业人员共计12000多名，基于目前苏绣发展面临的各种问题，尤其是人才"青黄不接"的现象，镇湖街道社区教育中心于2012年开始开设刺绣培训班，着力解决该问题。随着社区教育的普及和参与培训人数的增长，培训班从原来的每年两期逐步增长到现在的一年四期，确保每个季度都开设与刺绣相关的技能培训、专题讲座。多年来，共计有近8000人次的绣娘参加培训，同时带动12000多名相关人员的学习，取得良好的学习成效。

二、案例呈现

1. 征求居民意见，完善刺绣培训班内容

为了使培训内容满足居民尤其是绣娘的需求，增强培训实效，在开设培训班之前，镇湖街道对辖区内的居民展开了问卷调查，在绣品街及西华社区发放调查问卷500份，有效收回486份，内容包括开课时间、地点、培训内容和对教师资质的要求等。通过后期的汇总分析,决定将培训班设在绣品街和绣馆街交叉口的劳保所培训中心,方便居民参加培训。课程内容主要安排中国传统文化史、绘画基础、光学原理、摄影基础、美与审美等课程,全方位地提升绣娘综合素质。

2. 开展多彩的系列讲座和培训

2016年8月,邀请苏州工艺美术职业技术学院的老师给绣娘开设了为期近一个月的素描培训班(见图2.1),通过对素描的学习,让绣娘更直接地感受绘画的基本原理,将所学知识更好地融入刺绣的制作过程。之后又开设了绣娘国画培训班、绣娘色彩基础培训班等。2016年第九届刺绣艺术节期间邀请北京国际设计周组委会副主任曾辉给绣娘带来了《传统手工的现代生活美学导向》讲座(见图2.2),给绣娘提供了创新思路,让苏绣与生活必需品相结合,让苏绣回归生活。还开展了"喜迎十九大 我心向党"——十九双小手共绣党旗活动,通过报名征集了19位小朋友与绣娘一起绣制党旗,绣娘边给小朋友讲述苏绣文化,边教小朋友劈线、穿针,现场教学的气氛活跃而热闹。

图2.1 绣娘素描培训班学习现场

图 2.2 《传统手工的现代生活美学导向》讲座现场交流

三、案例成效

1. 扩大了社区教育的影响力,激发了绣娘终身学习的积极性

多年来,通过街道社区教育中心开设关于刺绣培训的课程,吸引了越来越多的绣娘前来学习,2015年共有1240人次参加了刺绣技能、刺绣图案、摄影、绘画等方面的培训;2016年这一数字上升到2006人次。随着参与人次的增加,刺绣培训作为社区教育的一大特色被更多的绣娘、居民所熟知,甚至吸引了幼儿园小朋友的参与。

2. 提高了绣娘的专业技能和综合素质,推进了人才培养

镇湖街道的刺绣培训通过全方位的联动在面上铺开,首先,邀请镇湖的刺绣大师走进社区、学校,给普通居民、学生讲述刺绣文化,教授一些基本技能,激发他们对刺绣的热爱和兴趣。其次,镇湖幼儿园和镇湖实验小学通过亲子活动、非遗走进校园等方式开展苏绣学习,镇湖实验小学校还成立了苏绣少儿研究院,并编纂了三套校本教材,获得了好评。苏绣兴趣班的学生也经常参加市里的各类展示和比赛,都获得了不错的名次。再者,街道通过邀请清华大学美术学院、苏州工艺美术职业技术学院的专家教授走进镇湖的课堂,为绣娘带来工艺美术知识系列讲座,在美与审美方面提升绣娘的专业水准和综合素质。镇湖现有高级工艺美术师51名(其中研究员级高级工艺美术师23名),中初级职称绣娘245名。蔡梅英等14人获"江苏省工艺美

术大师"称号,卢菊英等11人获"江苏省工艺美术名人"称号。姚建萍、姚惠芬被文化和旅游部确定为国家级非物质文化遗产(苏绣)代表性传承人,卢福英被江苏省文化和旅游厅确定为江苏省非物质文化遗产(苏绣)代表性传承人,另外还有23人被评为区级非物质文化遗产传承人。此外,张黎星、吕小怡等一批年轻的刺绣新星也在冉冉升起。

3. 提高了社区教育的实效性,获得了多方肯定

镇湖街道社区教育中心以刺绣培训为抓手,大力开展社区教育,取得了一定的实效,获得了多方肯定。绣娘多次参加市级、省级、国家级的工艺美术展览和评比,2016年,获金奖36个、银奖52个、铜奖104个;绣娘的创新制作多次被《苏州日报》《姑苏晚报》等媒体报道;历届中国刺绣艺术节的千女绣金秋环节多次登上央视、新华网、腾讯网等媒体和网站。上级领导考察镇湖社区教育时,对刺绣培训教育方面取得的成就给予了高度肯定。2015年10月,全民终身教育学习周的领导来苏州参加开幕式时,到镇湖参观刺绣艺术馆并观看了绣娘的刺绣表演,连连称赞。

第二节　社区教育管理队伍建设

与传统的学校教育相比,社区教育走出围墙,从校园这座象牙塔走向了社会,从面向未成年人或是学生这一特别的群体转为面向社会全体成员,实现教育为社会服务这一重大目标。社区教育的实施和开展有其特殊性和复杂性,需要突破原有学校教育的思维和管理框架,更多地协调各种社会资源,动员各种社会力量,既保持教育原有的性质及特点,又需要融入社区治理及社会发展,在推进社区治理体系与治理能力的现代化、促进社会的提档升级中发挥其应有的作用。当前,我国的社区教育不像学校教育那样,没有现成的经验可以借鉴,也没有部颁或是省颁的框架可以套用,更多的是需要从国家与社会发展的高度,从社区建设与百姓生活的广度,从人的改变与素质提升的深度,落实相应的政策,贯彻相应的理念,实施相应的计划,进行相应的督促。因此,社区教育的管理者显得尤为重要,他们既是教育界的一支新型队伍,也是社会建设的一支新型力量,社区教育管理者队伍的建设非常重要。

一、社区教育管理人员分类

从人员性质来看，苏州社区教育管理者主要由三部分人员构成：一是政府机关工作人员，主要是市（区）教育局社会教育职能科室工作人员，民政局社区建设职能科室工作人员，乡镇（街道）教育、民政科室工作人员。他们是党和国家社区教育方针、政策的主要贯彻者、推动者，其中教育行政部门更是担负着社区教育主管者的职责。二是事业单位专业技术人员，主要是市（区）社区培训学院、开放大学、老年大学负责人，乡镇（街道）社区教育中心负责人。他们是社区教育具体工作计划的策划者、制订者和实施者，由他们协调社区教育的各方力量，推进社区教育在社区培训学院、开放大学、老年大学以及社区教育中心或是各村（社区）的落地。三是社区工作人员，主要是村（社区）负责人及具体工作人员。他们根据社区发展的实际及居民的需求，落实教育场地、召集教育对象、开展教育评估、进行教育监督等，将社区教育落地、落实、落细，真正实现百姓"家门口的社区教育"。

二、社区教育管理队伍建设举措

2014—2023年，苏州市社区教育管理队伍建设具体有以下举措：

1. 开展工作绩效的跟踪与考核

苏州市将市（区）社区培训学院（开放大学、老年大学）负责人、乡镇（街道）社区教育中心负责人列入教育系统校长系列，与中小学校长一样，由市（区）教育局选拔任命，同时对他们的工作进行年度的绩效考核，保证此类社区教育管理人员能忠实履行职责，提振工作热情，有效推动社区教育的开展。

从目前来看，苏州市（区）社区培训学院（开放大学、老年大学）负责人、乡镇（街道）社区教育中心负责人有114位（见表2-2），从年龄结构来看，近半数在50岁以上，其中55岁以上占总人数的15.8%，年龄结构相对老化。但是，这支队伍往往有着学校管理的丰富经历，在当地有着较广的人脉、较高的声望，在协调社会资源、动员社会力量中能够发挥其特有的优势。另外，因这类管理人员列入教育系统的校长管理系列，能保证其新鲜力量的加入与补充。

表2-2　苏州市社区教育机构管理人员年龄结构

年龄段	55—60岁	50—54岁	45—49岁	40—44岁	35—39岁	30—34岁	25—29岁
人数(人)	18	36	24	7	15	6	8
百分比(%)	15.8	31.6	21.1	6.1	13.2	5.2	7.0
百分比(%)	47.4		27.2		18.4		7.0

2. 组织全市社区教育工作例会

苏州开放大学、苏州市社会教育服务指导中心每年都会召开由各市(区)教育局(教体文旅委)分管局长、科室分管负责人、市(区)社区培训学院(开放大学、老年大学)负责人、乡镇(街道)社区教育中心负责人参加的年度会议,市教育局分管领导、苏州开放大学分管领导、苏州市社会教育服务指导中心办公室负责人均出席会议。会议总结苏州全市一年的社区教育工作,表彰先进集体和个人,市(区)代表作经验交流,会议同时对下一年度工作进行布置。苏州开放大学、苏州市社会教育服务指导中心还分季度组织社区教育工作例会,各市(区)教育局(教体文旅委)职能科室的社区教育负责人、市(区)社区培训学院(开放大学、老年大学)负责人参加会议,会议通报前一个阶段全市社区教育工作情况,强调下一阶段的工作重点,各市(区)作工作汇报和交流。工作会议传达了上级的工作要求,交流了各地的工作经验,督促和推进工作的进程,对苏州全市的社区教育管理队伍起到统一思想、振奋精神、交流经验、督促工作的作用。

3. 开展社区教育管理者的专项培训

2014—2023年这十年间,苏州市每年组织两期社区教育管理干部培训,各市(区)社区培训学院(开放大学、老年大学)负责人、乡镇(街道)社区教育中心负责人基本每年轮训一次,培训的内容有党的十九大、二十大精神,国家的大政方针和政策,也有相关的社区教育国家法律法规及条例,还有具体的机构人员管理、教育管理、项目管理、财务管理等,另外对乡村振兴、社会治理、长三角一体化发展等国家战略组织专题培训。

苏州市还每年组织2期、每期3天的村(社区)学校负责人培训,主要针对基层村(社区)书记、主任及分管社区教育的工作人员,课程涉及社区教育活动的组织、社区教育品牌的打造、青少年假日学校的开展、家门口老年学校的组织、社区教育助力社区治理等,每次培训都会设置几个现场教学点,提供一些案例示范。通过此类培训,提升基层社区管理人员的社区教育理论和实操能力。

此外,苏州市每年还组织社区教育管理人员参加国家和省的社区教育年会、论坛、培训班等,苏州各市(区)也会组织自己区域内的管理者培训。

4. 组织乡镇(街道)社区教育中心负责人的对口跟岗交流

在社区教育管理队伍中,乡镇(街道)社区教育中心负责人是社区教育的骨干和中坚力量。2017年,苏州市与宁波市开展此类人员的对口跟岗交流工作,苏州的吴江区、张家港市与宁波的北仑区、慈溪市各派出6位年富力强的乡镇(街道)社区教育中心负责人开展了为期3个月的跟岗交流,为深化两地社区教育的相互交流、合作和借鉴,扩大社区教育管理人员的视野,提升他们的工作能力作出了有益的尝试。

第三节　社区教育教师队伍的建设

所有的教育活动离不开教师,社区教育也是如此,与其他教育一样,社区教育教师同样担负着传道、授业、解惑的使命,只不过社区教育教师更需要从社会教育、继续教育、成人教育的角度,从服务社会的角度,调整教育的思想与观念,寻求教育的策略和方法,开展教育的实验与推广,使教育与社会、教育与百姓生活更有机地结合起来。

2018年,苏州开放大学、苏州市社会教育服务指导中心曾对苏州全市的社区教育教师做过一次全面的调查统计,情况见表2-3。

表2-3　苏州市社区教育教师队伍情况调查表

调查内容	调查对象	专职社区教育教师(总人数:542) 人数	专职社区教育教师(总人数:542) 占比(%)	兼职社区教育教师(总人数:2190) 人数	兼职社区教育教师(总人数:2190) 占比(%)
性别结构	男	296	54.61	1014	46.30
性别结构	女	246	45.39	1176	53.70

(续　表)

调查内容 \ 调查对象		专职社区教育教师（总人数:542）		兼职社区教育教师（总人数:2190）	
		人数	占比(%)	人数	占比(%)
年龄结构	30岁及以下	45	8.30	306	13.97
	31—40岁	123	22.69	741	33.84
	41—50岁	230	42.44	597	27.26
	51岁以上	144	26.57	546	24.93
学历结构	研究生	18	3.32	145	6.62
	本科	369	68.08	1219	55.66
	大专	133	24.54	651	29.73
	高中及以下	22	4.06	175	7.99
职称情况	高级	134	24.72	322	14.70
	中级	212	39.11	787	35.94
	初级	54	9.96	218	9.95
	没有或其他	142	26.20	863	39.41
编制情况	教师编制	319	58.86	838	38.26
	其他事业编制	70	12.92	475	21.69
	行政编制	7	1.29	135	6.16
	劳动合同、其他	146	26.94	742	33.88
来源	幼教、中小学	279	51.48	541	24.70
	中职、电大	87	16.05	199	9.09
	其他高等院校	10	1.85	294	13.42
	劳动合同、其他	166	30.63	1156	52.79
社区教育工作年限	0—5年	198	36.53	1168	53.33
	6—10年	172	31.73	748	34.16
	10年以上	172	31.73	274	12.51

一、社区教育教师队伍特点

从调查情况来看,苏州市社区教育教师队伍呈现以下特点:

1. 人员性质多样,以兼职教师为主

社区教育教师队伍性质中,最主要的区别就是专职教师与兼职教师的不同,而且以兼职教师为主。根据2022年的统计,苏州市的社区教育专职教师数为739人,兼职教师则达4577人,兼职教师是专职教师数的6.2倍。再从教师资格、专业职称和工作岗位来看,苏州市社区教育教师就有以下多种情况:有具备教师资格证书又有教师专业技术职称的专职教师,有具备教师资格证书又有教师专业技术职称的兼职教师,有具备教师资格证书但尚无教师专业技术职称的专职教师,有具备教师资格证书但尚无教师专业技术职称的兼职教师,有不具备教师资格证书也没有教师专业技术职称的专职教师,有不具备教师资格证书也没有教师专业技术职称的兼职教师,有不具备教师资格证书但有其他专业技术职称的专职教师,有不具备教师资格证书但有其他专业技术职称的兼职教师。

2. 年龄层次偏高,青年教师占比小

苏州市从事社区教育工作的专兼职教师大多是30岁以上的人员,占80%以上,青年教师的比例只有13%左右。当然,这本身是符合社区教育的特点的,因为它的主要教学对象是成人,教育服务需要合乎成年人的学习特点,教师需要有一定的社会经验。但是,社区教育青年教师比例的偏小同样会影响社区教育自身的活力,使得其社会的活跃度偏低、发展动力不足、吸引力不强,不能实现通过社区教育平台促进社区不同年龄人群的沟通、互动和交流。也因为这样,社区教育常常被看作边缘化、低层次、不入流、可有可无的教育,被教育系统忽视,被社会系统无视。社区教育如何吸引青年人的加入,从事社区教育的青年教师非常重要。

3. 学历水平不低,专业类别多样

苏州社区教育教师队伍本科以上学历达到60%以上,其中还有6.62%的研究生学历,这说明苏州市社区教育无论是专职教师还是兼职教师,都有一定的学识水平,并不像外界所认为的社区教育教师是临时拼拼凑凑而成,他们往往是经过社区教育管理者精挑细选,有的甚至是被三顾茅庐聘请来的,其中许多是当地的贤达人员、能工巧匠。与中小学教育相比,苏州社区教育教师队伍的最突出特点,就是教师所涉及的专业多种多样,涉及生活的方方面面,满足了不同人群对社区教育的多元化需求。苏州市的社区教育基本能做到:只要有需求,就有相应的老师开设相应的课程。

4. 普遍有教师经历，但社区教育经历短

在苏州，尽管社区教育教师队伍中，许多没有教师资格证书，也没有教师专业技术职称，但是，他们一般都有教师的经历，有的曾经是老师，但后来离开了教育队伍；有的在企业或公司里是骨干，担任带徒弟、培训员工的任务；有的医生或是科技界人士，本身就常常开展科学普及宣传工作，也正因为这样，他们才愿意或者有这份自信来承担社区教育的教学工作。但是，也要看到，由于社区教育是一个新兴的教育门类，大多数教师从事社区教育时间比较短、经验不足，从调查情况来看，40%左右的专职教师和50%左右的兼职教师从事社区教育的工作年限尚不足5年。

以上特点，一方面说明苏州社区教育有一支学历高、专业广，愿意向社会传播和推广专业知识、技能，愿意为把苏州建设成为学习型城市作出贡献的数量庞大的专兼职教师队伍；另一方面也应该看到这支队伍来自各行各业，对教育特别是社区教育的理解各不相同，而且年龄结构相对偏大，动力和活力相对不足。所以说，苏州市社区教育教师队伍建设非常重要。

二、社区教育教师队伍建设举措

2014—2023年这十年间，苏州市社区教育教师队伍建设的主要举措有：

1. 加强政治学习，注重师德师风建设

苏州市社区教育四级网络体系都把教师的政治学习和师德师风建设放在重要位置，每个学期开学前夕必召开全体教师会议，除了布置课程计划外，都安排一次政治学习或师德师风建设专题讲座，使广大教师能认清政治形势，把握上级要求，对社区教育能统一思想认识、统一工作要求，弘扬高尚品德，严守职业道德。许多市（区）社区培训学院（开放大学、老年大学）、乡镇（街道）社区教育中心在开学前、开班前、开讲座前、开展活动前会与聘请的教师签订师德师风建设责任书，明确双方的责任和义务，保证办学、办班、办活动的正确的政治方向，树立社区教育的良好的师德师风形象。

2. 加强业务培训，注重知识体系更新

培训是提高社区教育教师队伍素质的一条基本途径。苏州市教育局根据社区教育发展的新要求、新重点和新趋势，每年会委托苏州开放大学和苏州市终身教育学会开展社区教育教师培训，培训的项目有：社区老年教育工作者培训、中青年社区教育工作者培训、社区教育实验项目专项培训、社区教育游学项目专项培训、社区教育资源建设专项培训、终身教育地方立法专项培训、社区教育通讯宣传专项培训、老年人智能技术应用能力普及专项培训，等等。除此之外，各市（区）也会组织相应的培训，以2023年为例（见表2-4），此类培训达507次，培训人数达12847人（次），培训经费支出约66万元。

表2-4 苏州市社区教育队伍专业能力培训情况表（2023年1月—2023年12月）

市（区）	培训量（次）	培训人数（人）	培训经费（元）
张家港市	96	691	72683
常熟市	6	150	20000
太仓市	7	130	80000
昆山市	71	505	74000
吴江区	85	1753	31880
吴中区	51	529	56393
相城区	29	126	38120
姑苏区	133	3536	101000
工业园区	9	227	174621
高新区	20	5200	11300
总计	**507**	**12847**	**659997**

3. 开展能力竞赛，营造比学赶超氛围

苏州市为全面提升社区教育教师队伍的教学能力、特色技能以及活动的组织策划能力，自2020年起每年组织全市的社区教育教师能力大赛，所有社区教育专兼职教师都有资格报名参赛，在全省开创了社区教育教师能力比赛的先河，一批社区教育的能师脱颖而出，提升了自己的职业成就感。苏州市社区教育教师能力大赛也是一个重要导向和方向标，为其他社区教育教师的职业能力提升提供了方向和目标（见表2-5至表2-7）。近年来，苏州市社区教育教师在江苏省社会教育"能者为师"教育能力大赛中一直表现突出，成绩名列前茅。截至目前，江苏省社会教育"能者为师"的比赛中，获一等奖5人、二等奖5人、最美教师2人、风采之星3人,位居全省第一。

表2-5 社区教育教师能力大赛评分表——社区教育技能课程类

主题	内容	要求	分值
技能说课（50分）	说课程	教学目标、重难点、教学内容等要素完备。	10
	说学员说教法	介绍课程所授学员的特征,有针对性的教学方法,设计精准,有一定的创新。	10
	说过程	课程具体实施环节表述清晰,技能教授设计安排周全。	20
	其他	能借助现代信息技术工具,较好地呈现课程的教授过程。	10
技能展示（50分）	准确性	课程主导思想正确,内容符合社会主义核心价值观。	10
	流畅性	技能教授展示过程流畅、娴熟。	10
	完整性	在规定时间内完成核心内容的展示。	10
	特色性	"技能"特色鲜明,形式新颖,容易习得。	5
	仪容仪表	仪容仪表整洁、大方。	5
	语言表述	普通话咬字清晰,表达完整,声音洪亮。	10

表2-6 社区教育教师能力大赛评分表——社区教育教学能力类

主题	内容	要求	分值
教案展示（45分）	总体设计	1.教学理念先进,立意新颖,科学把握课程特点,符合终身教育理念。 2.教学目标明确,内容安排合理,符合社区教育特点、规律与要求。 3.教学策划得当,符合学员认知规律和教学实际。 4.教学过程完整、科学。	20
	教案呈现	1.教学组织与方法得当,突出学员主体地位。 2.教案完整、规范,内容科学,满足学员学习需求。	20
	信息化元素	1.符合教学设计要求,有效配合教学过程。 2.呈现形式友好、生动、形象,画面简洁。	5

（续　表）

主题	内容	要求	分值
现场说课 （55分）	说课内容	1. 介绍课程所授学员的特征，有针对性的教学方法，设计精准，有一定的创新。 2. 教学目标、重难点、教学内容等要素完备。	20
	说课表现	1. 教学态度认真严谨、仪表端庄、语言规范、表达流畅、亲和力强。 2. 教师专业能力与教学能力体现充分。	15
	教学效果	1. 有效达成教学目标，能解决教学重难点问题并完成教学任务。 2. 教师说课过程中能调动现场氛围，富有感染力和活力。	15
	问题思考	课程教授过程中提出问题，给学员留下思考空间。	5

表2－7　社区教育教师能力大赛评分表——社区教育活动策划能力类

主题	内容	要求	分值
策划设计 （60分）	选题方向	1. 项目的选题符合社区教育规律，满足区域发展的要求。 2. 项目选题符合社区居民需求，便于实际操作。	15
	目标设定	项目策划目标具有针对性和创新性。	15
	方案设计	1. 格式规范，符合要求。 2. 设计思路清晰、立意新颖、科学合理。 3. 方案明了，可操作性强。 4. 保障措施有力。	20
	反思与问题	分析可能存在的困难和问题。	10
现场汇报 （40分）	汇报内容	1. 介绍项目所针对参与者特征，活动设计精准、规划具体，有一定的创新。 2. 项目目标清晰、特色鲜明，具有很强的示范性与推广作用。 3. 陈述组织协调、沟通与资源整合等工作。	20
	汇报表现	仪表端庄、语言规范、表达流畅、亲和力强。	10
	教学效果	充分展示策划过程，简单明了，符合活动策划目标。	10

37

4. 加强骨干培养，注重示范引领作用

社区教育骨干教师及优秀团队能够对一定区域内的社区教育起到示范带头作用，从师德师风、业务素质等方面形成良好的环境和氛围。2014—2023年，苏州市社区教育骨干队伍建设中：一是前后分四批，正式确立了24个江苏省级社区教育名师工作室，专业涉及社区心理健康教育、家庭教育、非遗项目以及摄影、绘画等。二是培养和推荐三批共9人作为江苏省社区教育领军人才培养工程的培养对象，他们一方面积极拜师学艺，不断提高自身的专业素养，另一方面积极投身到苏州社区教育的实践和研究中来。苏州开放大学、苏州市社会教育服务指导中心还专门组织推进会，对入选领军人才培养对象的教师及所属的教育行政部门提出培养要求，制订培养计划。三是2022年开始在苏州全市范围内遴选社区教育优秀团队，同时公布苏州市社区教育优秀团队遴选建设标准（见表2-8），首批认定遴选10个优秀团队。

表2-8　苏州市社区教育优秀团队遴选建设标准（试行）

考察项目		评选标准
领衔人条件（20分）	基本条件（10分）	1. 热爱社区教育事业，师德高尚，理念先进，业务精湛，具有改革创新意识、较高学术成就、较强组织协调能力和合作精神。（2分）
		★2. 具有副高及以上职称，年龄一般不超过52周岁，从事社区教育工作5年以上。（3分）
		★3. 近5年在公开正式刊物上发表社区教育研究论文2篇及以上，或出版社区教育相关专著，或主持过省级及以上社区教育项目建设。（3分）
		4. 具有较强的组织、规划、管理和协调能力，团队建设和成员发展良好。（2分）
	影响程度（10分）	5. 区级及以上学科带头人、名教师、名校长，或获得市级及以上优秀教育工作者、社区教育先进个人等荣誉称号。（5分）
		6. 获市级及以上教育教学成果奖、社区教育教师技能大赛获奖或其他社会教育相关类竞赛中获二等及以上奖项；或所负责的社区教育项目获得市级及以上奖励或称号。（5分）

(续　表)

考察项目		评选标准
团队构成（20分）	数量结构（10分）	★7. 成员(不含领衔人)人数一般不少于6人,不多于15人;学历、职称、年龄结构合理,硕士及以上学历或学位不低于15%,中级及以上职称比例不低于50%,35岁以下青年教师比例不低于30%。(6分)
		8. 跨区域或跨单位,有来自行业、企业或外单位的成员,外单位人员比例原则上不低于20%,不高于40%。(4分)
	能力素养（10分）	9. 热爱社区教育事业,师德高尚,乐于奉献,勤于学习,锐意改革,具有良好的团队合作精神、自我发展愿望和改革创新意识,具备信息化教学设计或项目管理能力。(3分)
		10. 所有成员均达到本科及以上学历或学位,从事社区教育3年以上,近3年内公开发表社区教育研究论文1篇及以上,或参与过市级及以上社区教育研究课题1项。(4分)
		11. 有参与社区教育教师技能大赛经历或与社区教育相关的荣誉称号等。(3分)
运行管理（20分）	规划目标（10分）	12. 团队建设3年规划清晰,与社区教育发展方向吻合,定位合理,思路清晰,措施有力。(3分)
		13. 分期建设目标明确,年度工作有计划,有明确的主题活动,建设成效显著。(4分)
		14. 注重成员个人发展规划,目标明确,分步实施扎实有效。(3分)
	制度建设（6分）	15. 团队领衔人所在单位高度重视,具有长期稳定的团队活动场所。建有团队章程,加强组织管理,目标任务明确,职责到人,奖惩分明。(3分)
		16. 充分保证团队建设所需经费并纳入年度预算,经费使用规范并发挥良好效能。(3分)
	平台建设（4分）	17. 建有链接本单位或相关网站、微信公众号等现代媒体的优秀团队专栏,建有工作交流群等,动态反映团队建设成果,方便交流学习。(4分)

（续　表）

考察项目		评选标准
效能发挥 （30分）	课程建设 （4分）	18. 完成2项社区教育通识课程建设任务，在区域内得到广泛运用。（2分）
		★19. 完成1项以上社区教育特色课程建设任务，参与市级及以上相关课程评选并获奖。（2分）
	项目建设 （6分）	20. 积极参与江苏省社区教育游学项目、优质项目孵化基地、名师工作室、学习体验基地等项目的申报和建设工作。（2分）
		★21. 积极参与苏州市社区教育游学项目、市民学习苑、老年教育赋能项目、终身（社区）教育实验项目等申报和建设工作。（2分）
		22. 推进区、街镇、村（社区）的项目建设工作，培育特色项目，加强推广。（2分）
	资源建设 （4分）	23. 挖掘区域资源，通过项目合作、课程建设、师资队伍建设等集聚社会优质资源，服务群众。（2分）
		24. 跨区域建立联盟合作，做好资源引进和输出的双向合作工作。（2分）
	团队发展 （12分）	25. 加强团队学习，并能经常进行沟通交流或集中学习，有主题、有记录；成员每人每年阅读至少2本教育教学专著，并有相应的读书笔记、体会或论文发表。（3分）
		26. 20%以上成员获得市级及以上优秀教育工作者、先进个人等荣誉称号。（3分）
		27. 团队完成省或市级社会教育课题1项及以上，公开发表或获奖论文人均1篇及以上。（3分）
		28. 积极参与省、市社区教育教师能力比赛并获奖。（3分）
	社会服务 （4分）	29. 团队成员深入基层社区开展授课或组织开展社区教育体验活动，人均3次及以上，居民反映良好。（2分）
		30. 团队成员积极落实乡村振兴战略，助力社区建设，开发相关项目或课程3项及以上，充分发挥社区教育的职能，推进社区治理，提升社区教育的社会影响力。（2分）

（续　表）

考察项目		评选标准
保障机制 （10分）	组织保障 （2分）	31.申报单位建有相应管理机构并积极履行管理职能。优秀团队建设列入单位工作规划,有明确的推进计划、制度、措施,政策落实到位。（2分）
	条件保障 （4分）	32.建有团队学习和活动的功能齐全的场所,原则上面积不少于20平方米,体现环境布置特色,具有能体现团队特色的标志标识。（2分）
		33.配有终身教育、社区教育图书不少于10种并有计划地逐年增加,每年新购相关图书人均1册以上;订阅专业期刊2种以上,图书资料使用率较高。（2分）
	经费保障 （4分）	34.有一般性经费预算和决算,人均不低于2000元/年。（2分）
		35.有团队建设专项经费,主要用于交流学习、专业培训等。（2分）
特色创新 （10分）		36.团队建设、发展理念和管理水平先进,建设期内,在社区教育领域获得了创新性成果,在全省乃至全国产生较大影响,有推广价值。

5. 加强人才引进,注重新生力量加入

针对苏州市社区教育原有师资队伍中年龄结构相对老化,绝大多数教师是从中小学及幼儿园教师中转入,缺少成人教育及社会学的专业学习背景的情况,吴江区、昆山市等市（区）尝试着从教师高层次人才引进项目中拿出名额专门用于招聘社区教育专门人才,以优化社区教育师资队伍结构,提升社区教育教师的专业水平。

6. 建立晋升通道,提升专业发展动力

苏州市教育行政部门努力为社区教育的专职教师创设专业晋升的通道,从中等职业教育教师职称评定中专门列出社区教育科目,以有别于其他职业教育,有利于社区教育教师展现自己的专业特点,展示自己的专业成果,形成自己的专业优势。同时,对长期在农村一线乡镇（街道）社区教育中心工作的教师在职称晋升中给予专门的照顾。2014—2023年间,苏州市每年都有社区教育专职教师得到专业职称的晋升,提升了社区教育教师专业成长的动力。2023年举办了首届社区教育教学公开课观摩活动,苏州市高度重视社区教育教师的能力提升,在全省率先开展社区教育教学公开课观摩活动,为教师的成长和提升搭建了良好的平台。

案例四:社区教育专兼职教师进社区

张家港:锦丰镇"百名教师进社区"

一、案例背景

为了贯彻落实张家港市教育局相关指示精神,加大师德师风建设的力度,依据市教育局工作要求,深入开展"百名教师进社区"活动,进一步加强教师与家长的沟通,密切学校与家庭、社会的联系,建立学校、家庭、社会三位一体的教育网络,取得家长和社会对教育的理解与支持,形成和谐、高效可持续发展的育人环境。

二、案例呈现

1. 实施"市民文明素质工程",广泛开展不断提高市民整体素质和生活质量的教育培训

以公民道德建设、文明礼仪知识普及、文明行为养成为重点,广泛开展群众性文明礼仪教育与实践活动。学雷锋日锦丰镇组织开展知识宣讲活动,组织大学生志愿者"文明礼仪宣讲团进社区"活动,以"懂礼仪、讲文明、争做文明市民"为主题,开展了"文明过春节"活动,从而进一步推动我镇文明礼仪教育活动的深入开展。

2. 大力开展社区未成年人思想道德教育与实践活动

(1)针对未成年人特点,开展丰富多彩、寓教于乐的教育活动。如青少年社会主义核心价值观及法制安全知识教育。利用暑期学生回社区的机会,百名教师走进全镇30个村(社区),开展《热爱解放军 坚定跟党走》主题教育宣讲、"清风廉洁润童心"书画比赛等活动。

(2)青少年思想道德行为习惯教育。通过具体活动引导未成年人参与村(社区)小志愿者活动,宣传环境保护,从小培养孩子们的文明意识,规范其礼仪教育,用实际行动参与绿色生活。

(3)青少年文化素质兴趣爱好培养。教师进社区组织了一系列文化活

动,如"朗读者"的阅读活动、"松鼠课堂"之国学小课堂等(见图2.3),以提高未成年人的文化素质。

图2.3 黄雨华老师在书院社区授课

3. 以实施"公益大讲堂提升居民素质"为目标,开展各类教育培训

(1)镇社区教育中心组织交警志愿者、教师志愿者开展了"珍爱生命,文明出行"交通公益讲座,走进村社区、企业和学校,提醒广大群众自觉遵守道路交通法规,受教育群众达6000人次。

(2)镇社区教育中心组织了"葫芦丝公益课堂"走进村(社区),在文体中心、书院社区、镇北社区、店岸村、三兴科文中心授课,且将学习进度不一样的学员分类,开设了初级班和中级班,锦丰中心小学的顾雪梅、黄建慧等7名教师每周如期来到各个社区(见图2.4),且编写了《丝竹雅韵葫芦丝简明教程》。

(3)倾力打造"自然读书会"公益课堂,旨在践行环保理念,激发未成年人阅读兴趣,打造"自然读书会"这个阅读品牌,践行可持续发展生活方式。

三、案例成效

1. "百名教师进社区"活动有利于促进教师由学校走入群众、融入社会。教师都受到过良好的规范的教育,大多数知识水平较高,还有的才艺技能可以和专业选手媲美,他们的这些优势不能仅仅体现在课堂上或一个小圈子

图 2.4　黄建慧老师在锦丰镇文体中心给老年学员上课

里,更应该让社会和人民群众都能感受到。"百名教师进社区"活动可以帮助教师找到结束自我封闭、走向社会的切入点。

2."百名教师进社区"活动能增强教师的社会责任意识,提高其社会影响力。自"百名教师进社区"这一活动在锦丰镇开展以来,教师党员对参与社会事务的积极性增加,尤其是对弱势群体的关注度明显上升,社会责任感也显著增强。

3. 2017 年以来,根据锦丰镇百名教师进社区的实施意见,健全了三级网络机制,即镇社区教育中心—各中小学幼儿园—各市民学校。制定了"百名教师进社区管理制度",建立了"百名教师进社区激励机制"等。

4. 在"百名教师进社区"活动推进过程中,形成了"教育部门主管,有关部门配合,社会积极支持,社区自主活动,群众广泛参与"的社区教育管理模式。镇社区教育中心和各部门进一步加强协调与配合,齐抓共管,形成合力,加强指导居民学校各项工作。把居民学校工作纳入总体工作,加强了对文明居民学校的协调与管理,基本形成监督和激励机制,鼓励和支持社区居民积极参与活动,为文明居民学校的发展创造了良好的外部环境。

5. 在"百名教师进社区"活动开展过程中,加强了制度建设、队伍建设和社区教育研究工作。一是大力加强制度建设。规范社区教育中心、各居民学校的管理,从而使各项工作有章可循,有力地保证了文明市民学校教学机制的正常运转。二是大力加强师资队伍建设。"百名教师进社区"的教师队伍,以专(兼)职教师为主体,以锦丰镇各中小学幼儿园学校在职教师、退休教师、有一技之长的社区兼职教师为基本队伍,以社区教育志愿者队伍为补充。三是加强社区教育研究工作。加强社区教育理论和实践研究,提高社区教育专兼职教师工作水平。

第四节 社区教育志愿者队伍建设

社区教育志愿者队伍有力地弥补了师资队伍不足、组织工作繁复的问题,在开展社区教育、建设学习型城市中发挥着越来越重要的作用。苏州市社区教育志愿者服务人群主要有婴幼儿、青少年、老年人、残疾人等人群,服务的内容主要涉及安全健康教育、技能创业培训、家庭亲子教育、卫生环保教育等。苏州开放大学、苏州市社会教育服务指导中心于2017年1月至2020年6月间对全市社区教育志愿服务进行了一次统计(见表2-9),在这期间,社区教育志愿者参与志愿服务活动项目1921个,服务人次522万以上,为全市各类人群的终身学习提供了坚实的服务保障。

表2-9 2017—2020年各区(县、市)社区教育志愿服务情况一览表

年份	服务项目(个)	服务人次(人)
2017	212	2095364
2018	471	2298486
2019	989	769872
2020	249	63905
合计	**1921**	**5227627**

2014—2023年十年间,苏州市社区教育志愿队伍建设的主要举措有:

1. 加强登记管理,注重团队建设

苏州市引导社区教育志愿者主动到苏州市志愿者总会的平台上登记注册,将志愿者的基本信息以及服务活动纳入苏州全市的志愿者管理平台。同时,鼓励社区教育志愿者组成自己的服务团队,团队可大可小,既可以以

区为单位，在全区组织推广，又可以以社区为单位，活跃在各个社区，方便苏州市社区教育志愿者积极灵活地开展志愿服务工作。在社会教育志愿者团队建设中，近几年来苏州市推出了社区学习共同体项目，项目因符合志愿者"既是服务者，又是学习者"的特点，通过"共同学习，共同赋能，共同成长"，受到基层社区的欢迎。

2. 加强培训学习，注重规范管理

社区教育志愿者来源复杂、成长背景多样，苏州市通过加强志愿者的培训，为志愿者赋能，提高他们的组织化程度和规范化服务水平。苏州市各市（区），特别是乡镇（街道）每年都会对区域内社区教育志愿者骨干进行专门的培训，培训一方面将优秀的志愿者及工作案例进行展示和点评，另一方面对社区教育志愿服务的规范性提出要求，确保社区教育志愿服务工作有质量、有规范、可持续。

3. 加强示范引领，注重提质增效

苏州市及各市（区）每年组织优秀社区教育志愿者的评先、表彰及展示，并且通过各类媒体对他们的先进事迹进行宣传推广，扩大他们的示范性和影响力。苏州张家港市教育局还开展了"千名教师进社区"活动，2011年下发了《关于做好"千名教师进社区"工作的通知》，2021年出台了《关于进一步深化"千名教师进社区"活动的指导意见》，近十多年的坚持下，受益居民超过65万人次，成为新时代教师文明实践的一个重要路径，也是精神文明建设的一个重要窗口。教师服务社区的志愿活动为其他行业的社区教育志愿服务营造了氛围、做好了示范，也提高了社区教育志愿服务质量和实际效果。

案例五：社区教育志愿者队伍建设

昆山市："525＋"志愿工作室让"陌邻"成"睦邻"

一、案例背景

昆山市千灯镇炎武社区成立于2005年12月，是一个新型农民集中安置小区，位于千灯镇东部，辖区面积2.56平方公里。下辖美景园、锦景园、良景园3个动迁安置小区,拥有住宅楼222栋,住房7133套,是集农贸市场、商业街、学校、老年活动中心等于一体的综合性住宅区。社区共有住户6675户,常住居民2.6万人,户籍人口8637人(其中残疾人97人、60岁以上老年人2070人)。社区人员复杂,治理范围广,志愿服务需求多、门类杂。2015年1月,炎武社区成立"525＋"志愿服务团队,取"我爱我家"谐音,旨在通过社区志愿服务手段,拉近邻里关系,缓解社区矛盾,优化社区治理。2016年该团队荣获昆山市"最佳志愿服务团队"称号。多年来,炎武社区志愿服务工作虽然取得了一些成绩,但志愿者有服务愿望、无常态化管理,有志愿活动、无针对性业务培训等问题仍然存在,为此,2021年6月炎武社区成立"525＋"志愿工作室,统筹管理区域志愿服务工作。

二、案例呈现

1. 宣传教育,业务学习,创新志愿者招募形式

志愿工作室加大宣传、组织动员,利用微信公众号、宣传栏、横幅、电子屏等宣传载体,张贴社区志愿者招募通知;对志愿者活动的社会价值和作用进行宣传教育,增强居民参与志愿者的自觉性和责任感。对招募的志愿者进行初步分工后,分组、分期培训学习,树立正确的服务态度,提高服务技能和服务水平(见图2.5)。

图2.5 志愿者消防技能培训

2. 发挥特长，整合资源，加强志愿者队伍建设

发挥社区党员和群众密切接触优势特长，组建党员"红管家"志愿服务队，负责楼院自治管理和服务工作，与社区党组织优势互补、作用共促。利用社区组织管理资源，制定志愿者工作职责和积分管理办法，安排专人做好台账登记、积分公示和兑换，年底进行表彰奖励，调动志愿者工作积极性。整合社区教育资源，联合相关职能部门及社会组织开展"能力加油站"大培训，提升志愿者服务能力。

3. 网格管理，回应诉求，提升志愿服务质量

为提升志愿服务质量，"525＋"志愿工作室将志愿者服务工作全方位纳入网格管理，记好民情民意一本台账。在社区党委的领导下，志愿者线上协助网格长回应居民群内的问题诉求，线下入户走访、上门服务，重点针对孤寡、独居、空巢老人展开定期或不定期的"敲门"行动，建立信息收集、快速回应、联动解决、及时反馈的"闭环"机制。

三、案例成效

炎武社区依托"525＋"志愿工作室，根据志愿者特长、爱好，分别成立了"敲门嫂""红管家""益家亲""炎武雅韵"等9支专业志愿服务团队，在志愿昆山平台注册志愿者1123人（见图2.6）。引领志愿者组织创新服务方式，提高服务能力，志愿服务工作无论是形式还是内容上均有新的突破，2021年开展100余场志愿活动，服务时长15837小时。在年度工作中社区对有突出贡献的优秀志愿者给予了表彰，共有10位同志获"十星十意"先进个人称号。

图2.6 "敲门嫂"志愿团队入户关爱独居老人

第三章
苏州市社区教育内涵建设

第一节　社区教育学习阵地建设

社区教育学习阵地是开展社区教育活动的空间和推进社区教育发展的载体。社区教育学习阵地建设不仅反映了地方社区教育的资源丰富度，同时也反映出地方社区教育发展的高度与服务的水平。苏州社区教育学习阵地建设历经十年的发展，在阵地建设数字化、标准化及区域化上进行了有益的探索，收获了可喜的成果。

一、数字化学习平台建设

当今时代，信息技术飞速发展，正在不断改变着人们的思想观念和生活方式。在社区教育领域，信息技术体现了更多的教育优势，在当前社区教育的基础上增加信息技术含量，使信息技术为社区教育服务，能极大地满足社区居民的学习需要。在线学习平台、微信公众号平台已成为各市（区）发展社区教育、构建学习型城市的主阵地，成为提升市民能力素质、展现城市精神文明的重要窗口。苏州市形成了市级、区级、街镇级共建数字化学习平台的良好局面。

1. 市级数字化学习平台建设

苏州市民终身学习云平台包括"宜学苏州"门户网站、"乐学课堂"课程超市、"善学社区"互动空间和"好学之星"学分银行，联通各地市民网上学习平台，汇集各类学习资源，推动数字化学习资源的共建与共享。市民可以足不出户在家里看到传承历史、贴近生活、反映苏州的由本市社区教育工作者制作的高质量学习课程，供市民进行个性化学习选择。

目前,苏州市民终身学习云平台正在转型升级,将成为该市学习型城市建设的主阵地,力求通过信息化手段、数字化方式,突破部门与地域壁垒,建成联通各地市民网上学习平台、汇集各类学习资源、推动数字化学习资源的共建与共享。平台为各类教育培训、公益讲座、文化活动等推送学习资讯,建立线上线下联动的学习体系,为广大市民休闲文化学习和提升精神生活的品质提供帮助,为老年人、外来务工者、残障人士等特殊群体提供教育服务。

苏州市社区教育微信公众号平台主要有"学习型苏州""苏州市终身教育学会",由苏州市社会教育服务指导中心和苏州市终身教育学会主办,定期发布相关社区教育活动、学术信息,为全民终身教育与学习提供支持服务。

2. 市(区)级数字化学习平台建设

全市共完成9个市(区)级市民学习网建设,基本实现了全覆盖。截至2020年6月,共发布在线课程110050门,访问量3503.52万人次。各市(区)都十分注意采用多种方式,建立和完善市民学习网,基本采用网上学习先进个人、学习积分兑换奖品等方式鼓励市民积极学习。大部分市(区)采用和"江苏学习在线"共建、与网络公司合作运营、委托区级开放大学(社区培训学院)建设管理的方式,同时将区域内社区教育机构开发的视频课程作为地方特色课程上传到网站(见表3-1)。

常熟市借助江苏学习在线平台,可以使苏州常熟学习在线的课程数量和质量得到保证,课程也可以同步更新。在此基础上平台也将常熟的一些具有地方特色的乡土视频教材不断充实到课程库,并置于单独的栏目,供市民学习感受传统文化和技艺的独特魅力。

"太仓市民学习在线"平台与教育科技有限公司课程资源库直接对接,建立了针对数字化学习社区(终身教育)需求的精品课程资源库体系,在学习人群上覆盖从少儿到老年各个年龄段,在内容安排上覆盖职业培训、技能培训、老年教育等各个方面,满足对终身学习的各种需求(见图3.1)。

昆山市、张家港市市民学习网均由市社区教育办公室主办,由市社区培训学院建设和管理,为社区教育的发展凝聚了人气,并配合线下学习活动,及时展示居民学习成果,成为居民开展数字化学习的经常性平台。

表3-1 苏州市各市（区）数字化平台建设情况一览表

区域	域名	首建年份	首建经费投入（万元）	2017年维护费用（万元）	2018年维护费用（万元）	2019年维护费用（万元）	2020年维护费用（万元）	截至2020年6月，线上课程数量（门）	截至2020年6月，学习访问量（万次）
张家港市	张家港全民终身学习网	2011	78	维护中		11	3	2233	120.2
常熟市	苏州常熟学习在线	2013	0	1.44	1.44	2	2	2307	110.4
太仓市	太仓市民学习在线	2013	10	10	10	14	14	4546	322.9
昆山市	昆山市民学习在线	2010	80	8	18	22	9	75490	348
吴江区	苏州吴江学习在线	2010	50	10	10	16.56	0	2498	110.1
姑苏区	姑苏终身教育	2009	29	10	29	9.85	16	3983	216.7
工业园区	苏州工业园区全民终身学习平台	2017	140	20	25	20	23	4400	23.32
高新区	苏州高新区社会教育服务平台	2017	0	0	135	108	13.5	2106	1230
吴中区	木渎镇市民终身学习网	2010	20	10	10	6	6	5623	787.86
	甪直镇市民终身学习网	2011	20	5	4.9	4.5	4.5	6864	236.04
合计			427	74.44	243.34	213.91	91	110050	3505.52

51

图 3.1 太仓市民学习在线首页

苏州市各市(区)社区教育微信公众号平台主要有"乐学昆山""悦学吴江"等,成为了解苏州各市(区)社会教育的窗口、社区教育宣传的矩阵。"悦学吴江"微信公众号的网课也根据市民的学习需求持续更新,为广大市民提供更为开放、优质的公益课程。昆山在建设"乐学昆山"微信公众号外,还开通了抖音号、视频号等多个公众号平台。

3. 街镇级数字学习平台建设

全市基层社区教育中心积极构建数字学习平台,有的自建门户网站,如木渎镇市民终身学习网、甪直镇市民终身学习网等;有的主推微信公众号平台,面向街镇市民,提供学习资源、宣传社区教育成果、发布社区教育活动信息,推进了街镇级市民参与学习与交流。

在吴中区甪直镇,2011年建成了甪直镇市民终身学习网,构建"人人、时时、处处"可学的数字学习平台。2017年建成微信公众平台"学在甪直",开设了走读甪直、社区动态、视频学习、培训活动等专栏,为甪直镇社区教育、党员培训、学历提升、技能培训等提供学习平台。

吴中区木渎镇市民终身学习网于2010年7月正式上线以来,已经历时十多年。截至2020年12月,共有在线课程6060门,访问学习787万人次,木渎镇每年投入固定经费运营网站,网上学习资源全区共享,成为辐射吴中区市民的数字学习平台。微信公众号"木渎市民终身学习"主要发布终身学习信息、动态及共享视频课程。

昆山巴城镇社区教育中心2020年建成微信公众号平台"学游乡村",开设了学游指南、学游资源及学游课堂三大服务板块,宣传环阳澄湖区域终身学习,为居民提供终身学习服务,营造"人人皆学,处处能学,时时可学"的终身学习氛围,推动区域共同体建设和区域终身学习活动开展。

从网站、微信公众号的注册率和访问量来看,各级平台差别较大,使用率、关注率还不太高。学习平台需要开发更多的服务功能,不仅仅是课程的学习和奖励,还要注重"大数据"时代背景下的融合和创新。如姑苏社区教育网的建设是为了让社会化管理和社会化服务事业发展相适应,结合构建学习型社会的目的,将社区学习平台纳入姑苏区社区学院建设。昆山巴城"学游乡村"微信公众号是为了环阳澄湖联盟建设与游学资源共建共享,结合地域社区教育情况和特点,加快信息化进程。苏州三级数字化学习平台建设，能充分利用信息资源，带动社区信息服务的现代化，进一步提升城市居民的生活质量，更好地为市民提供学习服务。

二、标准化教学阵地建设

苏州社区教育的阵地目前主要是开放大学 8 所、社区培训学院 10 个、乡镇（街道）社区教育中心 89 个。乡镇（街道）社区教育中心中，很多与当地文体中心、老年大学、党校等合用场地。近年来，随着一些区镇行政体制改革，社区教育阵地出现了流失的情况。但在教育行政部门推动下，一些地方积极争取和整合阵地资源，通过示范性、标准化、数字化等建设，使社区教育教学阵地得到了巩固与拓展。从全市来看，社区教育中心的设立主要有以下几种方式：一是与镇教育管理办公室合署办公，由教办工作人员兼任社区教育中心负责人；二是与成人教育中心校合署办公，由镇成人教育中心校校长兼任社区教育中心负责人；三是社区教育中心相对独立办公；四是由党政办工作人员兼任社区教育中心管理员。目前独立建制的社区教育中心只有 14 个（吴江区 8 个，吴中区 3 个，常熟市 2 个，张家港市 1 个），仅占 15.73%；近年来，全市建成苏州市示范性社区教育中心 41 家、家门口的老年大学 166 家。

1. 争创各类国家级、省级标准化社区教育机构

2010 年 10 月昆山确定为全国社区教育示范区，2016 年吴江区确定为全国社区教育实验区，张家港市、姑苏区确定为全国社区教育示范区。2015 年，江苏省教育厅启动首批江苏省级社区教育示范区、江苏省标准化社区学院、江苏省标准化社区教育中心和江苏省高水平农科教结合富民示范基地的创建。苏州各地积极响应，开展了省级社区教育示范区和标准化社区教育机构的创建，并择优进行了申报。通过听取情况汇报，实地察看申报单位的硬件条件、内涵建设及成效，苏州涌现了一批省级社区教育示范区和省级标准化社区教育机构，先后获评省级社区教育示范区 7 家、标准化社区教育中心 92 家。创建工作有效引领了苏州各类社区教育阵地的标准化建设，起到示范的效应，为苏州社区教育发展竖立了良好的标杆。

2. 启动家门口的老年大学（学校）建设

为扩大老年教育资源供给，打通老年教育"最后一公里"，2023 年 3 月 6 日，苏州市教育局联合苏州市委老干部局、苏州市民政局、苏州市卫生健康

委员会启动了百所"家门口的老年大学"建设工作,对活动场所、教学设备、教学资源、学位供给、专兼职教师及课程设置等提出了明确的建设要求。经各地、各单位积极申报,验收合格,2023年4月21日,明确公布了全市102个项目点为苏州市第一批"家门口的老年大学"名单(见表3-2)。2023年7月15日公布苏州市第二批"家门口的老年大学"名单(见表3-3)。2023年8—10月举办了"奋发有为·银龄筑梦"2023苏州市首届"苏康养杯"中老年才艺大赛暨"家门口的老年大学"成果展演。百所"家门口的老年大学"学员进行了声乐器乐类、舞蹈健身类、戏曲语言类的展示,成果展演为老年人提供了自我展示风采的平台。苏州市教育局通过送教上门、养教联动、引入社会资源等多种方式,推动科学布点、共享师资,新增各门类课程1548门。以银龄学院漕湖街道办学点为例,学院开设了趣味识字、模特走秀、舞蹈、戏曲沪剧、太极拳、健康与护理六门课程,实现系统化、多维度教学,让老年人在"老有所学"中体会到"老有所乐"。

表3-2 苏州市第一批"家门口的老年大学"项目名单

序号	项目名称	项目单位
1	张家港市老年大学项目点	张家港市老年大学
2	张家港保税区老年大学项目点	张家港保税区老年大学
3	金都老年大学项目点	张家港市金港街道金都社区金都老年大学
4	后塍中心社区老年大学项目点	张家港市后塍街道后塍中心社区老年大学
5	南沙老年大学项目点	张家港市金港街道南沙老年大学
6	大新老年大学项目点	张家港市大新老年大学
7	锦丰老年大学项目点	张家港市锦丰老年大学
8	合兴老年大学项目点	张家港市合兴老年大学
9	三兴老年大学项目点	张家港市三兴老年大学
10	南丰老年大学项目点	张家港市南丰老年大学
11	塘桥镇老年大学项目点	张家港市塘桥镇老年大学
12	塘桥镇老年大学妙桥分校项目点	张家港市塘桥镇老年大学妙桥分校
13	塘桥镇老年大学鹿苑分校项目点	张家港市塘桥镇老年大学鹿苑分校
14	凤凰老年大学凤凰分校项目点	张家港市凤凰老年大学凤凰分校
15	凤凰老年大学港口分校项目点	张家港市凤凰老年大学港口分校

（续　表）

序号	项目名称	项目单位
16	乐余镇社区教育中心项目点	张家港市乐余镇社区教育中心
17	常阴沙老年大学项目点	常阴沙老年大学
18	优居壹佰养老项目点	江苏澳洋优居壹佰养老产业有限公司
19	乘航老年大学项目点	张家港经开区（杨舍镇）乘航老年大学
20	城西老年大学项目点	张家港经开区（杨舍镇）城西老年大学
21	张家港市老干部活动中心项目点	张家港市老干部活动中心
22	常熟市老年大学项目点	常熟市老年大学
23	常熟市天天艺术项目点	常熟市天天艺术培训学校
24	太仓市老年大学沙溪分校项目点	太仓市老年大学沙溪分校
25	太仓市老干部活动中心项目点	太仓市老干部活动中心
26	昆山市老年大学项目点	昆山市老年大学
27	巴城镇成教中心项目点	昆山市巴城镇成人教育中心校
28	淀山湖成教中心项目点	昆山市淀山湖成人教育中心校
29	昆山高新区社教中心项目点	昆山高新区社区教育中心
30	花桥镇老年大学项目点	昆山市花桥镇成人教育中心校
31	锦溪镇成教中心项目点	昆山市锦溪镇成人教育中心校
32	陆家成教中心项目点	江苏省昆山市陆家成人教育中心校
33	千灯镇成教中心项目点	昆山市千灯镇成人教育中心校
34	张浦成教中心项目点	昆山市张浦镇成人教育中心校
35	周市镇社教中心项目点	昆山市周市镇社区教育中心
36	周庄成教中心项目点	江苏省昆山周庄成人教育中心校
37	昆山市金色摇篮社会工作服务中心项目点	昆山市金色摇篮社会工作服务中心
38	昆山登云科技职业学院项目点	昆山登云科技职业学院
39	盛泽镇老年大学项目点	苏州市吴江区盛泽镇成人教育中心校
40	黎里老年大学项目点	江苏省汾湖高新技术产业开发区成人教育中心校
41	桃源镇老年大学项目点	苏州市吴江区桃源镇成人教育中心校
42	同里镇老年大学项目点	苏州市吴江区同里镇成人教育中心校

（续　表）

序号	项目名称	项目单位
43	金家坝老年大学项目点	江苏省汾湖高新技术产业开发区成人教育中心校
44	平望镇老年大学项目点	苏州市吴江区平望镇成人教育中心校
45	江陵街道老年大学项目点	苏州市吴江区江陵街道办事处
46	芦墟老年大学项目点	江苏省汾湖高新技术产业开发区成人教育中心校
47	桃源镇老年大学铜罗项目点	苏州市吴江区桃源镇铜罗社区
48	太湖新城老年大学项目点	苏州市吴江区太湖新城成人教育中心校
49	平望镇老年大学梅堰项目点	苏州市吴江区平望镇梅堰社区
50	盛泽镇老年大学南麻项目点	苏州市吴江区盛泽镇南麻社区居民委员会
51	震泽镇老年大学项目点	苏州市吴江区震泽镇成人教育中心校
52	七都镇老年大学项目点	苏州市吴江区七都镇成人教育中心校
53	苏康养和悦养老项目点	苏州吴江苏康养和悦养老运营管理有限公司
54	吴中区长桥老年大学项目点	苏州市吴中区长桥成人教育中心校（长桥老年大学）
55	吴中区光福镇老年大学项目点	苏州市吴中区光福镇老年大学
56	吴中区甪直镇老年大学项目点	苏州市吴中区甪直镇老年大学
57	吴中区木渎镇老年大学项目点	苏州市吴中区木渎镇老年大学
58	瑞颐养老项目点	江苏瑞颐养老产业发展有限公司
59	吴中区老年大学项目点	苏州市吴中区老年大学
60	吴中区老年大学吴县新村分校项目点	苏州市吴中区老年大学吴县新村分校
61	吴中区民生综合服务中心项目点	苏州市吴中区民生综合服务中心
62	吴中区东山镇成教中心项目点	苏州市吴中区东山镇成人教育中心校
63	黄埭成教中心项目点	黄埭镇成人教育中心校
64	相城区老年大学项目点	相城区老年大学
65	北桥成教中心项目点	北桥街道成人教育中心校
66	望亭镇文体和教育中心项目点	望亭镇文体和教育中心
67	元和街道建元社区项目点	元和街道建元社区

(续　表)

序号	项目名称	项目单位
68	元和街道元和之春社区项目点	元和街道元和之春社区
69	漕湖街道永昌泾社区项目点	漕湖街道永昌泾社区
70	苏康养相城项目点	苏州市苏康养教育投资管理有限公司
71	苏锦街道乐学项目点	苏州市姑苏区平江新城管理委员会社会事业局
72	金阊街道三元一村项目点	苏州市姑苏区阊门历史文化片区管理办公室社会事业处
73	沧浪街道夕阳红老年学堂项目点	苏州市姑苏区人民政府沧浪街道办事处
74	吴门桥街道悦龄项目点	苏州市姑苏区吴门桥街道社区教育中心
75	吴门桥街道双桥项目点	苏州市姑苏区吴门桥街道社区教育中心
76	吴门桥街道党群服务中心项目点	苏州市姑苏区吴门桥街道社区教育中心
77	白洋湾街道党群服务中心项目点	苏州市姑苏区白洋湾地区社区教育委员会
78	白洋湾街道和泰为老服务中心项目点	苏州市姑苏区白洋湾地区社区教育委员会
79	双塔街道大公园社区项目点	苏州市姑苏区大公园社区居民委员会
80	姑苏区老年大学庆元坊项目点	苏州市姑苏区老年大学(本部)
81	姑苏区老年大学仓米巷项目点	苏州市姑苏区老年大学(东区)
82	姑苏区老年大学金门路项目点	苏州市姑苏区老年大学(西区)
83	园区老年大学项目点	苏州工业园区老年大学
84	园区老年大学胜浦街道项目点	苏州工业园区胜浦街道办事处
85	园区老年大学金鸡湖街道项目点	苏州工业园区金鸡湖街道办事处
86	园区老年大学斜塘街道项目点	苏州工业园区斜塘街道办事处
87	园区老年大学唯亭街道项目点	苏州工业园区唯亭街道办事处
88	园区老年大学娄葑街道项目点	苏州工业园区娄葑街道老年大学
89	园区久龄养老院项目点	苏州工业园区久龄养老院
90	苏州文化艺术中心项目点	苏州文化艺术中心管理有限公司
91	高新区老年大学项目点	苏州高新区老年大学
92	狮山横塘街道社教中心项目点	苏州高新区狮山横塘街道社区教育中心
93	科技城(东渚)老年大学项目点	苏州科技城(东渚)老年大学

（续　表）

序号	项目名称	项目单位
94	浒墅关老年大学项目点	高新区浒墅关经开区(镇)老年大学
95	枫桥街道社教中心项目点	苏州高新区(虎丘区)枫桥街道社区教育中心
96	苏康养高新区项目点	苏州市养老产业发展有限公司
97	苏高新怡养项目点	苏州苏高新怡养健康管理有限公司
98	苏州市老年大学项目点	苏州市老年大学
99	苏州市老干部活动中心项目点	苏州市老干部活动中心
100	苏州市老年体育大学项目点	苏州市老年体育大学
101	苏州大学银龄学习中心项目点	苏州大学
102	苏州科技大学项目点	苏州科技大学

表3-3　苏州市第二批"家门口的老年大学"项目名单

序号	项目名称	项目单位
1	常熟市老干部活动中心项目点	常熟市老干部活动中心
2	虞山街道老年大学项目点	常熟市虞山街道老年大学
3	琴川街道文化活动中心项目点	常熟市琴川街道文化活动中心
4	琴川街道枫泾社区项目点	常熟市琴川街道枫泾社区居民委员会
5	琴川街道衡山社区项目点	常熟市琴川街道衡山社区居民委员会
6	琴川街道锦荷社区项目点	常熟市琴川街道锦荷社区居民委员会
7	琴川街道颜北社区项目点	常熟市琴川街道颜北社区居民委员会
8	琴川街道金山社区项目点	常熟市琴川街道金山社区居民委员会
9	常福街道老年大学项目点	常熟市常福街道老年大学
10	常福街道老年大学大义分校项目点	常福街道老年大学大义分校
11	常福街道老年大学谢桥分校项目点	常福街道老年大学谢桥分校
12	莫城街道老年大学项目点	常熟市莫城街道老年大学
13	莫城街道湖泾村项目点	常熟市莫城街道湖泾村村民委员会
14	东南街道老年大学项目点	常熟市东南街道老年大学
15	碧溪街道社区教育中心项目点	碧溪街道社区教育中心
16	碧溪街道浒浦集镇社区项目点	常熟市碧溪街道浒浦集镇社区

（续　表）

序号	项目名称	项目单位
17	碧溪街道万福村项目点	碧溪街道万福村村民委员会
18	海虞镇老年大学项目点	常熟市海虞镇老年大学
19	沙家浜镇老年大学项目点	常熟市沙家浜镇老年大学
20	辛庄镇老年大学项目点	常熟市辛庄镇老年大学
21	尚湖镇老年大学项目点	常熟市尚湖镇老年大学
22	董浜镇老年大学项目点	常熟市董浜镇老年大学
23	古里镇老年大学项目点	常熟市古里镇老年大学
24	梅李镇老年大学项目点	常熟市梅李镇老年大学
25	支塘镇老年大学项目点	常熟市支塘镇老年大学
26	太仓市老年大学项目点	太仓市老年大学
27	太仓市娄东街道社教中心项目点	太仓市娄东街道社区教育中心
28	太仓市陆渡街道社教中心项目点	太仓市陆渡街道社区教育中心
29	太仓市科教新城社教中心项目点	太仓市科教新城社区教育中心
30	太仓市老年大学度假区分校项目点	太仓市老年大学度假区分校
31	太仓市城厢镇社教中心项目点	太仓市城厢镇社会治理和社会事业局
32	太仓市老年大学双凤分校项目点	太仓市老年大学双凤分校
33	横扇街道菀坪社区老年大学教学点	苏州市吴江区横扇街道菀坪社区居民委员会
34	北厍老年大学项目点	江苏省汾湖高新技术产业开发区成人教育中心校
35	盛泽镇老年大学镜湖社区项目点	苏州市吴江区盛泽镇镜湖社区居民委员会
36	震泽镇老年大学八都项目点	苏州市吴江区震泽镇成人教育中心校
37	七都镇老年大学庙港社区项目点	苏州市吴江区七都镇成人教育中心校
38	吴江区老年大学项目点	苏州市吴江区老年大学
39	胥口镇老年大学项目点	吴中区胥口镇老年大学
40	越溪街道溪江社区项目点	苏州市吴中区越溪街道溪江社区居民委员会
41	金庭镇社教中心项目点	苏州市吴中区金庭镇社区教育中心

（续　表）

序号	项目名称	项目单位
42	城南街道家天下社区项目点	苏州市吴中区城南街道家天下社区居民委员会
43	横泾街道泾苑社区项目点	苏州市吴中区横泾街道泾苑社区居民委员会
44	郭巷街道社教中心项目点	苏州市吴中区郭巷街道社区教育中心
45	太湖街道融湾颐湾项目点	苏州市吴中区人民政府太湖街道办事处
46	香山街道老年大学项目点	苏州市吴中区香山街道老年大学
47	临湖镇社教中心项目点	苏州市吴中区临湖镇社区教育中心
48	阳澄湖镇社教中心项目点	苏州市相城区阳澄湖镇社区教育中心
49	太平街道成教中心项目点	苏州市相城区太平街道成人教育中心校
50	澄阳街道泰元社区项目点	苏州市相城区澄阳街道泰元社区居民委员会
51	渭塘镇社教中心项目点	苏州市相城区渭塘镇社区教育中心
52	黄桥街道成教中心项目点	苏州市相城区黄桥街道成人教育中心
53	北河泾街道朱泾社区项目点	苏州市相城区北河泾街道朱泾社区居民委员会
54	沧浪街道潼泾项目点	苏州市姑苏区人民政府沧浪街道办事处
55	虎丘街道观景项目点	苏州市姑苏区人民政府虎丘街道办事处
56	虎丘街道清塘项目点	苏州市姑苏区人民政府虎丘街道办事处
57	平江街道北园社区项目点	苏州市姑苏区人民政府平江街道办事处
58	平江街道梅巷社区项目点	苏州市姑苏区人民政府平江街道办事处
59	金阊街道桃花坞项目点	苏州市姑苏区阊门历史文化片区管理办公室社会事业处
60	苏州市社会福利总院项目点	苏州市社会福利总院
61	苏州经贸学院项目点	苏州经贸职业技术学院
62	苏州广电老年大学项目点	苏州名城新闻传播有限公司
63	园区艺玛教育项目点	苏州市艺玛教育投资有限公司
64	平江新城宸泽文化艺术项目点	宸泽文化艺术培训（苏州）有限公司

3. 开展苏州市示范性社区教育中心建设

为不断推进苏州市社区教育阵地建设,苏州市教育局出台了《苏州市示范性社区教育中心建设标准(试行)》(见表3-4),并将推进市级示范性社区教育中心建设工作纳入当年度继续教育工作要点,三年来坚持长期化、系统化推进,2020年启动市级示范性社区教育中心建设立项14家、培育2家,2021年启动12家、培育2家,2022年启动13家。建设周期为2年,目前已公布了首批14家苏州市示范性社区教育中心名单。苏州争取3—5年内,在全市建设一批满足市民日益增长的文化教育需求的示范性社区教育中心(见表3-5),实现优质社区教育资源全覆盖。目前已下拨建设资金328万元。

表3-4 苏州市示范性社区教育中心建设标准(试行)

一级指标	二级指标	建设要求	分值
体制机制 (13分)	管理体制 (7分)	1. 建立乡镇(街道)、村(居)两级管理体制,体现社区教育中心在区域内的龙头作用及在本乡镇(街道)成人教育(社区教育)培训中的主体地位。	2
		2. 形成以"党政统筹领导、教育部门主管、有关部门配合"的社区教育管理体制。	2
		3. 社区教育中心有先进的教育理念、成熟的内部管理体制。建立健全社区教育工作章程、岗位职责制度、领导例会制度等,相关制度上墙。	3
	运行机制 (6分)	4. 社区教育工作纳入政府年度工作计划,形成较灵活的"政府推动、部门协作、市场介入、社区自治、群众参与"的运行机制。	2
		5. 对村(社区)居民学校指导服务到位,每年不少于2次研究部署工作,定期组织业务培训。会议记录、业务培训资料完整翔实,会议研讨事项得到落实。	2
		6. 组织辖区内相关企事业单位、社会组织、机构、居民代表等参与社区教育工作相关会议、项目承接、业务研讨活动等。	2
基础能力 (32分)	阵地建设 (6分)	7. 主阵地建设。社区教育中心挂牌于显著位置。学校注重人文环境营造,标识标牌清晰,文化气息浓厚。校风、学风、师风建设体现终身教育理念。	2
		8. 村(居)阵地建设。区域内100%的村(居)建有市民学校和老年学习点,配备能满足居民学习需求的基本设施设备,中心指导开展形式多样的社区教育活动。	2

（续　表）

一级指标	二级指标	建设要求	分值
基础能力 （32分）	阵地建设 （6分）	9. 拓展辅助阵地。以"学习苑""项目基地""体验基地""工作室""学习圈""社区学习空间"等形式建有3—5个相对稳定的辅助性学习场所，形成完善的教育工作网络，管理机构运行正常，指导有力。	2
	资源整合 （6分）	10. 指导开放学校资源。引导辖区内各级各类学校利用场地设施、课程资源、师资、教学实训设备等积极筹办和开展社区教育，向市民提供适宜的教育服务，并形成常态。	2
		11. 充分利用社会资源。提高辖区内图书馆、科技馆、文化馆、博物馆和体育场馆等各类公共设施面向社区居民的开放水平。引导相关行业企业、社会培训机构参与社区教育。吸纳、孵化不少于5个社会组织服务居民终身学习。	2
		12. 统筹共享社区资源。加强与社区综合服务中心（站）、社区文化中心等机构的资源共享和服务联动，充分利用社区文化、科学普及、体育健身等各类资源，组织开展社区教育活动。	2
	课程开发 （5分）	13. 完善课程建设。开发和建设一批适应本社区居民学习、生活、工作、休闲需求的教育课程资源（含教师、教材、教具等），不少于10种。	2
		14. 印发知识读本。组织编写符合居民需要的、合乎政策法规要求的具有本土文化特色的社区教育知识读本，不少于10种，每种发放不少于500册，有实物、有发放记录，且有相应的电子版用于传播。	3
	教学实施 （4分）	15. 完善教学实施过程。采用班级教学与团队学习、集中面授与线下自学、课程学习与游学体验相结合的教学教育方式，针对辖区内不同人群的需求，每学期开设面授教学班15个以上。课程有教学大纲、教学计划及教案，并配套教材（课本、讲义、电子课件等）。	2
		16. 加强学员管理工作。以学员为中心，加强管理，有学籍、学分档案。搭建平台，开展形式多样的教学成果分享与展示活动。	2

（续　表）

一级指标	二级指标	建设要求	分值
基础能力 （32分）	设施设备 （5分）	17. 城区社区教育中心建筑面积不少于2000平方米，农村社区教育中心建筑面积不少于2500平方米。城区社区教育中心自有专用教室不少于4间，农村不少于6间。建有计算机教室，计算机不少于30台。	3
		18. 建有（或能共享的）社区图书室、阅览室，图书不少于10000册（建有电子图书馆或实现县域图书联网流通的教育中心，图书不少于8000册）。	2
	远程网络 （6分）	19. 建有社区教育信息服务网站（或微信公众号、农村教育致富信息网站等新媒体推介），网站信息更新及时。网站有较高的居民点击率，居民在线学习活跃度高、覆盖面广。	2
		20. 校园带宽不低于100M。建有（含自建、引进、共享）网络学习资源不低于1000个学习单元。	2
		21. 开设内容丰富的社区教育网络课堂，有完善的教学管理和评价措施。	2
队伍建设 （14分）	管理队伍 （4分）	22. 政府有专人负责社区教育工作，并定期指导、协调社区教育工作。	1
		23. 学校配备2名以上的专职管理人员。	2
		24. 学校对管理人员和专职教师有培训进修制度。年人均累计培训不少于50课时，且有记录。	1
	师资队伍 （10分）	25. 优化专兼职师资队伍。建有一支能满足社区教育活动需求、年龄结构合理的专兼职师资队伍，其中专职教师达常住人口的万分之1.5。村（社区）居民学校配备2名以上专兼职管理人员。	2
		26. 加强专职人员能力建设。专职管理人员、专职教师达到本科以上文化程度，有较强的专业能力和协同管理能力。	2
		27. 持续扩大志愿者队伍。建有一支综合素质较高、专业覆盖面广、不少于社区人口3%的社区教育志愿者队伍。	2
		28. 建立信息数据库。实现兼职教师和志愿者教学活动、志愿活动记录的信息化管理。兼职教师实际到位率达90%，对兼职教师和志愿者开展培训，培训时长不少于16课时。	2

(续　表)

一级指标	二级指标	建设要求	分值
队伍建设 (14分)	师资队伍 (10分)	29. 开展社区教育研究。近三年，承担过苏州市级以上社区教育类课题，或公开发表过社区教育研究论文，或受到市级以上(含市社指中心、学会)二等奖以上表彰论文或研究报告。	2
保障措施 (11分)	经费投入 (6分)	30. 保障经费投入。政府按常住人口人均不低于4元的标准设立社区教育专项经费，纳入财政预算，并拨付到位、专款专用，提高使用绩效。建有社区教育经费多渠道筹措机制。	2
		31. 合理使用经费。坚持社区教育公益性原则，严格执行财务管理制度，有专人负责学校财、物的日常管理。	2
		32. 充分使用企业职工教育经费。社区内企事业单位的职工教育经费得到落实，开展有针对性的行业培训，且有翔实记录。	2
	制度保障 (5分)	33. 科学规划发展。社区教育发展规划列入当地社会与经济发展规划和教育发展规划，体现街镇特色，目标清晰(有正式的党政文件)。	1
		34. 健全中心内部管理。有完善的岗位职责，校长、管理干部、专兼职教师及其他人员的岗位要求、目标任务和考核办法明确。组织开展检查、考核、表彰、奖励等措施，且实施有效。	2
		35. 保障教育项目运作。有完善的社区教育项目管理措施和稳定的团队，正确引导社会力量参与，建立共建合作机制和项目运作长效机制。	2
实践效能 (30分)	教育成效 (22分)	36. 社区教育覆盖面广。城乡居民社区教育活动年参与率达70%以上；其中老年人参与比例达到40%以上。青少年参加校外教育率达到95%以上。	4
		37. 社区学习氛围浓郁。每年开展2次以上全民学习成果展示、展演等社区教育活动。	4
		38. 开展"惠民、惠企、惠农"教育培训。广泛开展内容丰富、形式多样、深受社区居民欢迎的社区教育培训及活动。提升企业职工、新型农民教育成效。完善省级高水平"农科教"结合富民示范基地，省级高水平"农科教"结合富民示范基地的师资、课程等资源建设。	6
		39. 开展创新创业培训。教育成效显著，培养了一批致富骨干和创业带头人，有相关典型的案例和数据。	4

(续　表)

一级指标	二级指标	建设要求	分值
实践效能 （30分）	教育成效 （22分）	40.开展学习型组织建设。建有一批具有一定社会影响力的学习型企事业单位、学习型家庭和学习型个人，有评比，有表彰及宣传成效。	4
	社会评价 （8分）	41.社区教育参与度、知晓度高。居民对本地区的社区教育的认同度、满意率达到90%以上，有问卷调查、访谈个案等记录。	4
		42.加强宣传推广。获得国家、省、市、县(市、区)有关学习型社会建设和社会教育方面表彰、宣传和推广。	4

表3-5　苏州市示范性社区教育中心名单

序号	地区	单位名称	考核结果	年份
1	张家港市	张家港市南丰镇社区教育中心	立项	2020年
2	张家港市	张家港保税区社区教育中心	立项	2020年
3	常熟市	常熟市沙家浜镇社区教育中心	立项	2020年
4	昆山市	昆山市张浦镇社区教育中心	立项	2020年
5	昆山市	昆山市周庄镇社区教育中心	立项	2020年
6	吴江区	江苏省汾湖高新技术产业开发区社区教育中心	立项	2020年
7	吴江区	苏州市吴江区太湖新城社区教育中心	立项	2020年
8	吴中区	苏州市吴中区木渎镇社区教育中心	立项	2020年
9	吴中区	苏州市吴中区甪直镇社区教育中心	立项	2020年
10	相城区	苏州市相城区黄埭镇社区教育中心	立项	2020年
11	姑苏区	苏州市姑苏区白洋湾街道社区教育中心	立项	2020年
12	姑苏区	苏州市姑苏区沧浪街道社区教育中心	立项	2020年
13	工业园区	苏州工业园区斜塘街道社区教育中心	立项	2020年
14	高新区	苏州高新区狮山横塘街道社区教育中心	立项	2020年
15	张家港市	张家港市凤凰镇社区教育中心	立项	2021年
16	张家港市	张家港市大新镇社区教育中心	立项	2021年

(续　表)

序号	地区	单位名称	考核结果	年份
17	常熟市	常熟市梅李镇社区教育中心	立项	2021年
18	太仓市	太仓市城厢镇社区教育中心	立项	2021年
19	太仓市	太仓市沙溪镇社区教育中心	立项	2021年
20	昆山市	昆山市巴城镇社区教育中心	立项	2021年
21	吴江区	苏州市吴江区盛泽镇成人教育中心校	立项	2021年
22	吴中区	苏州市吴中区长桥镇成人教育中心校	立项	2021年
23	相城区	苏州市相城区望亭镇社区教育中心	立项	2021年
24	姑苏区	苏州市姑苏区虎丘街道社区教育中心	立项	2021年
25	姑苏区	苏州市姑苏区苏锦街道社区教育中心	立项	2021年
26	工业园区	苏州工业园区娄葑街道社区教育中心	立项	2021年
27	常熟市	常熟市东南街道社区教育中心	培育	2021年
28	高新区	科技城(东渚街道)社区教育中心	培育	2021年
29	张家港市	张家港市锦丰镇社区教育中心	立项	2022年
30	常熟市	常熟市东南街道社区教育中心	立项	2022年
31	常熟市	常熟市海虞镇社区教育中心	立项	2022年
32	太仓市	太仓市陆渡街道社区教育中心	立项	2022年
33	昆山市	昆山市花桥镇社区教育中心	立项	2022年
34	昆山市	昆山市周市镇社区教育中心	立项	2022年
35	吴江区	苏州市吴江区平望镇社区教育中心	立项	2022年
36	吴江区	苏州市吴江区七都镇社区教育中心	立项	2022年
37	吴中区	苏州市吴中区郭巷街道社区教育中心	立项	2022年
38	相城区	苏州市相城区阳澄湖镇社区教育中心	立项	2022年
39	姑苏区	苏州市姑苏区双塔街道社区教育中心	立项	2022年
40	姑苏区	苏州市姑苏区金阊街道社区教育中心	立项	2022年
41	工业园区	苏州工业园区唯亭街道社区教育中心	立项	2022年

4.持续推进省级标准化居民学校建设

为进一步提升社区教育基础能力,构建终身教育15分钟学习圈,让学习服务走进千家万户,苏州市于2013年开展了省级标准化居民学校建设工作。各市(区)对照《江苏省居民学校建设标准(试行)》,精心组织、悉心指导各校申报创建省、市级居民学校的工作,并全面实施评估推荐,苏州市教育局结合各地的评估考核推荐,组织专家组对申报学校进行了实地抽查,十年来,累计公布省级标准化居民学校1175个。苏州市通过标准化居民学校建设,不断健全基层社区教育阵地"建、管、用、育"一体化运行机制,利用居民学校教育阵地开展全民终身学习活动,培育各类学习共同体,丰富居民精神文化生活,提升文化素养,加快推动学习型社会的建设发展,为构建"全员、全面、全程"的终身教育体系奠定了坚实基础。

2014—2023年十年中,苏州还开展了苏州市学习型乡镇(街道)(见表3-6)、教育现代化村(社区)居民学校建设。各市(区)、街镇结合自身阵地建设需求开展了形式多样的探索,创新推动社区教育阵地建设,积极满足市民多元化学习需求。2022年,苏州工业园区组织开展标准化居民学校建设,经社区居民学校申报、开放大学组织评审,认定了22所区级标准化居民学校(见表3-7)。昆山市教育局则开展了11批昆山市数字化学习实验社区建设,建成数字化学习实验社区221个。2021年昆山市巴城镇社区教育中心推动乡村振兴教学点建设,公布了23个镇级乡村振兴教学点。2022年昆山市启动首批乡村振兴教学点建设,并在当年全民学习周开幕式上对7家乡村振兴教学点进行了授牌。2023年,环阳澄湖游学联盟首届学习节开幕式上为17家环阳澄湖乡村振兴教学点进行了授牌。苏州各地对社区教育阵地建设的执着,反映了苏州基层社区教育的活力。

表3-6 苏州市学习型乡镇(街道)评估指标体系(试行)

一级指标	二级指标	序号	评估要素	分值	评分标准	考核办法	得分
组织与管理(18分)	重视程度	1	创建学习型乡镇(街道)工作纳入议事日程,每年不少于2次研究创建工作有关事宜。	2	列入议事日程记1分,每年研究不少于2次记1分。	查记录查资料	

(续　表)

一级指标	二级指标	序号	评估要素	分值	评分标准	考核办法	得分
组织与管理（18分）	重视程度	2	成立创建学习型乡镇（街道）工作小组，有专人负责。	2	有机构记1分，有专人负责记1分。	查资料	
		3	工作小组成员分工明确，协调相关单位，形成齐抓共管的高效工作机制。	2	有明确分工记1分，齐抓共管记1分。	查资料	
	长效机制	4	有创建学习型乡镇（街道）的长远规划、年度计划、实施意见。	3	有长远规划、年度计划、实施意见各记1分。	查资料	
		5	将创建学习型乡镇（街道）工作纳入领导班子任期目标考核。	2	纳入记1分，明确的考核记1分。	查资料	
	制度建设	6	有完善的创建制度，形成定期检查、考核、总结、表彰的工作运行机制。	4	制度完善记2分，运行机制记2分。	查资料	
		7	建立健全创建专项档案。	3	建立健全记2分，资料规范记1分。	查资料	
条件与保障（28分）	阵地建设	8	乡镇（街道）配有符合省级标准的社区教育中心，配备能满足居民学习需求的设备（电脑、投影仪、图书、报纸杂志等），使用率较高。区域内90%以上的村（社区）建有居民学校。	5	社区教育中心和居民学校达标各记1分，图书、报刊、设备等达标并每年有所增加记2分，使用率高记1分。	实地查看查资料	
		9	辖区内各类教育文化资源向居民开放，互动开展全民终身学习活动。	3	资源开放率达70%以上记2分，互动学习记1分。	实地查看调查访谈	
		10	建设或利用互联网学习平台、多媒体等现代教育技术，满足市民多样化的学习需求。具有自主开发彰显本土特色的课程资源的能力。	3	根据情况酌情计分。	查资料	

69

（续　表）

一级指标	二级指标	序号	评估要素	分值	评分标准	考核办法	得分
条件与保障（28分）	阵地建设	11	乡镇（街道）建有老年大学，开设6门以上稳定（20课时/门）专业课，学员数不低于辖区老年人口的6%。	2	开课及学员数要求各记1分。	实地查看查资料	
	队伍建设	12	按辖区人口万分之1.5配足社区教育中心专职管理干部和专职教师，村（社区）居民学校有1名以上专兼职管理人员，建有不少于辖区人口1%的志愿者队伍。	4	社区教育中心专职管理干部和教师、居民学校专兼职管理人员、志愿者各记1分。	查资料调查访谈	
		13	管理人员、教师达到大专以上文化程度并能熟练运用计算机，人均每年参加学习培训累计不少于10学时。	3	学历达标记1分，计算机使用达标记1分，培训学时达标记1分。	查资料调查访谈	
	经费投入	14	多渠道筹措资金，有创建工作专项经费。	4	筹措资金2分，专项经费2分。	查账目	
		15	贯彻《省政府办公厅关于加强继续教育工作推进学习型社会建设的意见》规定"不低于可支配收入和纯收入的0.3‰"的继续教育经费纳入乡镇（街道）财政预算，做到专款专用，最大限度地发挥作用。	4	经费有预算和专款专用各记2分。每项达标率低于80%的扣1分，低于60%不得分。	查账目	
实施与任务（28分）	教育培训	16	关注弱势群体、特殊群体的教育，对外来务工人员、下岗失业人员或失地农民进行教育培训。	2	困难群体教育记1分，外来务工培训记1分。	查资料调查访谈	

（续　表）

一级指标	二级指标	序号	评估要素	分值	评分标准	考核办法	得分
实施与任务（28分）	教育培训	17	积极推广辖区内互联网用户在省、市、县（市、区）、镇（街）各级学习平台开展学习活动,有措施,有成效。	4	有措施记2分,有成效（注册率、有效访问率明显提升）记2分。	查资料调查访谈	
		18	从业人员继续教育年参与率达70％。	2	每项达标记2分,每下降10％扣0.5分。	查资料调查访谈	
		19	城市居民社区教育活动年参与率达70％,或农村居民社区教育活动年参与率达50％。	3	达标记3分,每下降10％扣1分。	查资料调查访谈	
		20	老年人社区教育活动年参与率达30％。	2	达标记2分,每下降10％扣0.5分。	查资料调查访谈	
		21	充分发挥校外教育基地作用,大力开展校外社区教育,有措施、有成效,青少年参加校外教育率达90％。	2	达标记2分,每下降10％扣0.5分。	查资料调查访谈	
	学习活动	22	充分利用辖区各行政部门和企事业单位教育资源,开展创建学习型社区活动;督促各部门各单位开展学习型组织活动。	4	各部门提供资源记2分,督促创建记2分。	查资料调查访谈	
		23	组织居民参与"全民终身学习活动周"和"大讲堂"等,乡镇（街道）有创新地开展各类活动,学习活动经常化。	6	"学习周"和"大讲堂"各记2分,创新活动记2分。	查资料	
		24	乡镇（街道）层面建有10个以上学习共同体团队,参与人数在100人以上;每年开展至少2次以上大型的乡镇（街道）全民学习成果展示、展演活动。	3	有团队记1分,有活动记2分。	实地查看查资料	

（续　表）

一级指标	二级指标	序号	评估要素	分值	评分标准	考核办法	得分
效益与效果（16分）	学习示范	25	乡镇（街道）党委、村（社区）党支部积极组织开展学习型党组织、学习型机关建设活动，并成为学习团队建设示范。积极推进辖区内企事业单位开展学习型组织建设活动。	2	机关有学习活动记1分，企事业单位有学习活动记1分。	查资料	
		26	组织辖区内家庭开展学习型家庭、学习之星评比活动。	2	有评比活动分别记1分。	查资料	
	社会效益	27	终身学习理念逐步深入人心，居民对提供的教育培训与文化学习活动比较了解，知晓度、参与度较高。	3	酌情记分。	调查访谈	
		28	有一支稳定的通讯员队伍。广泛宣传，在各主流媒体、网站宣传次数在全县（市、区）名列前茅，营造全民学习活动氛围浓。	5	有通讯员队伍记2分，宣传工作成果显著记3分。	查资料	
		29	获得国家、省、市、县（市、区）有关学习型社会建设和社会教育方面表彰。	4	根据级别记4、3、2、1分。	查资料	
特色创新		30	创建学习型乡镇（街道）成效显著，工作有创新、有特点。	10	根据创新和特色情况酌情记分。	查资料	
合计				100			

表3–7 苏州工业园区标准化居民学校创建评分表

一级指标	二级指标	三级指标	自评分值
组织管理建设（16分）	领导高度重视（6分）	社区教育工作指导思想端正,办学目标明确,树立符合本地实际和创新特色的社区教育理念。（3分）	
		社区教育纳入本地社会事业发展规划,有符合本社区工作实际的年度工作计划和创新举措等。（3分）	
	组织机构健全（10分）	居民学校成立由社区分管社区教育领导、专任干部和居民代表组成的校务委员会,定期召开会议,研究社区教育工作。（3分）	
		有专任或兼任校长,有专人负责学校日常工作。（3分）	
		指导协调社区教育工作坚强有力,能认真完成街道下达的各项社区教育任务,接受(市、区)社区学院、街道社区教育中心的指导与督查。（4分）	
教学设施建设（34分）	校舍设施良好（24分）	居民学校面积不少于200平方米。（8分）	必备
		有多功能教室,配备投影设备。（5分）	
		有图书阅览室,配备图书量不少于1000册。（5分）	必备
		有数字化教室,配备专用电脑不少于3—5台,接入宽带。（6分）	必备
	资源有效整合（10分）	建设满足居民需要的、共享的教育活动场所。（5分）	
		各类教育资源有效整合,做到有序开放。（5分）	
保障举措健全（30分）	重视队伍建设（12分）	学校配备1名素质较好的专职管理人员。（2分）	必备
		配备符合社区教育事业发展需求的专兼职师资队伍。（3分）	
		建立不少于社区人口1.5%的社区教育志愿者队伍。（3分）	
		能组织社区教育管理人员、教师、志愿者参加多形式、多渠道培训并富有成效。（4分）	
	经费保障到位（10分）	有多渠道筹措社区教育经费的机制,每年用于社区教育的专项经费达到社区人口人均1元。（6分）	必备
		能按社区教育事业发展需要,逐步改善办学条件,优化教学环境。（4分）	
	加强制度建设（8分）	建立居民学校工作章程、工作例会、岗位职责、教学管理、档案管理、财务管理、表彰奖励等方面的制度,且执行情况良好。（8分）	

（续　表）

一级指标	二级指标	三级指标	自评分值
实施成效明显（20分）	教育培训有成效（10分）	围绕构建学习型社会要求积极开展形式多样的教育培训活动，培训内容贴近居民需求，社区教育年参与率30％以上。（10分）	
	创建学习型组织（6分）	积极开展创建学习型组织活动。学习型家庭、学习型楼组、学习型个人的数量逐年增加，社区学习氛围浓厚，居民对社区教育归属感明显增强。（6分）	
	注重特色创新（4分）	社区教育工作注重研究与创新，成绩显著，形成鲜明的地方特色，有较好的借鉴作用。（4分）	
总　分			

三、区域化学习联盟建设

区域化学习联盟建设是当代社区教育发展的趋势，也是推进区域终身学习的有效路径，是区域社区教育共建共享的发展模式。2021年中国成人教育协会出台了《区域终身学习共同体项目管理办法》，三年间先后发展了三批区域终身学习发展共同体41个，苏州有2个（苏州"三叶草"终身学习发展共同体、环阳澄湖游学联盟）。2023年江苏省成人教育协会公布了首批省级社区教育共同体77个，苏州有7个（环阳澄湖游学联盟、长三角社区教育赋能乡村振兴发展共同体、智慧银龄联盟、"知行合一"江苏非遗共同体、翰墨传承助力乡村振兴共同体、平望灯谜沙龙、体验"苏式"非遗之美）。区域化学习联盟建设成为推动苏州全民终身学习、推进社区教育可持续发展的有效路径，是当下社区教育创新发展、构建学习型社会的有效抓手。

1. 长三角一体化学习联盟建设

2019年11月，苏州、普陀、嘉兴、芜湖成立长三角一体化学习联盟，四地长三角终身教育一体化建设发展论坛顺利举办，启动了长三角"人文行走"学习项目。苏州市作了终身教育的经验交流，展示了全民学习的特色品牌，共享了优质的学习阵地。苏州以高质量的终身教育服务和学习产品与普陀、嘉兴、芜湖深度合作，扎实推进一体化发展建设，积极拓展合作领域，创新合作方式,完善协调机制,致力于将四地终身教育联盟打造成区域协作的标杆,实现包容和公平的全民教育和终身学习。联盟以造福人民为工作目标,以建设区域终身教育协作典范为任务,助力长三角地区高质量城市群建设,服务国家创新驱动发展战略。

2. 区域协同化学习联盟建设

2021年6月23日,由昆山市巴城镇社区教育中心与常熟市沙家浜镇社区教育中心倡导发起建设"环阳澄湖游学联盟"。2022年6月"环阳澄湖游学联盟"成为中国成人教育协会"区域终身学习发展共同体"项目第二批实验点,联盟单位发展为4家;2023年7月"环阳澄湖游学联盟"成为首批江苏省社区教育共同体,联盟单位发展为6家(见图3.2)。联盟建设秉持自愿原则,是在各校合作、联动基础上的自然升华。联盟成员单位之间是独立而平等的,联盟建设的纽带一方面是依托共同的地理环境,另一方面是建立共同的终身教育目标、理念,协同探索社区教育的新理念、新方法、新模式,推动区域社区教育高质量发展。

图3.2 "环阳澄湖游学联盟"乡村振兴教学点授牌仪式

3. 联合试点化学习联盟建设

社区学习中心(CLC)是促进终身学习、实现教育公平、推进学习型社会建设的重要途径,也是为实现联合国确定的"2030年可持续发展目标"第4项——"确保包容和公平的优质教育,让全民终身享有学习机会"愿景的重要行动。2019年经中国教科文全委会秘书处、联合国教科文组织驻华代表处同意和支持,中国成人教育协会在中国部分城市设立"城市社区学习中心(CLC)能力建设项目"实验点,总项目组设在苏州市教育局,共同开展有关学习型城市、学习型社会的探索与研究(见图3.3)。2019年4月8—10日,首批16个"城市社区学习中心(CLC)能力建设项目"实验点单位齐聚苏州吴江,召开"终身学习理念下新时期社区教育创新发展研讨会暨城市社区学习中心能力建设项目开题会"。首批实验点范围涉及全国10个省（直辖市），苏州有汾湖成校、金港社教中心、周市社教中心、木渎社教中心共4家单位成为首批项目点，项目周期为3年。2023年，苏州吴中区木渎镇成人教育中心、吴江汾湖高新区成人教育中心、张家港保税区社区教育中

图3.3 "城市社区学习中心（CLC）能力建设项目"总项目组落户苏州

心、张家港经开区（杨舍镇）善岗培训中心、昆山周市镇成人教育中心、昆山巴城镇社区教育中心入选"第四期农村（CLC）能力项目点"。苏州在项目实验组的指导下，深入推进项目实验，不断提升农村社区学习中心能力水平，切实发挥"农村社区学习中心（CLC）"的积极作用，为推进新时代农村社区教育的新发展，为建设中国特色的学习型城市和学习型社会作出应有的贡献。

十年来，苏州积极推进区域合作及对外交流。鼓励成立各级社区教育区域联盟，积极开展跨区域合作交流，取得丰硕的实践成果。如按照《苏州市—宁波市社区教育干部对口交流及拓展培训（试点）2017年实施方案》，圆满完成了张家港市对口北仑区、吴江区对口慈溪市的乡镇（街道）社区教育后备干部对口顶岗交流。2016年以来，昆山积极组织开展了"山水共建社区教育联盟"（昆山、桂林）、"学悦双城"交流；"江苏吴江·上海金山·浙江嘉善"三地社区教育合作联盟举办研讨论坛等。

案例六：联合国教科文组织CLC联盟

吴江区："老年教育"项目

一、案例背景

老年人是国家和社会的宝贵财富，老年教育是我国教育事业和老龄事业的重要组成部分。发展老年教育，是积极应对人口老龄化、实现教育现代

化、建设学习型社会的重要举措,是满足老年人多样化学习需求、提升老年人生活品质、促进社会和谐的必然要求。当前我国已日益进入老龄化社会,2015年年底我国60岁以上老年人口已经达到2.22亿,占总人口的16.1%,未来20年我国人口老龄化形势将更加严峻。

从苏州市吴江区来看,2015年老龄化程度已达到26.62%,为历史之最,而汾湖高新区则是吴江老龄化程度较高的三个镇之一,比例超过29%。"未富先老"的社会特征日益凸显,这对我国社会主义现代化进程将产生全面而深远的影响,特别是老年人的精神文化和学习需求增长较快,发展老年教育的形势和任务更加紧迫。

联合国教科文组织(CLC)第三期实验项目的主题是老年教育,这顺应了时代发展的需求,符合苏州市吴江区汾湖高新区社区发展的实际,也与我校(汾湖高新区成人教育中心校)的资源和能力相匹配。我校在顺利完成联合国教科文组织第二期实验项目后,非常荣幸地成为第三期实验项目——"老年教育"的实验点。

为了保质保量地完成此项工作,我校自2016年11月宁波会议接受授牌以来,就积极进行调研,多次研究磋商,特别是在2016年12月苏州"CLC"联盟首次会议之后,更是加大了工作力度,围绕"老年教育"主题开展了卓有成效的工作。2017年1月,《汾湖"老年教育"项目实施指南》(以下简称《指南》)出台,初步设定了"努力实现养教结合""倡导积极老龄化""实现跨代教育"等工作目标;2017年4月,在苏州市终身教育学会的指导下,对《指南》进行了进一步修订;2017年5月,学校以《指南》为引导,逐步落实开展相关活动内容。目前,各项工作正有条不紊地推进,部分活动取得了阶段性成果。

二、案例呈现

"跨代教育"效果佳。汾湖有一所老年大学,获得过省级示范老年大学荣誉称号,办学经验丰富,学员政治觉悟、综合能力"双高",下辖黎里、芦墟、北厍、金家坝四所分校,教学资源丰富。汾湖还有一所职业高中,在校学生近600人,同学们一方面需要文化知识的灌溉,另一方面相对于老年人也走在潮流的前列。如何将这两块资源进行有效链接,实现事半功倍的收效?那就是开展"跨代教育"。

学校敏锐地握住这个抓手,先后多次邀请老年大学的老师和学员们与中职生共同开展活动,邀请老年大学的老师们来校为同学们开设思想道德讲座,组织开展了老少同台文艺汇演,老少共学十九大,老少同游古镇、品美味、做美食(见图3.4),老少同乐包粽子迎端午,"我教阿姨学微信"(见图3.5)等一系列活动,受到老少两代人的一致好评,产生了良好的社会反响。

图 3.4 老少共做美食

图 3.5 我教阿姨学微信

三、案例成效

老年人由于社会阅历和知识的积累,在经验、智力方面相对于职校的学生有着显著的优势;而年轻人在逻辑思维和处理信息能力的液态智力方面占据主导地位。这是老少两代人各自的优势所在。"跨代教育"很好地将这两种优势结合互补,让老年人和中职生在活动中互相促进、共同提高,真正做到了事半功倍。

老年教育是一项利国利民的重要工程,也是一项需要长期奋斗的艰巨工程。做好这项工作需要着眼全局,小处入手,保持耐心,充满爱心,练就恒心。做好这项工作还要开动脑筋,采取群众喜闻乐见的形式,激发大家参与的热情,比如"跨代教育"和"教育游学"等,真正做到让大家想参与、乐参与、多参与,这样才能见到实效。

"CLC"对于社区教育工作的开展产生了重要、积极的影响,提升了我们对社区教育工作的认识,改进了我们开展社区教育工作的方法,总体上起到了指导和引领的作用。在今后的工作中,我们将继续深入领会项目精神,以更加务实和有效的工作,扎扎实实地开展好汾湖的社区教育工作。

第二节　社区教育课程建设

社区教育课程是按照一定的教育目的,遵循一定的教育规律,面向社区各类居民开设的,旨在提高居民综合素质和生活技能的,整合知识、经验、实践、环境、生活等素材的教育及学习活动的总和。社区教育课程是社区教育开展的基础和载体,社区教育的课程质量决定着社区教育的质量。因此,加强社区教育课程的建设与开发,具有十分重要的意义。2014—2023年,我市依托地方经济和文化优势,以科学发展观为指导,强化以人为本的理念,以服务社区居民、提高居民整体素质、构建和谐幸福社区为宗旨,加强社区教育课程建设,经过不断研究、实验、总结、推广,形成了一批社区教育特色课程,并在实施过程中取得较好的社会和经济效益。

一、社区教育课程开发情况

2016—2023年全市开发教材498本,通用课程15601门,特色课程716门,开设培训讲座总计28051期(见表3-8)。从统计的数据来看,以通用类课程为主,积极开发特色课程,加强社区教育教材编印,并加强社区教育培训讲座。

表3-8 2016—2023年苏州市社区课程建设情况一览表

年份	教材(读本)	通用课程	特色课程	培训讲座
2016	155	4046	未统计	未统计
2017	106	6285	未统计	未统计
2018	97	859	63	402
2019—2020	89	1269	247	958
2021	未统计	491	131	1500
2022	未统计	1297	137	6455
2023	51	1354	138	18736
合计	498	15601	716	28051

二、课程建设的特点与变化

1. 教材(读本)先于课程计划和课程标准

按照课程理论,课程建设按照以下程序进行:首先设计课程计划(课程体系);其次根据课程计划编写课程标准(课程大纲);然后编写课程实施方案(教材),再配以教学参考书、音像资料等,也就是课程先于教材。但是,理论发展的历史顺序与实践的逻辑却反向而行。社区教育课程建设往往也忽略了课程计划和课程标准,首先开展文字教材建设,苏州市各社区教育机构编写了很多社区教育教材(读本),内容涉及地方文化、国学经典、健康养生、生活妙招、家庭理财、智能手机运用等,内容丰富,种类繁多。这些教材短小精悍、图文并茂,受到广大社区居民欢迎,通常配以专题讲座,及时发放给受众对象,供居民闲时阅读学习。下面列举具有代表性的教材(见表3-9和图3.6)。

表 3-9 苏州地方特色的代表性教材

序号	课程名称	建设单位
1	《白洋湾山歌》《古韵今风》《吴门工业史话》《七里山塘》	姑苏区
2	《漫话斜塘》《姑苏名宅》	工业园区
3	《我的家乡浒墅关》《阳山文萃》《镇湖绣艺》	高新区
4	《市民法律知识百问百解》《甪端故事》	吴中区
5	《吴江话学习手册》《老年心理保健》《如何处理好邻里关系》	吴江区
6	《周庄村落》《古风雅韵 溪水人家》《昆曲生角》《陆家段龙舞》《昆山民间故事》	昆山市
7	《美丽沙家浜》《碧溪上鹞灯》《梅李皮贴画》《沙家浜船拳》	常熟市
8	《太仓滚灯》《百姓身边的金融知识》《福地文化传承与创新》《老物件的文化传承》	太仓市
9	《沙上传统文化》《倾听"红色沙洲",力行"港城精神"》	张家港市

2. 终身学习平台投入较大,课程资源十分丰富

信息技术飞速发展,不断改变着人们的思想观念和生活方式,在社区教育领域,信息技术体现了更多的教育优势,在当前社区教育的基础上增加信息技术含量,使信息技术为社区教育服务,能极大地满足社区居民的学习需要。2010年起,苏州各市(区)开始终身学习在线平台建设,陆续建成昆山市民学习在线、张家港学习在线、吴江学习在线、太仓市民学习在线、苏州工业园区全民终身学习平台、苏州市民终身学习云平台,这些平台为市民线上学习提供丰富的视频课程资源,内容涵盖人文历史、德育与公民素质、智育与职业技能、美育与艺术鉴赏、体育与养生健康、地方特色与文化,有数千甚至数万个视频,对社区教育的普及推广发挥了重要作用。

3. 课程建设逐渐规范化,课程建设成果显著

为贯彻落实《教育部等九部门关于进一步推进社区教育发展的意见》(教职成〔2016〕4号)、《国务院办公厅关于印发老年教育发展规划(2016—2020年)的通知》(国办发〔2016〕74号)以及《江苏省教育厅等十一部门关于加快发展社区教育的实施意见》(苏教社教〔2017〕1号)精神,促进社区教育和老年教育课程建设专业化、规范化、科学化发展,2019年5月江苏省社会

图 3.6　苏州地方特色的代表性教材封面

教育服务指导中心公布了《江苏省社区教育课程建设规范(试行)》(以下简称《建设规范》)及《江苏省社区教育通用型课程分类标准(试行)》(以下简称《分类标准》)。

(1)《建设规范》明确了社区教育课程建设目标：以完善终身教育体系、构建学习型社会为目标，以促进全民终身学习、提高居民综合素质、服务人的全面发展为宗旨，探寻社区教育的规律，深化社区教育内涵发展，强化社区教育基础能力建设，充分满足社区居民精神文化生活的需求。

(2)《建设规范》规定社区教育课程建设应该遵循的原则：终身学习与优化体验相结合原则；目标导向与需求导向相结合原则；协调联动与共建共享相结合原则。

(3)《建设规范》确定了社区教育课程建设的主要内涵：社区教育课程体系建设与课程大纲编写；社区教育课程文字教材建设；社区教育课程多媒体数字化教材建设；社区教育课程的推广、使用与评价、反馈。

(4)《建设规范》总结了社区教育课程设计主要内容：课程分析；学习者分析；学习目标分析；课程内容设计；课程评价设计。

(5)《分类标准》对社区教育通用型课程进行分类，包括社区德育与公民素质、社区智育与职业技能、社区美育与艺术鉴赏、社区体育与养生健康、地方特色与文化等5个系列，23大类，99个子类。

(6) 课程建设成果

《建设规范》和《分类标准》出台，使得苏州市各级社区教育机构课程建设有章可循，2022年苏州市教育局委托苏州市社会教育服务指导中心制定了《苏州市社区教育课程建设规范》和《苏州市社区教育课程建设指导细则》，促进了苏州市社区教育课程质量显著提高，苏州市各社区教育机构开发建设的课程在全国、省、市各级评比中取得较好的成绩。

三、苏州市近年来课程建设成果

1. 教育部"智慧助老"优质课程资源

教育部职业教育和成人教育司"智慧助老"优质课程资源(见表3-10)推介工作中，苏州获得了可喜的成绩，有6个市(区)9门课入选，充分印证了我市社区教育工作从市开放大学到社区教育中心各级联动，因地制宜，加强宣传推广,积极探索智能技术的多途径应用,全面推进"智慧助老"工作更深层次开展,引领全省的发展,走在全国的前列。

表3-10 教育部"智慧助老"优质课程资源

序号	课程名称	申报单位
1	智能手机快易通——吴江区老年人运用智能技术专项普及培训	江苏苏州市吴江区社区培训学院
2	老年人信息化入门级系列教程	江苏省汾湖高新技术产业开发区成人教育中心校
3	甪直镇老年人智能技术运用能力初级(中级)教程	江苏苏州市吴中区甪直镇成人教育中心校
4	严老师带您玩转手机	江苏张家港市南丰镇社区教育中心
5	玩转智能手机	江苏太仓开放大学
6	智慧助老 乐享人生——老年人智能手机应用初级教程	江苏常熟市教育局
7	手机讲述身边的故事	江苏昆山市教育局
8	智慧助老微课堂	江苏昆山开放大学
9	老顽童一机玩转"医、食、行、乐、习"	苏州经贸职业技术学院

2. 教育部"能者为师"推介系列特色课程

2022年江苏省省级社区教育"能者为师"专题特色课程评比中,我市《春色如许 大美昆曲》等22门课程获奖(见表3-11),并且这22门课程都获得教育部职业教育和成人教育司社区教育"能者为师"首批推介系列特色课程,居全省第一、全国第五。

表3-11 教育部"能者为师"推介系列特色课程

序号	系列课程名称	推荐单位
1	生命奥秘游学课程	苏州市教育局、生命奥秘博物馆、江苏开放大学
2	无人机应用	苏州工业园区开放大学
3	玩转智能手机	太仓开放大学

(续　表)

序号	系列课程名称	推荐单位
4	艺术草编	苏州工业园区开放大学
5	春色如许　大美昆曲	昆山市教育局
6	节气里的乡土文化	苏州工业园区开放大学
7	"梦龙小生"说	苏州市相城区黄埭镇成人教育中心校
8	学说昆山话	昆山开放大学
9	吴文化	苏州市职业大学、苏州开放大学
10	家庭整理收纳	苏州市吴江区太湖新城成人教育中心校
11	"创意集装"——"二十四节气·潮趣手作"文化课	苏州市姑苏区苏锦街道
12	ScratchJr 亲子编程启蒙	苏州经贸职业技术学院
13	跨境电子商务运营实务	苏州经贸职业技术学院
14	助推乡村振兴　农村电商启新知	苏州经贸职业技术学院
15	乡村会计信息化能力提升	苏州经贸职业技术学院
16	寸金之美——缂丝织造技艺	苏州经贸职业技术学院
17	苏派旗袍技艺	苏州经贸职业技术学院
18	手绘丝绸技艺	苏州经贸职业技术学院
19	女红绣艺之美	苏州经贸职业技术学院
20	健康耐力训练	苏州经贸职业技术学院
21	要运动·耀健康——中医养生六字诀	苏州经贸职业技术学院
22	跟我学绢花制作	苏州经贸职业技术学院

3. 江苏省社区教育精品课程

苏州开放大学开发建设的"吴文化"课程和张家港开放大学开发建设的"社区英语大家学"被立项为 2022 年江苏省社区教育精品课程。姑苏区社区学院开发建设的"中医文化进社区"被立项为 2023 年江苏省社区教育精品课程。

4. 江苏省社区教育优秀数字化课程资源

江苏省 2018 年社区教育优秀数字化课程资源评比中,我市有 11 门课程参加评比,获得一等奖1门、二等奖2门、三等奖5门(见表3-12)。江苏省2019年社区(老年)教育优秀数字化课程资源评比中,我市有17门课程参加评比,获得一等奖1门、二等奖1门、三等奖2门(见表3-13)。江苏省2021年社区(老年)教育优秀数字化课程资源评比中,我市有10门课程参加评比,获得一等奖1门、二等奖2门、三等奖3门(见表3-14)。

表3-12　江苏省2018年社区教育优秀数字化课程资源获奖名单

序号	课程名称	建设单位	奖项
1	昆曲生角	昆山市高新区社区教育中心	一等奖
2	美丽沙家浜	常熟市沙家浜镇社区教育中心	二等奖
3	身边的非遗——后塍竹编	张家港市保税区(金港镇)社区教育中心	二等奖
4	隔代家庭教育	昆山开放大学	三等奖
5	小林说事	张家港市大新镇社区教育中心	三等奖
6	老年人的智慧旅行	昆山市周市镇社区教育中心	三等奖
7	段龙舞教程	昆山市陆家镇社区教育中心	三等奖
8	太仓滚灯	太仓开放大学、太仓文化馆	三等奖
9	皮帖画的制作	常熟市梅李镇社区教育中心	优秀奖
10	锦溪麦芽饼	昆山市锦溪镇社区教育中心	优秀奖
11	初级国画系列教程	苏州市相城区太平街道成人教育中心校	优秀奖

表3-13　江苏省2019年社区(老年)教育优秀数字化课程资源获奖名单

序号	课程名称	建设单位	奖项
1	书文化的传播者——毛晋	常熟市沙家浜镇社区教育中心	一等奖
2	沙上传承	张家港市大新镇社区教育中心	二等奖
3	出国实用英语	张家港市社区培训学院 张家港市南丰镇社区教育中心	三等奖
4	生活垃圾分类学问大	昆山市周庄镇社区教育中心	三等奖
5	苏扇大课堂	苏州工业园区湖西社区工作委员会	优秀奖
6	昆曲普及微课程系列	昆山市高新区社区教育中心	优秀奖

（续　表）

序号	课程名称	建设单位	奖项
7	吴门扇艺　古韵扇香	苏州市姑苏区金阊街道社区教育中心	优秀奖
8	木兰拳视频教程	苏州市吴江区七都镇社区教育中心	优秀奖
9	篆刻刀法	苏州工业园区唯亭街道社区教育中心	优秀奖
10	记忆中的凤凰味道之拖炉饼	张家港市凤凰镇社区教育中心	优秀奖
11	老年养生保健课程	昆山市巴城镇社区教育中心	优秀奖
12	草鞋山畔山歌	苏州工业园区唯亭街道社区教育中心	优秀奖
13	常熟民风民俗	常熟市常福街道社区教育中心	优秀奖
14	手指操	苏州工业园区湖西社区工作委员会	优秀奖
15	寻味金港	张家港保税区(金港镇)社区教育中心	优秀奖
16	平江路四宰相	姑苏区平江街道社区教育中心	优秀奖
17	家庭手工艺	苏州市吴江区同里镇社区教育中心	优秀奖

表3-14　江苏省2021年社区（老年）教育优秀数字化课程资源获奖名单

序号	课程名称	推荐单位	奖项
1	智能手机应用	昆山市周庄成人教育中心	一等奖
2	《沙上传承》系列课程	张家港市大新镇社区教育中心	二等奖
3	严老师带您玩转手机	张家港市南丰镇社区教育中心	二等奖
4	乐余味道——长江三鲜	张家港市乐余镇社区教育中心	三等奖
5	围巾制作	高新区通安镇社区教育中心	三等奖
6	老年人智慧手机使用课程	昆山市千灯镇炎武社区	三等奖
7	手机讲述身边的故事	昆山市教育局	优秀奖
8	老年气排球	吴江区太湖新城成人教育中心校	优秀奖
9	微信会生活——智能手机学习微课程	张家港保税区社区教育中心	优秀奖
10	小苏老年课堂	吴江区汾湖经济开发区成人教育中心校	优秀奖

四、课程建设案例

(一)"吴文化"课程

建设单位:苏州开放大学

课程负责人:陶莉、高觐悦

立项项目:2022年江苏省社区教育精品课程

1. 课程简介

"吴文化"课程是以全体社区居民为教学对象,以苏州地区优秀传统文化为引领,以吴地文化的经典解读为主要内容,为提高居民文化素质素养,培育社区居民心灵美、文化底蕴深的综合教育类课程。本课程主要讲授吴地文化,引导社区学员了解吴地的人文、历史,感受儒雅精致的吴文化特色,理解吴文化所蕴涵的精神和气质,传承吴文化的人文精神,促使社区居民培养高尚情操、提升文化品位;尤其是对非苏州籍的外来人员,为能尽快地、更好地融入吴地社会奠定坚实的文化基础,有能力适应社会发展,不断塑造、调整、提高自我,为建设社会主义现代化最美窗口奠定文化基础和文化基调。

2. 课程目标(见表3-15)

表3-15 "吴文化"课程目标

知识目标	1. 社区居民了解吴文化的源头,熟知吴地经济与科技、教育与科考、文学戏曲、书画工艺、经典私家园林、方言民俗等历史文化知识,开阔视野,拓展知识面。
	2. 社区居民了解并理解泰伯、伍子胥、范仲淹、范成大、冯梦龙等吴地名家的生平事迹,理解经典作品的思想内涵与艺术成就。
能力目标	1. 使社区居民具有一定的阅读、鉴赏和分析名家名作的能力,提高审美水平,丰富思维方式;具有一定的辩证思维、分析判断的能力。
	2. 使社区居民能够自觉参加小组课题研究,参与课堂问题讨论,具有一定的独立思考、自主学习的能力,具有一定的书面写作、口头表达、沟通合作、调研考察等职业能力。
素质目标	1. 社区居民能够有效汲取吴文化厚德载物、温文尔雅、灵动睿智、自我完善的人文精神,自觉涵养人文素养,提高文化品位,丰富精神世界,激励自我由内而外塑造美好形象。
	2. 社区居民能够有效汲取名家名作中所蕴藏的人生经验,理解成功之道在于自强不息努力奋斗,培养奋发向上的进取精神,养成知行合一、脚踏实地的良好习惯。

3. 课程内容(见表 3-16)

表 3-16 "吴文化"课程内容

序号	专题名称	视频名称
1	课程导读	"吴文化"课程导读
2	第一章　吴文化起源	先秦吴国的故事——泰伯奔吴
3		先秦吴国的故事——子胥筑城
4		先秦吴国的故事——吴越纷争
5	第二章　吴地经济与科技	吴地经济与科技——种桑养蚕
6		吴地经济与科技——鱼米之乡
7	第三章　吴地教育	吴地教育——走进状元之乡
8		吴地教育——连中三元钱棨
9		吴地教育——两朝帝师
10		吴地教育——院士之乡
11	第四章　吴地文学	吴地文学——张翰诗歌
12		吴地文学——李绅诗歌
13		吴地文学——范成大诗词
14		吴地文学——冯梦龙小说
15	第五章　吴地美食	吴地美食——四季中的苏州味(上)
16		吴地美食——四季中的苏州味(下)
17	第六章　吴地书画	吴地书画——吴门画派
18		吴地书画——姑苏繁华图
19	第七章　吴地园林	吴地园林——园林发展
20		吴地园林——走进拙政园
21		吴地园林——走进留园

4. 课程实施与反馈

课程实施过程:本课程充分挖掘吴地传统文化艺术中蕴含的课程思政元素,坚持知识传授、技能培养、价值引领的有机统一,并采用三种课程思政教学方式——画龙点睛式、专题嵌入式和资源支撑式。教学方法采用教师引导讲解和居民实地调研体验相结合,构建情景设置导入美、平等对话探寻美、展示交流提炼美、巩固延伸拓展美四步创新教学模式,推进社区人文教育高质量发展。

课程反馈:近年来响应苏州市政府的号召,开展深入贯彻"重塑江南文化的核心地位,建设更高水平的人文之城"精神,充分发挥地方高校教师资源优势,推进教育服务进社区,实施"江南文化"教育品牌建设,讲好江南文化的"苏州故事",在全市姑苏区、吴中区、园区开展了江南文化公益系列培训进社区的活动,举办了公益性培训 26 次,吸引了 2010 名市民参与学习,收到调查问卷 1727 份。按照专题内容统计,总计满意率达 97.08%。其中,"泰伯文化——江南人文之祖"满意率达到 100%。

(二)"社区英语大家学"课程

建设单位:张家港开放大学

课程负责人:陈红娟

立项项目:2022 年江苏省社区教育精品课程

1. 课程简介

本课程定位为普及社区居民英语学习的一门课程。本课程从简单的句型和情景入手,选择在日常生活中可能应用到的话题,突破片面追求语言知识的模式,努力创设生动有趣的教学情景,以任务驱动的方式,侧重于语音语调、听说能力的培养,淡化语言知识、语法结构的教学,提高语言运用能力。提高社区居民跨文化交际能力和多元文化素养,帮助社区居民获取英语国家文化背景知识,开拓学习者思维,提升人文素养。为居民的生活增添乐趣。

2. 课程目标(见表 3-17)

表 3-17 "社区英语大家学"课程目标

知识目标	社区居民在社会生活和人际交往中能用简短的英语句子;了解主要英语国家文化背景。
能力目标	通过对社区居民语言基础知识和基本听说技能的训练,培养学习者语言的综合运用能力。
素养目标	培养社区居民用英语传播中华文化的意识和能力,助力中国传统文化的传播。

3. 课程内容

本课程共 10 个章节、20 个单元(见表 3-18)，20 个教学视频，每个视频时长 5 分钟左右，配合主题提供常用句型、情境对话、知识拓展等，为学习者示范更简洁、更地道的英文表达。

表 3-18 "社区英语大家学"课程内容

序号	章节名称	单元内容
1	日常交际 Communication	Unit 1 见面问候 Greeting
		Unit 2 天气 Weather
2	餐馆用餐 Eating Out	Unit 3 预订餐馆 Booking Restaurant
		Unit 4 在西餐厅 At the Western Restaurant
3	交通出行 Traffic	Unit 5 问路 Asking for Directions
		Unit 6 坐飞机 Taking a Plane
4	旅行游玩 Travel	Unit 7 参观游览 Sightseeing Tour
		Unit 8 入住酒店 Hotel Service
5	消费购物 Shopping	Unit 9 在商场 At the Shopping Mall
		Unit 10 超市购物 At the Supermarket
6	个人爱好 Hobbies	Unit 11 表达喜好 Expressing Likes and Dislikes
		Unit 12 跳广场舞 Dancing in the Square
7	情绪情感 Emotions	Unit 13 表达心情 Expressing Mood
		Unit 14 关怀与鼓励 Support and Encouragement
8	娱乐休闲 Recreation	Unit 15 健身 Keeping Fit
		Unit 16 喝茶 Drinking Tea
9	身体健康 Health	Unit 17 在药店 Buy Some Medicine
		Unit 18 看医生 Seeing a Doctor
10	节日文化 Festivals	Unit 19 圣诞节 Christmas
		Unit 20 过春节 Spring Festival

(1) 视频教学资源营造良好的英语教学氛围。视频教学资源集声音、图像、动画于一体，在视频开头进行相关内容的讲解，使学习者立即对所学内容有个大概的了解，有效地刺激了学习者的视、听等感官，并较好地集中了学习者的注意力，为英语教学氛围创设有利条件。

(2) 视频教学资源激发学习者英语学习的兴趣。视频教学突破了图片教学及音频教学的局限,实现了两者的有效结合,丰富了教学手段。对每个主题设计情境式教学,场景贴近学习者的实际生活,如购物、乘坐交通工具等。使学习者在学习视频的同时亲身体验其语境,进而降低学习难度,增加学习者的兴趣。

(3) 视频教学资源拓展学习者的视野。视频教学资源涉及社会生活的各个方面,不仅为学习者营造真实情境,还通过增加英语国家文化背景知识,拓展学习者视野,提升其人文素养。

4. 课程实施与反馈

课程实施:本课程前期已经在张家港市暨阳湖社区、景溪社区、张家港老年大学社区教育基地试验,深受社区居民好评。

(三)"中医药文化进社区"课程

建设单位:姑苏区社区学院

课程负责人:赵奕一

立项项目:2023年江苏省社区教育精品课程

1. 课程简介

本课程响应国家振兴中医药的号召,开展中医药文化进社区的活动,根据不同年龄人群的特点和接受程度,设计生动、恰当的中医药文化进百姓家的教学内容,认识、找寻并了解身边的中医药知识,体验简单的中医按摩,激发社区居民对中医药传统文化的兴趣。了解先贤对健康、生命、疾病的认识,积累养生知识,注重科学性、实用性、通俗性,让居民在生活实践中应用中医药知识,不断提升生活的质量。

2. 课程目标(见表3-19)

表3-19 "中医药文化进社区"课程目标

知识目标	了解中医药文化知识,丰富卫生健康知识。
能力目标	掌握简单的中医防疫措施,养成积极健康的生活方式。
素养目标	提升自身中医药健康素养,增强文化自信、民族自信,努力成为传承和弘扬中医文化的实践者。

3. 课程内容(见表3-20)

表3-20 "中医药文化进社区"课程内容

单元	教学主题	课时安排	授课人
第一单元	肩颈理疗	2	社区教师及中医专家
第二单元	颈椎操	2	社区教师及中医专家
第三单元	失眠	2	社区教师及中医专家
第四单元	手脚冰凉	2	社区教师及中医专家
第五单元	正骨	2	社区教师及中医专家
第六单元	内分泌	2	社区教师及中医专家
第七单元	便秘的调理	2	社区教师及中医专家
第八单元	免疫力低下的调理	2	社区教师及中医专家
第九单元	感冒	2	社区教师及中医专家
第十单元	小儿推拿	2	社区教师及中医专家
第十一单元	草药课堂:菊花	2	社区教师及中医专家
第十二单元	草药课堂:金银花	2	社区教师及中医专家
第十三单元	草药课堂:膏方1	2	社区教师及中医专家
第十四单元	草药课堂:膏方2	2	社区教师及中医专家
第十五单元	草药课堂:膏方3	2	社区教师及中医专家
第十六单元	草药课堂:膏方4	2	社区教师及中医专家
第十七单元	高血脂的调理	2	社区教师及中医专家
第十八单元	防疫小香囊	2	社区教师及中医专家
第十九单元	李良济本草物语	2	社区教师及中医专家
第二十单元	身边的中医小窍门	2	社区教师及中医专家

(1)中医、中药基础知识;

(2)中医药引领健康生活方式;

(3)常用中药的功效、鉴别;

(4)常用中医药养生、食疗;

(5)体验中医药,传播中医药文化。

4. 课程实施与反馈

《走进李良济,探秘中医药》课程教材自2019年10月出版后,2020年起在苏州市九年级学生中使用,受到学生的喜爱。该课程投入使用后,不定期走进社区开展中医药知识活动,约有 90 个社区开展过,每年开展近千场的活动,4 年来惠及近 5 万个家庭。

在进行社区教育过程中,开设了社区教育课程辐射,以点带面,惠及更多学习者。苏锦街道与李良济共同合作的中医药传承活动成功申报了苏州市社区教育品牌项目。

案例七:社区教育课程建设

姑苏区:听说苏州——吴文化传承项目

一、案例背景

听说苏州——吴文化传承项目从 2017 年创立项目以来先后落地社区 16 个,服务对象包括幼儿园的孩童、中小学的青少年、上班的白领、农民工子弟、社区退休新老苏州人。开展活动场次超过 400 场,直接参与人次超过 20000 人。项目先后获得苏州市社科普及创新引导项目二等奖、姑苏区终身学习品牌项目、苏州市优秀社会教育项目。通过一系列的苏味教育,让更多的青少年读懂苏州,感悟苏州独特的苏味文化,树立正确的价值观和人生观。

二、案例呈现

项目通过"看""听""品""说"等四大项内容开展各种吴文化相关的宣讲、体验、培训技艺教授和交流,以一周一场次的频率在落地的各个社区纵向展开。

1. 看——吴都大雅

启动和招募项目服务对象 30 人,以每个月 1 次的频率,开展苏州建城史、苏州繁华史、吴门画派、娄东画派、苏州文脉、苏州重要的考古发现等一系列苏州吴文化讲座,让新老苏州人对苏州的历史由来有感同身受的体会,并深刻了解居民所生活的苏州历史。实地参观一些考古工地,非遗博物馆、城墙博物馆等。切实看看苏州在历史发展过程中是如何一步步强大的。

2. 听——人杰地灵

开展苏州地理人物讲坛,遴选发生在苏州的著名人物故事,苏派工匠、苏州进士、苏州神话、神兽故事,聘请专业人士带领新老苏州人进行现场讲读学习。从中挖掘古典苏州美德,开展苏州故事会等活动,对苏州历史上的名人、苏州传说故事、苏州人文精神有深刻的印象和直观的了解。

3. 品——姑苏神韵

遴选苏工苏作等非遗手工艺若干种,和专业院校(苏州工艺美术职业技术学院、苏州市职业大学)合作,聘请专业教师,带领新老苏州人感受苏州工匠精神,然后学习制作(见图 3.7)。听与工艺相关的故事,举办苏州非遗相关讲座;听与美食相关的故事,定期开展美食大赛、奇思妙想美食大比拼,对苏帮菜的传承有着更高的兴趣和参与度。

图 3.7　拓印技术学习

4. 说——圣贤智慧

以苏州圣贤故事为基础,聘请专业教师带领新老苏州人进行互动,包括知识竞赛、奇思妙想大比拼、趣味展、趣味活动会、苏州话、苏州评弹等。

三、案例成效

通过四个板块的项目实施,让"非遗"走进寻常百姓家,从而提升全民的非遗保护意识,并形成社区文化服务项目的理论成果。造就了一批社区草根团队，例如社区编织队、社区草棕编团队、社区吴歌团队等。

在"听""说"苏州项目实施过程中先后挖掘并成功推出"苏式折扇""苏式剪纸""苏式草编""苏式传拓""苏式绳编""折纸工艺""布艺""简绣""扎染""篆刻""桃花坞木刻年画""苏派盆景"等数十种工艺，以及"苏州建城史""苏州繁华史""苏州状元""苏派工匠""苏州名门世家""苏州神话故事""吴门画派""娄东画派""苏州园林""苏州工艺美术史"等苏州本土特色的讲座，深受居民喜爱，新闻媒体广为报道（见图3.8）。

图3.8 扎染课堂成果展示

第三节 社区教育研究

社区教育研究是对社区教育本质、规律等的积极探索。社区教育研究既探索社区教育知识，寻找对社区教育自身及所关涉问题的解释、确定因果关系，又生成社区教育新知识并检验其有效性。经历了社区教育起始及初步发展阶段的积累，近十年来苏州社区教育研究的视野更为开阔，内涵更为丰富，成果更为丰硕。

一、研究主体与客体

社区教育研究的主体主要有三类,第一类为社区教育行政管理部门及其工作人员,侧重于社区教育行政管理、改革方向、发展规划、阵地建设和工作人员配备等方面的研究,如"苏州社区教育工作者队伍建设研究"(2015年)(苏州教育改革和发展战略性与政策性课题)、"苏州市基层社区教育管理体制改革及创新的政策研究"(2016年)(苏州教育改革和发展战略性与政策性课题)、"苏州市终身教育立法研究"(2017年)(苏州教育改革和发展战略性与政策性课题)、"社区学习团队带头人队伍建设与能力提升的研究"(2018年)(苏州市社会教育课题)、"苏南地区学习型社会建设的现状、问题与对策研究——以昆山市为例"(2018年)(江苏省教育科学"十三五"规划重点课题)、"基于大运河文化的社区教育发展现状比较研究"(2022年)(江苏省社会教育课题)等;第二类主体为社区教育专兼职人员(含教师),主要研究方向为教育资源开发、教育课程设置、教育教学方法和教育成效评价,如"社区绘本教材研究——以姑苏区娄门街道开发社区绘本教材为例"(2016年)(江苏省社会教育课题)、"成人教育背景下职业技能培训的实践研究"(2018年)(江苏省社会教育课题)、"基于非遗文化视域下的桃花坞木刻年画进课堂的研究"(2019年)(苏州市社会教育课题)等;第三类主体为社会工作人员,包括科技、文化、体育、艺术等部门及群团组织中的工作人员,其研究内容更多地指向社区教育与科技、文化、体育、艺术、群团工作等互动模式和互动效应,社区教育与社会治理的关系等,如"政校企社协作助力老年群体'跨越数字鸿沟'研究"(2021年)(江苏省社会教育课题)、"中医药文化进社区教育的理论及实践研究"(2021年)(苏州市社会教育课题)、"新型城镇化进程中动迁社区法治文化建设路径研究"(2019年)(苏州市社会教育课题)等。

社区教育内容的丰富性和对象的综合性,决定了社区教育客体的复杂性和多样性。苏州市的社区教育研究客体大致可归纳为两个维度。第一个维度是社区教育内容的载体,一是社区教育理念、思想与法规政策等,如"混合所有制视角下高职院校服务社会教育模式研究"(2016年)(江苏省社会教育课题)、"积极老龄化背景下农村老年学习共同体培育研究"(2018年)

(苏州市社会教育课题)、"费孝通社区教育思想研究"（2018年）（江苏省社会教育课题）；二是社区教育的资源，如"学习型城市社区教育资源协同开发机制的研究"（2018年）（苏州市社会教育课题）、"江南（越溪）船拳文化研究"（2018年）（苏州市社会教育课题）；三是社区教育平台（网络或实体），如各地的"市民学习在线"；四是社区教育实践活动，如"农村乡镇全民学习活动运行模式的探索研究"（2016年）（中国成人教育协会）。第二个维度是社区教育工作的类型，有青少年校外教育、老年教育、家庭教育、新市民教育、外来务工人员教育以及服务于经济转型和产业升级的教育活动等，如"昆山城市化进程中新市民社区融入问题初探"（2016年）（中国成人教育协会）、"提升生态蟹文化软实力的实践研究"（2015年）（昆山市哲学社会科学界联合会）等。

二、研究热点与创新

苏州市社区教育研究热点及创新均是围绕当前社区教育工作的重点和难点进行，注重解决实际问题，提炼有效方法，因此主要涉及区域体系建设、回归本源寻找社区教育的本质属性、发挥社区教育在构建学习型城市中的作用、重视提升社区教育工作者专业化等的相关研究和一些方法途径的提炼等。

研究内容主要涉及以下几类：一是策略研究，对社区教育品牌建设、技术运用策略等进行研究，如"社区教育志愿行动'私人订制'模式研究"（2016年）（江苏省社会教育课题）、"苏南地区学习型社会建设的现状、问题与对策研究——以昆山市为例"（2018年）（江苏省教育科学规划课题）；二是资源与课程建设研究，结合地区特色对社区教育资源的课程体系管理、社区教育课程开发、课程资源建设等进行深入研究，如"老龄化时代苏州老年人教育服务体系建设研究"（2018年）（苏州市社会教育课题）、"农村老年大学课程设计与开发的实践研究"（2021年）（苏州市社会教育课题）；三是队伍建设研究，对社区教育工作者队伍、师资队伍、志愿者队伍、队伍专业化提升、队伍建设的激励保障、打造师资库等进行研究，如"乡镇社区教育工作者队伍建设的实践研究"（2016年）（江苏省成人教育协会）、"社区学习团队带头人队伍建设与能力提升的研究"（2018年）（苏州市社会教育课题）；四是老年教育研究,对教养融合模式、老年教育课程设计与开发、老年人智能技术应用、老年教育发展趋势等进行研究等,如"积极老龄化背景下农村老年学习共同体培育研究"(2018年)(苏州市社会教育课题)、"老年大学'教养融合'新型教育养老服务模式研究"(2018年)(苏州市社会教育课题);五是"双减"政策下的社区托管教育服务模式实践探索研究,如"'双减'背景下社区托管教育服务实践研究"(2021年)(苏州市社会教育课题);六是对跨区域、跨机构联合协作、共建社区教育联盟进行探索研究,如"环阳澄湖游学联盟建设的实践研究"(2021年)(苏州市社会教育课题)、"学悦双城,共建共享——昆山花桥·上海安亭跨区域联合创建学习型社区实践研究"(2018年)(中国成人教育协会)、"新时代社会主要矛盾背景下东、西部社区教育合作实践研究——以昆山、桂林地区的合作为例"(2018年)(江苏省教育科学规划课题)等。

在对重点、难点、热点问题广泛深入的审视、解析、探索过程中,苏州社区教育研究形成了自身的创新格局。

1. 创新教育理念,重点规划服务全面

全面推进科学的社区教育发展观,按照科学的社区教育理念、按照苏州社会发展和经济发展的总体要求重点规划社区教育发展前景,更好地服务居民群众、服务社区生活共同体、服务苏州经济社会发展大局。

2. 创新运行载体,分层推进品质提升

一是根据省教育厅要求,通过开放大学、社区学院,开设面向全体的各类教育培训,在体制建设、教育管理、各类创建、项目打造、课程开发、网站建设等方面加强指导;二是做大做强数字化学习平台,不断丰富课程内容,拓展居民学习途径;三是培植社区非政府组织,倡导居民自发形成"每日娱乐圈""每周学习圈""每月健康圈"的"社区生态圈",鼓励居民养成良好的生活学习习惯。

3. 创新培训模式,立体搭建教育体系

一是做亮社区教育品牌项目,从教学内容、授课方式、受益人群三方面着手,呈现生动活泼的学习局面;二是开门办学,以多元合作为生长点,全面提升社区教育的综合实力,提倡社区教育"生活化"课程理念,力求为广大居民提供多样化学习选择;三是完善认证制度,确保社区教育工作持久发展。

4. 创新评价制度，整合凝聚竞争优势

一是加强对街道社区教育中心的标准化建设，完善社区教育四级网络体系，积极向社区居民提供教育服务；二是提出社区教育工作人员的继续教育制度，为逐步形成专业发展队伍建设提供必要保障；三是坚持以人为本，遵循社区教育发展规律，完善考核评估措施。

三、研究路径和方法

社区教育研究对于社区教育工作实践的促进作用是不言而喻的。对日常工作的观察、梳理、总结、提炼，有助于厘清工作思路，提高工作效率，提升工作品质。不断地研究和提炼，也是工作不断有所突破有所创新的基本要素。对于社区教育工作者而言，研究也是职业发展的需要。教育改革和发展，要求社区教育工作者树立先进的工作理念，养成严谨的工作作风，不断自我提高、自我完善、自我发展，并促进教育、教学工作模式由"经验型"向"科研型"、"教研一体化"转变，促使社区教育工作更加科学化、系统化。

苏州市的社区教育研究，通过课题研究、项目实验和研究论文等路径不断推进。

1. 课题研究

十年来苏州社区教育的课题研究涵盖了基础性研究课题、应用性研究课题和开发性研究课题等多种类型（见表3-21、表3-22）。由于基础性研究课题对研究者的学养和知识积累要求较高，主要来自基层一线工作岗位的社区教育研究者较少涉足，因此呈现数量不多。如江苏省社会教育课题"费孝通社区教育思想研究"捕捉费孝通关于社区教育发展的思想火花，挖掘其思想发展进程中可以为今所用的优秀理论与实践经验，梳理与整合费孝通社区教育思想的发展脉络，回顾与探索开弦弓村社区教育的发展历程，审视和融合当前本土社区教育的发展需求，思考与借鉴对现下乡村振兴发展战略的启示。这是结合当下社区教育场域对费孝通已形成的思想和理论作进一步的探讨和补充。

表 3-21　2014—2023 年江苏省社会教育课题(苏州地区)立项汇总表

序号	课题名称	申报单位	课题负责人	课题类型	年份
1	苏州工业园区唯亭街道社区教育"老娘舅"教育大讲堂品牌建设研究	苏州工业园区唯亭街道社区教育中心	李志刚	重点	2014 年
2	社区少儿书法教育的开展和普及研究	苏州市吴江区社区培训学院	邱永华	一般	2015 年
3	新常态下乡镇社区居民学习需求的研究	昆山市陆家镇成人教育中心校	张卫国 周永源	一般	2015 年
4	社区教育志愿行动"私人订制"模式研究	昆山巴城社区教育中心	范文清	一般	2015 年
5	"乐学吧"市民学习共同体建设探研	昆山高新区成人教育中心校	邹建明	一般	2015 年
6	混合所有制视角下高职院校服务社会教育模式研究	苏州开放大学	戴涵莘	重点	2016 年
7	苏州市基层社区教育管理体制改革及创新的政策研究	苏州市终身教育学会	屠家洵	一般	2016 年
8	地方高校和社区共建共享教育资源的研究	苏州开放大学	张文明	一般	2016 年
9	供给侧改革背景下的社区教育项目制实施流程及评估研究	张家港开放大学	李　斌	一般	2016 年
10	社区教育中心和社区共建共享教育资源的实践研究	苏州市吴江区松陵镇成人教育中心校	易　平	立项不资助	2016 年
11	社区绘本教材研究——以姑苏区娄门街道开发社区绘本教材为例	苏州市姑苏区娄门街道办事处	杨国栋	立项不资助	2016 年
12	促进社区教育工作者专业化发展的策略研究	苏州开放大学	黄　萍	重点	2017 年
13	供给侧改革背景下昆山市社会教育现状与策略研究	昆山开放大学	张　宏	立项资助	2017 年
14	社区教育评估管理体系研究	苏州开放大学	张　军	立项不资助	2017 年

101

(续　表)

序号	课题名称	申报单位	课题负责人	课题类型	年份
15	基于"互联网+"的数字化学习平台构建研究	苏州开放大学	杨元峰	立项不资助	2017年
16	江苏社区教育2035规划研究	昆山开放大学	张国翔	攻关	2018年
17	国学在创新居家养老教养模式中的途径研究	苏州市姑苏区人民政府沧浪街道办事处	朱勤农	立项资助	2018年
18	费孝通社区教育思想研究	苏州市吴江区社区培训学院	方拥军	立项资助	2018年
19	"养教结合,以养为主"的社区老人关怀	苏州市姑苏区虎丘街道山塘社区	王　泓	立项不资助	2018年
20	社区教育游学模式的探索与研究	苏州市姑苏区平江街道	刘　勇	立项不资助	2018年
21	培育社区学习共同体的实践研究——以金家坝水产养殖学共体为例	苏州汾湖高新技术产业开发区成人教育中心校	吴建国	立项不资助	2018年
22	成人教育背景下职业技能培训的实践研究	苏州市吴江区松陵镇成人教育中心校	易　平	立项不资助	2018年
23	新时代乡村"双元制"社区教学模式研究与实践	太仓开放大学	张明其	重点	2019年
24	项目化管理在社区教育中的应用研究——以苏州市为例	苏州开放大学	高觏悦 孙桂英	重点	2019年
25	创新社区老年教育教学模式的实践研究	苏州市吴江区盛泽镇成人教育中心校	顾芳芳	立项资助	2019年
26	社区教育助推社区治理的策略研究——以家风馆为例	苏州市姑苏区苏锦街道办事处	别　别	立项不资助	2019年
27	社区学习共同体的成长机制研究	张家港开放大学	李　斌	重点	2020年
28	东西部扶贫协作地区学习型社区运行机制和评估指标研究	昆山开放大学	张　宏	重点	2020年
29	中国江村(开弦弓村)学习体验基地建设研究	苏州市吴江区七都镇成人教育中心校	顾建荣	立项资助	2020年

（续　表）

序号	课题名称	申报单位	课题负责人	课题类型	年份
30	乡镇"市民学习苑"建设的实践研究	苏州市吴江区同里镇成人教育中心校	许琴娟	立项资助	2020年
31	老年教育混合式教学模式研究	苏州市吴中高新区社区教育中心	乐菊泉	立项不资助	2020年
32	探析高校继续教育的供给侧改革——以苏州市为例	苏州开放大学	陈乳燕	立项不资助	2020年
33	苏南社区教育特色课程开发的研究	苏州市吴江区平望镇成人教育中心校	吴玉良	立项不资助	2020年
34	昆曲文化学习体验基地建设研究	昆山市巴城镇社区教育中心	沈开弟	立项不资助	2020年
35	"教养融合"老年大学教育服务模式研究	张家港市南丰镇社区教育中心	杨　东	立项资助	2021年
36	活动理论视角下教养结合模式现状及对策研究	张家港市经开区杨舍镇社区教育中心	黄东兴 张鹏伟	立项资助	2021年
37	政校企社协作助力老年群体"跨越数字鸿沟"研究	苏州健雄职业技术学院	俞国红	立项不资助	2021年
38	老年人智能技术应用社区培训体系建设研究	苏州健雄职业技术学院	左沐涟	立项不资助	2021年
39	苏州社区教育提升社区治理能力的路径研究	苏州开放大学	孙桂英 高觐悦	重点	2022年
40	基于大运河文化的社区教育发展现状比较研究	昆山开放大学	刘　勇	重点	2022年
41	积极老龄化背景下"代际学习"机制研究	张家港保税区社区教育中心	何忠益 陆海荣	重点	2022年
42	社区"双元制"教育模式的创新研究	苏州健雄职业技术学院	朱翠苗	立项资助	2022年
43	东西部协作地区社会教育资源整合与运用研究	昆山开放大学	张　宏	立项资助	2022年
44	积极老龄化视角下汾湖悦心养教联动案例研究	江苏省汾湖高新技术产业开发区成人教育中心校	徐　民 乐晓莺	立项资助	2022年

（续　表）

序号	课题名称	申报单位	课题负责人	课题类型	年份
45	学习型城市背景下社区教育资源整合的实践研究——以苏州工业园区"一核多点"游学项目为例	苏州工业园区开放大学	顾安平	立项资助	2022年
46	"双减"下社校协同美育的行动研究	太仓市青少年活动中心	王晓婧 徐　强	立项不资助	2022年
47	"一社三园"家校社协同教育团队建设研究	昆山市巴城镇社区教育中心	沈开弟	立项不资助	2022年
48	"家—校—社"青少年教育路径研究	昆山市周庄社区教育中心、生命奥秘博物馆	高海斌	立项不资助	2022年
49	"家—校—社"协同背景下社区心理健康教育运行机制的研究	吴江区社区培训学院	朱禹寰	立项不资助	2022年
50	三位一体下构造社区心理服务体系新生态模式	苏州工业园区娄葑街道社区教育中心	刘　峰	立项不资助	2022年
51	基于社区教育的职继协同机制研究	苏州市职业大学（苏州开放大学）	吴　隽	重点	2023年
52	苏州市社区教育十年发展研究	苏州市职业大学（苏州开放大学）	高觊悦 孙桂英	立项资助	2023年
53	家校社联动化解中职生心理危机的研究	江苏省汾湖高新技术产业开发区成人教育中心校	吉倩华 徐　民	立项资助	2023年
54	"e平台"参与社区管理服务路径探究	苏州昆山高新区社区教育中心	陈　瑜 陈　刚	立项资助	2023年
55	"智多星"助力社区老人接轨"智慧生活"	苏州工业园区金鸡湖街道办事处	邵月岚 李玮晨	立项资助	2023年
56	四邻福善社区养老模式的探索与实践	苏州市姑苏区社区学院、江苏华瑞老龄服务产业发展研究院	赵奕一 刘　颂	立项不资助	2023年
57	传承"苏作"红木非遗技艺，打造常熟社区教育品牌	苏州常熟市社区培训学院	周万民	立项不资助	2023年

表 3-22 2018—2023 年苏州市社会教育课题立项汇总表

序号	课题名称	申报单位	主持人	课题类型	立项年份
1	苏州市社区教育发展研究	苏州开放大学	高觐悦	攻关	2018 年
2	学习型城市社区教育资源协同开发机制的研究	苏州开放大学	戴涵莘	重点	2018 年
3	苏州市社区教育游学项目化管理模式研究	苏州开放大学	孙桂英	重点	2018 年
4	社区学习团队带头人队伍建设与能力提升的研究	吴江区同里镇社区教育中心校	陈永清	重点	2018 年
5	新型城镇化进程中动迁社区法治文化建设路径研究	工业园区胜浦街道社区教育中心	浦爱民	重点	2018 年
6	老龄化时代苏州老年人教育服务体系建设研究	苏州开放大学	张文明	立项资助	2018 年
7	俞庆棠民众社会教育思想与社会教育创新发展研究	太仓开放大学	朱文彬	立项资助	2018 年
8	在社区中开展国学教育的研究	昆山市陆家镇成人教育中心校	张卫国	立项资助	2018 年
9	积极老龄化背景下农村老年学习共同体培育研究	吴中区甪直镇成人教育中心校	潘永燕	立项资助	2018 年
10	社区教育促进社区就业实践路径的建设与研究	姑苏区社区学院	赵奕一	立项资助	2018 年
11	老年大学"教养融合"新型教育养老服务模式研究	张家港市南丰镇社区教育中心	杨东	立项资助	2018 年
12	积极老龄化理念下老年特色教育的探索与实践	昆山张浦镇成人教育中心校	李玉兴	立项不资助	2018 年
13	乡镇社区教育品牌建设研究——以昆山周庄为例	昆山市周庄成人教育中心校	顾伟林	立项不资助	2018 年
14	立足地方文化的社区教育特色课程开发和运用	吴中区甪直镇成人教育中心校	王家燕	立项不资助	2018 年
15	江南(越溪)船拳文化研究	吴中区越溪街道成人教育中心校	吴文祖	立项不资助	2018 年
16	基于非遗文化视域下的桃花坞木刻年画进课堂的研究	姑苏区金阊街道办事处	顾萱	立项不资助	2018 年
17	积极老龄化视角下"代际学习"研究	张家港保税区(金港镇)社区教育中心	何忠益 陆海荣	重点	2019 年

（续　表）

序号	课题名称	申报单位	主持人	课题类型	立项年份
18	基于终身学习理念的学习苑内涵建设的实践与研究	吴江区平望镇成人教育中心校	吴玉良	重点	2019年
19	国外终身教育的经验对苏州市社区教育的推动与实践	苏州开放大学	陈惠兰	重点	2019年
20	街道老年教育多元化发展	高新区狮山横塘街道社区教育中心	袁佳佳	立项资助	2019年
21	基于地方特色文化的社区教育志愿者队伍建设研究——以甪直镇为例	吴中区甪直镇成人教育中心校	沈红梅	立项资助	2019年
22	整合资源，建设家门口的村（居）民学习站的研究	相城区望亭成人教育中心校	盛泳江	立项资助	2019年
23	优秀传统文化传承模式的实践研究——以沈周文化为例	相城区阳澄湖镇成人教育中心校	朱勤珍尤　成	立项资助	2019年
24	暨阳大学堂活动的实践与思考	张家港经开区（杨舍镇）社区教育中心	孙建新	立项资助	2019年
25	锦丰镇家庭教育的研究与实践	张家港市锦丰镇社区教育中心	刘海平	立项不资助	2019年
26	区域内社区教育治理体系现代化的研究——以张家港为例	张家港开放大学	李　斌	立项不资助	2019年
27	费孝通社区教育实践的研究	吴江区开放大学	方拥军	立项不资助	2019年
28	基于街坊变迁和苏式生活体验的社区教育探索	姑苏区平江街道	刘　勇	立项不资助	2019年
29	社区教育中心与基层居民学校联动机制研究	相城区元和高新区文体教育服务中心	戴鹤林	立项不资助	2019年
30	社区教育预算绩效评价创新研究——以苏州市为例	苏州市职业大学（苏州开放大学）	陈乳燕	重点	2020年
31	职业教育与社区教育互动融合的实践研究——以苏州工业园区为例	苏州工业园区开放大学	谢素兰	重点	2020年
32	"打连厢·荡湖船"非遗传承与发展策略研究	太仓市城厢镇社区教育中心	王　懿	立项资助	2020年

(续　表)

序号	课题名称	申报单位	主持人	课题类型	立项年份
33	基于地域文化的社区教育游学项目课程开发研究——以张家港凤凰镇为例	张家港市凤凰镇社区教育中心	戴卫东	立项资助	2020年
34	"德润万家"区域家校合作教育的研究与实践	昆山市张浦镇成人教育中心校	李玉兴	立项资助	2020年
35	社区治理视野下太仓市乡镇社区教育资源整合策略研究	太仓市双凤镇社区教育中心	姚家春	立项资助	2020年
36	社区、学校、家庭深度融合的模型构建研究	苏州市姑苏区社区学院	赵奕一	立项不资助	2020年
37	依托实验项目构建家庭早期教育新模式的研究	苏州高新区狮山街道文教办	金晓筠	立项不资助	2020年
38	基于社区教育资源开发与利用的德育实践研究	苏州高新区镇湖街道社会事业服务中心	吾利春 郁爱英	立项不资助	2020年
39	"三花"文化的沿革与传承	姑苏区虎丘街道茶花社区居委会	朱晓芬	立项不资助	2020年
40	环阳澄湖游学联盟建设的实践研究	昆山市巴城镇社区教育中心、常熟市沙家浜镇社区教育中心	沈开弟	重点	2021年
41	"双减"背景下社区托管教育服务实践研究	相城区黄埭镇成人教育中心校	钱伟宏	重点	2021年
42	长三角一体化背景下老年教育发展探究	昆山市淀山湖镇社区教育中心、上海市青浦区朱家角镇成人教育中心、昆山市千灯镇社区教育中心	吕　成	立项资助	2021年
43	农村老年大学课程设计与开发的实践研究	昆山市周市镇成人教育中心校	顾　佶	立项资助	2021年
44	农村老年人普及智能技术的实践研究——以吴中区甪直镇为例	苏州市吴中区甪直镇成人教育中心校	陈华英	立项资助	2021年
45	"职普社"融通共建社区教育课程体系研究——以苏州市相城区为例	江苏省相城中等专业学校	孙　义	立项资助	2021年

(续　表)

序号	课题名称	申报单位	主持人	课题类型	立项年份
46	乡村振兴背景下农村老人全员教育模式初探	张家港市大新镇社区教育中心	刘新球	立项不资助	2021年
47	社区文化建设与"工匠精神"培育融合的研究	江苏省相城中等专业学校	赵晓宇	立项不资助	2021年
48	解决老年人运用智能技术困难的策略研究——以昆山市为例	昆山开放大学	王钢	立项不资助	2021年
49	创建学习型组织,探索全民终身学习路径的研究	昆山市锦溪镇成人教育中心校	王弟	立项不资助	2021年
50	品牌建设助推乡镇社区教育特色创新研究——以昆山周庄《吃讲茶》《文化船娘》为例	昆山市周庄镇社区教育中心	陈玉坤	立项不资助	2021年
51	中医药文化进社区教育的理论及实践研究	姑苏区教体文旅委	许方红	立项不资助	2021年
52	"乐学长者"社区教育课题	苏锦街道办事处	赵臻圆	立项不资助	2021年
53	地域非遗文化微课程开发与应用研究——以巴城为例	昆山市巴城镇社区教育中心	沈开弟	重点	2022年
54	校社互动下的职业技能教育资源建设策略研究	太仓市陆渡街道社区教育中心	杨晓琳	重点	2022年
55	社区教育融合非遗文化传承的研究与实践	昆山市陆家成人教育中心校	杨建平	立项资助	2022年
56	"家年华"521＋N家校社协同育人的探索与实践	张家港保税区社区教育中心	何忠益	立项资助	2022年
57	校社互动背景下学校和社区教育的有效融合	太仓市娄东街道社区教育中心	周娜	立项资助	2022年
58	构建"家校社"一体化助力青少年心理健康教育的研究	苏州高新区白马涧小学	嵇明	立项资助	2022年
59	区园联动下社区教育课程的设计与实施研究	苏州高新区枫桥实验幼儿园	陈冰毅	立项资助	2022年
60	绘本教学在社区学前教育中的实践研究	张家港经开区(杨舍镇)社区教育中心	王永季利娜	立项不资助	2022年
61	挖掘农村社区资源推进居民终身学习	常熟市支塘镇社区教育中心	唐爱民	立项不资助	2022年

(续　表)

序号	课题名称	申报单位	主持人	课题类型	立项年份
62	社区教育主视角下家校社协同育人的实践研究	苏州市姑苏区人民政府金阊街道办事处、苏州市吴中区禾木堂社区发展中心	相　超 张　晨	重点	2023年
63	终身学习视角下校企社安全技能培训模式实践探索	吴中开放大学	冯一青	重点	2023年
64	全民数字素养教育融入学习型社会建设研究	苏州市职业大学	吴　隽	立项资助	2023年
65	生活教育理论下社区"说写趣体验"课程开发研究	苏州工业园区娄葑街道社区教育中心	王　平	立项资助	2023年
66	新时代社区青少年劳动教育实现路径研究	江苏省相城中等专业学校	孙　义	立项资助	2023年
67	基于灯谜文化学习的社区教育共同体建设的实践与研究	苏州市吴江区平望镇成人教育中心校	朱越峰	立项资助	2023年
68	桌上冰壶球课程开发与推广的实验研究	苏州市吴江区震泽镇成人教育中心校	郭凤先	立项不资助	2023年
69	家庭教育项目课程建设的实践研究	张家港市乐余镇社区教育中心	罗　莲	立项不资助	2023年
70	城乡一体化下社区教育工作者队伍建设研究	太仓市科教新城社会治理和社会事业办公室、苏州健雄职业技术学院	顾月琴	立项不资助	2023年
71	"溇港文化"映照下社区教育课程资源开发与利用	苏州市吴江区七都镇成人教育中心校	陆才根	立项不资助	2023年
72	"非遗＋文化＋养老"实践研究——以姑苏区"养教联动"基地为例	苏州市姑苏区人民政府虎丘街道办事处	刘艺娴	立项不资助	2023年
73	非遗传承社教联盟团队建设研究——以甪直镇为例	苏州市吴中区甪直镇成人教育中心校	倪芳英	立项不资助	2023年

　　面广量大的是应用型研究课题,这不仅符合大多数社区教育工作者的研究特点,也是社区教育实际工作的需要。应用研究通常围绕某一具体的教育现象或教育教学实际问题,深入研究观察其特殊规律,提出解决具体问题的对策与方法。它主要考虑如何运用教育理论来指导、干预、纠正教育行

为,使教育实践遵循、符合教育规律,提高教育教学质量,以及如何将实践经验上升为教育理论,形成对教育教学一般规律的认识。如江苏省社会教育课题"供给侧改革背景下的社区教育项目制实施流程及评估研究"从"县—镇—村(社区)"这三个治理层级的角度对社区教育项目制进行讨论,从社区教育推进策略的角度,通过对县域社区教育工作走向项目制的制度支撑、项目管理流程以及其运作机制、治理逻辑进行分析,为推动县级区域社区教育项目化发展提供了科学的理论依据与指导。

有部分研究课题呈现出开发性研究的特征。如"新时代社会主要矛盾背景下东、西部社区教育合作实践研究——以昆山、桂林地区的合作为例"(2018年)(江苏省教育科学规划课题)课题通过对不同地区的经验进行筛选、归纳、提炼,结合相关的教育理论进行描述和优化,使典型的、有特色的经验成为有科学价值的教育现象,相互借鉴迁移,拓展成果。这种开发性研究的结果更像是符合教育实践需要的教育产品。

从研究范围和方向上看,苏州社区教育研究课题涉及宏观问题研究、中观问题研究和微观问题研究。如苏州教育改革和发展战略性与政策性课题"苏州市终身教育立法研究"课题着重探讨作为一种独特社会现象的终身教育体系与其他社会体系的联系,这些联系包括了与社会政治、经济、文化等方面的联系,包括社会多系统对终身教育的要求和投入,以及终身教育对社会各系统的产出与作用。对这些关系的研究属宏观问题研究,其研究成果在一定程度上酝酿了《苏州市终身学习促进条例》。中观问题研究着重研究社区教育体系内的特殊成分,如江苏省社会教育课题"项目化管理在社区教育中的应用研究——以苏州市为例"结合苏州市社区教育项目化管理推进的工作实际,分析在社区教育项目化管理过程中的成功经验和存在问题,并通过调查研究,提炼出一套适合苏州市社区教育项目化的管理模式,为充分发挥项目化管理在社区教育中的运用提供理论指导,以期提升苏州市社区教育的品质,优化资源供给。而微观问题研究则针对社区教育教育、教学、管理过程中所有的环节和细节,围绕教学活动过程、师生互动过程、团队组织管理、学员思想行为等问题进行研究,如江苏省社会教育课题"社区学习共同体的成长机制研究"和大量的个案研究等。

2. 实验项目

苏州市社区教育实验项目是基于对苏州市域社区居民的教育需求分析,确定教育目标,遵循项目运作的基本规律,制定教育活动方案,按计划分步骤实施并对其结果进行评价的社区教育活动(见表3-23)。以实验项目来推动社区教育工作,不仅在市级层面形成了一个管理的抓手,也促进社区教育活动的开展更加有序。2017年启动了第三方评估体系的建设实验,推进苏州市各级各类社区教育项目的运作向规范化、制度化发展,进而提高了项目质量,优化了学习服务产品。项目承担单位也从基层社区教育机构逐渐向社会组织、企业、民办教育机构等延伸。苏州市终身教育学会配合市教育局每年对各地申报的实验项目进行立项、调研、评估(中期、终期)等管理工作,实验项目建设工作越来越成熟。实验项目一般为2年建设期,期满验收评估并择优向全市推广经验,向省级、国家级机构推荐评选。

表3-23 2016—2022年苏州市社区教育实验项目立项汇总表

序号	项目名称	申报单位	主持人	立项年份
1	苏州市"三叶草"社区教育发展联盟的实践与探索	张家港凤凰镇、昆山市周市镇、工业园区胜浦街道社区教育中心	胡小林 戴卫东 顾为荣	2016年
2	关于张家港市社区培训学院能力建设的实验	张家港开放大学	孙慧霞	2016年
3	保税区(金港镇)社区教育项目化运作的实验	张家港市金港镇社区教育中心	何忠益	2016年
4	居民学习共同体走向自治社团的实验	张家港市乐余镇社区教育中心	徐 健	2016年
5	乡镇老年大学特色课程建设的实验	张家港市塘桥镇社区教育中心	瞿国良	2016年
6	"幸福夕阳"移动课堂组织管理研究	张家港市大新镇社区教育中心	刘新球	2016年
7	乡镇社区教育中心职能架构的实验	张家港市南丰镇社区教育中心	杨 东	2016年
8	锦丰镇"百名教师进社区"的实验	张家港市锦丰镇社区教育中心	黄 静	2016年

（续　表）

序号	项目名称	申报单位	主持人	立项年份
9	外来务工人员子女校外教育培训模式的创新——常熟市虞山镇莫城社区"泽孺班"运作的实验	常熟市虞山镇成人教育莫城管理区分校	庄　巍	2016年
10	青少年锡剧教育(让兰花在青少年中绽放)	常熟市练塘镇成人教育中心校	查建国 管海英	2016年
11	美术公共教育进社区的探索与实践	常熟市梅李镇社区教育中心	蒋伟平	2016年
12	传承发展"上鹞灯"传统文化,推进社区教育建设	常熟市碧溪新区社区教育中心	徐新军	2016年
13	以"书香古里阅读节"为抓手,持续推进学习型乡镇建设	常熟市古里镇社区教育中心	施建忠	2016年
14	开设社区国学课堂　提升青少年综合素养	常熟社区培训学院、常熟市职业教育中心校	李　瑞	2016年
15	德国双元制本土化社区教育模块化课程的构建实验	江苏省太仓中等专业学校	郭双锦	2016年
16	弘扬中华传统曲艺文化,惠民书场进社区	太仓市浮桥镇社区教育中心	费耀球	2016年
17	社区教育与传统文化的传承与弘扬(风筝的研究)	太仓市城厢镇社区教育中心	赵伟忠	2016年
18	"穿山文化"背景下社区青少年校外教育的实践研究	太仓市沙溪镇社区教育中心	沈　刚	2016年
19	以"书香民企"引领"民企"向"名企"发展	太仓市横泾镇社区教育中心	周志强	2016年
20	社团组织参与社区教育探索实验(以昆山为例)	昆山市社区培训学院	张国翔	2016年
21	翰墨书香进万家	昆山市张浦镇成人教育中心校、花桥经济开发区成人教育中心校	李玉兴 袁宝双	2016年
22	整合社会组织之力推动社区教育广泛发展的实践研究	吴江区社区培训学院	裘生马	2016年
23	老年权益保护的宣讲与孝贤人物事迹的弘扬	吴江区七都镇成人教育中心校	孙觉良	2016年

（续　表）

序号	项目名称	申报单位	主持人	立项年份
24	同里灯谜文化与民俗文化的传承	吴江区同里镇成人教育中心校	沈学根	2016年
25	校企合作开展乡镇职业技能培训的探索与实践	吴江区平望镇成人教育中心校	沈建华	2016年
26	太湖新城社区家庭教育课程建设的行动研究	吴江区松陵镇成人教育中心校	易　平	2016年
27	基于互联网＋背景下的新型职业农民培训	吴中区东山镇社区教育中心	翁永明	2016年
28	借力金庭镇居民趣味运动会平台，全面推进金庭镇居民运动与健康素养	吴中区金庭镇社区教育中心	张雪琪	2016年
29	农村老年教育中学习共同体的培育与实践	吴中区横泾街道社区教育中心	沈耀华	2016年
30	教育为民　技能惠民——木渎镇开启市民职业技能培训新干线	吴中区木渎镇社区教育中心	赵　伟	2016年
31	传承和提升舟山核雕工艺的实验项目	吴中区香山街道社区教育中心	柳　春	2016年
32	"三社联动助翼计划"项目	姑苏区白洋湾街道社区教育中心、宝祥社区市民学校	朱志梅 袁丽进	2016年
33	"万卷书香"网师国学院——国学经典诵读	姑苏区双塔街道网师巷社区、姑苏区社区学院	苏家蓉 赵奕一	2016年
34	爱绿护绿——"我的家园我做主"社区行动计划	姑苏区石路街道彩香一村南社区	吴丽芬	2016年
35	"礼敬中华经典，打造书香社区"传统文化项目	姑苏区观前街道香花桥社区	薛淑芳	2016年
36	"木刻年画"传统文化兴趣班——石幢社区教育实验项目	姑苏区桃花坞街道石幢社区	丰　峰	2016年
37	齐乐年华·共享夕阳好	姑苏区平江新城新天地家园北社区	高小菁	2016年
38	巧艺坊变废为宝社区教育推动生态文明建设的实验	工业园区湖西社工委	张　晴	2016年

（续　表）

序号	项目名称	申报单位	主持人	立项年份
39	以点带面　社区教育促进居民大融合的实验	工业园区湖东社工委	唐冬云	2016年
40	公租房社区"白领课堂"建设的实验研究	工业园区独墅湖科教创新区社区服务管理中心	沈　琰	2016年
41	"娄葑家长学堂"构建的实验	工业园区娄葑街道	张征宇	2016年
42	斜塘"萤火之光"公益阅读推广的实验	工业园区斜塘街道社区教育中心	虞长林	2016年
43	阳光心理构建幸福新社区	工业园区胜浦街道社区教育中心	顾为荣	2016年
44	锦丰镇家庭教育的实践与探索	张家港市锦丰镇社区教育中心	刘海平	2018年
45	基于代际学习的积极老龄化老年教育项目	张家港市金港镇社区教育中心	何忠益	2018年
46	社区教育项目化品牌提升工作室建设的实践	张家港市金港镇社区教育中心	何忠益	2018年
47	"阳光少年"校外体验式学习的探索与实验	张家港市大新镇社区教育中心	唐玉清	2018年
48	社区教育区本教材开发的实验——项目化过程中课程开发的机制建设	张家港市社区培训学院	陈红娟	2018年
49	沙家浜红绿学堂游学项目的实验	常熟市沙家浜镇社区教育中心	金雪明	2018年
50	碧溪巧媳妇团队的自主管理与发展	常熟市碧溪新区社区教育中心	徐新军	2018年
51	游农、学农、爱农、兴农——董浜开展"农业游"游学项目建设的实验探索	常熟市董浜镇成人教育中心校	王　芳	2018年
52	创新社区老年教育教学模式的实验	太仓市沙溪镇社区教育中心	沈　刚	2018年
53	太仓社区教育志愿者队伍建设的实验	太仓开放大学	朱文彬	2018年
54	山水长歌——昆北民歌与桂林山歌传承、交流、合作的实验	昆山市社区培训学院、昆山市巴城镇社区教育中心	张国翔	2018年

(续　表)

序号	项目名称	申报单位	主持人	立项年份
55	"学习共同体"助推昆山高新区社区教育建设	昆山高新区社区教育中心	钱正英	2018年
56	汲取民俗文化精华,助力水乡旅游转型	昆山市周庄镇社区教育中心、昆山市锦溪镇社区教育中心	顾　伟 王　弟	2018年
57	奋进新时代,区域推进老年特色教育	昆山市张浦镇社区教育中心、淀山湖镇社区教育中心	李玉兴 吴新兴	2018年
58	利用顾炎武文化开展社区教育的实验	昆山市千灯镇社区教育中心	施永珍	2018年
59	"学悦双城"——昆山花桥·上海安亭跨区域联合创建学习型社区的实验	昆山市花桥镇社区教育中心	袁宝双	2018年
60	品味国学经典,传承中华文化——在社区中开展国学教育的实验	昆山市陆家镇社区教育中心	张卫国	2018年
61	探索农村老年教育教学联动服务模式的实验	昆山市周市镇社区教育中心	展月萍	2018年
62	社区学习共同体的培育与养护实验	吴江区社区培训学院	裘生马	2018年
63	新农村建设过程中培育新型农民的实验	吴江区桃源镇成人教育中心校	罗明荣	2018年
64	金家坝养殖技术交流学习共同体"孵化"项目的实验	江苏省汾湖高新技术产业开发区成人教育中心校	李卫东	2018年
65	通过学共体建设弘扬平望灯谜的探索	吴江区平望镇成人教育中心校	龚树德	2018年
66	社区教育视角下江村文化传承的实验	吴江区七都镇成人教育中心校	孙觉良	2018年
67	职业技能学习资源平台建设的实验	吴江区松陵镇成人教育中心校	易　平	2018年
68	社区学习团队带头人的培育与提升	吴江区同里镇成人教育中心校	沈学根	2018年

（续　表）

序号	项目名称	申报单位	主持人	立项年份
69	创新社区老年教育教学模式的实验	吴江区盛泽镇成人教育中心校	顾月根	2018年
70	弘扬优秀传统文化　打造特色社区教育	吴中区木渎镇成人教育中心校	赵　伟	2018年
71	社会组织参与社区教育的实验	吴中区光福镇社区教育中心	屠佳群	2018年
72	社区教育指导服务家庭教育的实践和探索	吴中区横泾街道社区教育中心	沈耀华	2018年
73	模具特色班"职业适应"课程体系的开发与实践	吴中区甪直镇成人教育中心校	宋建祖	2018年
74	组建社区学习团队　优化社区教育体系　提升市民幸福感	吴中区长桥镇成人教育中心校	乐菊泉	2018年
75	规范业余社团管理　推进社区学习共同体建设	吴中区东山镇社区教育中心	翁永明	2018年
76	建设村级周末课堂的实践与探索	吴中区胥口镇社区教育中心	朱雪萍	2018年
77	企业管理中渗透吴文化元素实验方案	吴中区郭巷街道社区教育中心	张勇坚	2018年
78	党建引领　社教践行——元和街道"330教育便民惠民项目"活动的实践	相城区元和街道文体教育服务中心	傅雪娟	2018年
79	区域创新社区游学教育的实验	相城区太平街道成人教育中心校	周飞跃	2018年
80	文创园"市民素质教育新模式"的实验	相城区太平街道成人教育中心校	翁金芳	2018年
81	金阊街道"金彩香"学习苑	姑苏区金阊街道彩香二村社区	钱亚敏	2018年
82	朱家庄社区少儿乐智科普基地	姑苏区朱家庄社区	邱　香	2018年
83	创新社区教育品牌的实验，服务老年人学习需求	姑苏区沧浪街道西大街社区	叶红英	2018年
84	提高社区居民参与率研究	姑苏区沧浪街道金狮社区	樊月燕	2018年

（续　表）

序号	项目名称	申报单位	主持人	立项年份
85	尚文竹辉"微课堂"	姑苏区沧浪街道竹辉社区	杨建卫	2018年
86	流动儿童能力提升计划	姑苏区沧浪街道潼泾一社区	罗瑾华	2018年
87	市民"学习苑"管理模式的实验	姑苏区指尖秀非遗文化园	熊国好	2018年
88	吴门美好生活夜校	姑苏区沧浪新城（吴门桥街道）	刘海林	2018年
89	社会组织参与社区教育的实验	姑苏区吴门桥街道南环第二社区	严洁琦	2018年
90	快乐成长营	姑苏区吴门桥街道新城社区	成丽君	2018年
91	吴侬软语大讲堂项目	姑苏区虎丘街道曹杨社区	姚　勤	2018年
92	传承与弘扬"孝道文化"在社区教育中的探索	姑苏区虎丘街道虎阜社区	乔　怡	2018年
93	"百教风采"——开展城市社区市民学校教育活动	姑苏区双塔街道百步街社区	周嫣红	2018年
94	心悦教室——关爱外来务工子女成长项目	姑苏区双塔街道城湾社区	吴　涛	2018年
95	乐活e族——银龄智能微课堂项目	姑苏区双塔街道里河社区	金丽娜	2018年
96	公共应急安全教育	姑苏区映爱公益事业发展中心（双塔街道）	黄修喜	2018年
97	苏州话推广、普及项目——东吴大讲堂	姑苏区平江街道	朱根荣	2018年
98	人文平江书香之旅	姑苏区平江街道	刘　勇	2018年
99	爱E路——湖西的"第二课堂"系列项目	工业园区湖西社区工作委员会	邵月岚	2018年
100	引导优质社会培训机构参与社区教育的实验项目	工业园区东沙湖社工委	李　莉	2018年

（续　表）

序号	项目名称	申报单位	主持人	立项年份
101	青少年政法金科前沿素质培养计划(PLFTAP)	工业园区湖东社区工作委员会	陆益新	2018年
102	"森林学校"社区自然教育新模式的实验	工业园区湖东社区工作委员会	陆益新	2018年
103	公租房社区白领学习共同体实验	工业园区月亮湾社工委	沈　琰	2018年
104	创新科普教育　打造特色品牌	苏州科技城青山绿庭社区居民委员会	汤志炜	2018年
105	老年大学参与社区文化建设的实践与研究	苏州科技城社会事务局	朱兴根	2018年
106	龙华社区青少年教育品牌建设的实验	高新区浒墅关镇龙华社区	朱东敏	2018年
107	开展失地人员、大学生、企业职工"三类"人员教育培训,提高枫桥街道经济社会竞争力的实验	高新区枫桥街道教育办	杨雪华	2018年
108	沙上文化传承的研究	张家港市大新镇社区教育中心	唐玉清	2020年
109	"丁老师心灵氧吧"名师工作室建设的实践	张家港市保税区（金港镇）社区教育中心	何忠益	2020年
110	区域家庭教育生态圈建设的实践探索	张家港市凤凰镇社区教育中心	戴卫东	2020年
111	品读非遗　走进"浒浦花鼓"	常熟市碧溪新区社区教育中心	徐新军	2020年
112	醉美沙家浜——"阿庆嫂"在行动	常熟市沙家浜镇社区教育中心、沙家浜镇妇联	邵一心	2020年
113	萤火虫自然学校	常熟市常福街道成人教育中心校	朱军元	2020年
114	家风隽永,德润万家	昆山市张浦镇社区教育中心	李玉兴	2020年
115	乡村振兴教学点建设与学习共同体培育的实验	昆山市巴城镇社区教育中心	沈开弟	2020年

(续　表)

序号	项目名称	申报单位	主持人	立项年份
116	"学悦双城1+"一体化建设	昆山花桥经济开发区社区教育中心、昆山市陆家镇社区教育中心	袁宝双	2020年
117	"e平台"参与社区管理的实验	昆山高新区社区教育中心	钱正英	2020年
118	叩响生命奥秘之门,传播终身教育理念——青少年健康成长的实验	昆山市周庄镇社区教育中心	顾伟林	2020年
119	环湖同悦　区域共进——淀山湖、朱家角开展社区教育联盟建设	昆山市淀山湖镇社区教育中心	吕　成	2020年
120	"老少同窗品风云,中华文化有传承"——"学习型养老"新模式的实验	昆山市陆家镇社区教育中心	张卫国	2020年
121	整合开发社区资源开展家庭教育的实践研究	昆山市周市镇社区教育中心	顾　佶	2020年
122	创建学习型组织,探索全民终身学习路径	昆山市锦溪镇社区教育中心	王　弟	2020年
123	社区教育服务垃圾分类的实验	吴江区七都镇成人教育中心校	顾建荣	2020年
124	基于乡土文化的特色课程开发的研究	吴江区平望镇成人教育中心校	吴玉良	2020年
125	汾湖社区教育助力地方经济发展——以游学项目为例	江苏省汾湖高新技术产业开发区成人教育中心校	李卫东	2020年
126	社区学习共同体有效学习的实验	吴江区松陵镇成人教育中心校	易　平	2020年
127	社区青少年假日学校教育模式探究的实验	吴江区桃源镇成人教育中心校	邱建明	2020年
128	社区教育视角下移动学习群的培育	吴江区同里镇成人教育中心校	朱梦芸	2020年
129	点亮心灯,幸福绸都	吴江区盛泽镇成人教育中心校	顾芳芳	2020年

（续　表）

序号	项目名称	申报单位	主持人	立项年份
130	促进社区教育与优秀传统文化传承深度融合的研究——以东山传统文化为例	吴中区东山镇成人教育中心校	翁永明	2020年
131	情系社区　共驻共建——苏州惠民物业公司携手社区共建学习型社区	吴中区木渎镇成人教育中心校	赵　伟	2020年
132	新冠疫情背景下开展农村失业人群培训的实验	吴中区甪直镇成人教育中心校	宋建祖	2020年
133	物业公司与社区共驻共建学习型社区的实验	吴中高新区社区教育中心	乐菊泉	2020年
134	传承家风家训　共筑和谐社区的实践探索	吴中区横泾街道社区教育中心	沈耀华	2020年
135	促进各类人群终身教育的实验	吴中区郭巷街道社区教育中心	王志健	2020年
136	幸福元和 "书"式生活	相城区元和街道社会事业局	戴鹤林 张　茜	2020年
137	阳澄湖镇沈周文化传承的实验研究	相城区阳澄湖镇社区教育中心	朱勤珍	2020年
138	"红色摇篮"实景教育课堂	姑苏区双塔街道锦帆路社区	金丽娜	2020年
139	吴韵节俗大课堂——新苏州人社区融合项目	姑苏区平江街道梅巷社区	顾辰晏	2020年
140	吴侬花朵守护计划	姑苏区平江街道齐门社区	彭建和	2020年
141	STEM亲子创客教育进社区	工业园区娄葑街道社区教育中心	吴福华	2020年
142	"以爱出发，学习、改变、成长"——揭示家庭教育的谜底	工业园区娄葑街道社区教育中心	许灵敏	2020年
143	乐活夕阳养老服务闭环模式"1+6"爱心系列公益项目	工业园区娄葑街道社区教育中心	张征宇	2020年
144	强壮少年——儿童成长安全保护计划	工业园区东沙湖果果豆文化服务中心	孔　明	2020年

（续　表）

序号	项目名称	申报单位	主持人	立项年份
145	"爱尚科学实验室"志愿项目	工业园区月亮湾社区工作委员会	钱懿华	2020年
146	"跟着剑桥硕士逛菜场"之抗疫小卫士	工业园区月亮湾社区工作委员会	倪　欢	2020年
147	家庭创客	工业园区湖东社区工作委员会馨悦社区	魏小青	2020年
148	推进狮山商务创新区家庭教育服务	高新区狮山横塘街道办事处文教办	金建平	2020年
149	家校社协同开展家庭教育的实验	张家港市保税区社区教育中心	何忠益	2022年
150	乐余镇"协同共育,健康成长"家庭教育的实践探索	张家港市乐余镇社区教育中心	黄　春	2022年
151	乡村终身学习示范户的培育实验	张家港市大新镇社区教育中心	刘新球	2022年
152	沙家浜"名镇学堂"	常熟市沙家浜镇社区教育中心	金雪明	2022年
153	挥杆正青春,有为夕阳红	常熟市海虞镇成人教育中心校	张　瑜	2022年
154	基于乡村振兴战略下的高效农业技术创新与示范	常熟市练塘镇成人教育中心校	查建国	2022年
155	虞东书屋·阅享社区——提升居民终身学习能力的实验	常熟市支塘镇社区教育中心	唐爱民	2022年
156	"一社三园"劳动教育模式探索实验	昆山市巴城镇社区教育中心	沈开弟	2022年
157	农业创意体验活动走进社区的实验	昆山市高新区社区教育中心	钱正英	2022年
158	共建"学悦课堂"推进老年素质教育的实验	昆山市花桥经济开发区社区教育中心	袁宝双	2022年
159	"龙舞陆家　悦享非遗"——非遗文化传承助力社区居民素养提升之实验探究	昆山市陆家镇社区教育中心	杨建平	2022年
160	提升市民终身学习体验基地能力建设的实验	昆山市千灯镇社区教育中心	陈惠忠	2022年

（续　表）

序号	项目名称	申报单位	主持人	立项年份
161	"幼小衔接　家社共建"的实验	昆山市张浦镇社区教育中心	王维青	2022年
162	农村社区老年教育课程的开发和优化	昆山市周市镇社区教育中心	顾佶	2022年
163	社教助学，探索多样生命——促进青少年生命科学启蒙科普的实验	昆山市周庄镇社区教育中心	陈玉坤	2022年
164	震泽镇区域桌上冰壶球项目推广的实验	吴江区震泽镇成人教育中心校	郭凤先	2022年
165	助力江村基地课程文化建设的实验	吴江区七都镇成人教育中心校	陆才根	2022年
166	老年人智能手机应用普及教学的实验	吴江区盛泽镇成人教育中心校	顾芳芳	2022年
167	农村老年人智能技术培训与推广的实验	江苏省汾湖高新技术产业开发区成人教育中心校	李卫东	2022年
168	基于运河文化的游学项目建设的实践与研究	吴江区平望镇成人教育中心校	吴玉良	2022年
169	推进区域内老年人智能赋能项目的实验	吴江区太湖新城成人教育中心校	易平	2022年
170	探索非遗项目融入社区教育的实验	吴江区桃源镇成人教育中心校	邱建明	2022年
171	甪直镇开展社区学习共同体培育的实验	吴中区甪直镇社区教育中心	宋建祖	2022年
172	"双减"背景下社区教育助力家庭教育的实践	吴中区横泾街道成人教育中心校	沈耀华	2022年
173	东山美食之旅的体验教育实验	吴中区东山镇成人教育中心校	翁永明	2022年
174	基于高质量发展的社区老年教育实践研究	吴中区长桥成人教育中心校	乐菊泉	2022年
175	探索传播与发展苏作文化的实践研究	吴中区长桥成人教育中心校	徐勇	2022年

（续　表）

序号	项目名称	申报单位	主持人	立项年份
176	赋能非遗文化　传承匠心精神	吴中区木渎镇成人教育中心校	赵　伟	2022年
177	"学在西园"之二十四节气生活美学	姑苏区虎丘街道西园社区	刘东瀛	2022年
178	用活街坊片区资源、探索古城社区教育新模式	姑苏区平江街道	吴育波	2022年
179	"声入人心"有声图书馆特色实验项目	姑苏区苏锦街道火车站社区	龙玉娟	2022年
180	"扬帆护航"困境儿童关爱行动的实验	姑苏区双塔街道百步街社区	杨春燕	2022年
181	钟爱家庭教育课堂的实践与探索	姑苏区双塔街道钟楼社区	王秋月	2022年
182	"清新沧浪亭"廉洁文化教育的实验	姑苏区双塔街道沧浪亭社区	卢　娅	2022年
183	寻"觅"书香　智绘陪伴——亲子阅读项目	姑苏区双塔街道觅渡社区	殷惠琴	2022年
184	和美幸福大院——社区教育融入社区治理模式的实践与探索	姑苏区双塔街道唐家巷社区	陈　钢	2022年
185	紫藤花开"益课堂"	姑苏区双塔街道大公园社区	苏家蓉	2022年
186	乡愁记忆馆社区教育公益课堂的实验	姑苏区金阊新城（白洋湾街道）	杜　蔚	2022年
187	探索沧浪街道"潼心圆"老少共融学习项目	姑苏区沧浪街道办事处	任志敏	2022年
188	"寻迹千年运河"非遗传承教育进社区的实验	姑苏区金阊街道运河社区	顾　萱	2022年
189	隔代养育，三代共赢	工业园区胜浦街道社区教育中心	王菊芬	2022年
190	斜塘街道运动类公益课程	工业园区斜塘街道社区教育中心	虞长林	2022年
191	推进海德生境园地科普教育的实验	工业园区海德社区居民委员会	罗　君	2022年

苏州下辖各市(区)已经形成以实验项目为抓手向打造特色品牌过渡的方式。如工业园区于2017年推出了公益课堂进社区的实验项目，建立了四级管理体系：园区教育局负责政策引领，制定相关制度、年度实施计划，以及统筹经费发放等全局工作；园区开放大学负责组织管理，开展公益课程遴选、追踪管理、教学质量把控、评优评选考核工作；各街道社区教育中心负责具体实施，上报公益课程、开展课程推广、协助做好课程招生及考核工作；各社区居民学校负责提供教学场所及教学设备，组织公益课程的日常教学。该项目取得显著成效，当年共开设公益课程190门、近6000个学时，惠及园区一万多名居民，另有其他市(区)的居民远道而来上课。

3. 研究论文

与课题研究相似，基础性研究论文对研究者的学养和知识积累要求较高，除了关注社区教育的部分高校教师和资深研究者撰写了部分专题论文外，主要来自基层一线工作岗位的社区教育研究者所提供的研究文章大多是案例分析论文、实证性调查研究报告等应用型研究论文(见表3-24)。

表3-24　2018—2023年苏州市社区教育优秀论文汇总表

序号	论文题目	作者姓名	单位名称	奖项	年份
1	终身教育立法的必要性研究——以苏州市为例	孙桂英 赵奕一	苏州市社会教育服务指导中心、姑苏区文教委社教业务科	特等奖	2018年
2	小荷才露尖尖角，早有蜻蜓立上头——巴城党校培训大学生村官的实践与思考	李向红	昆山市巴城社区教育中心	特等奖	2018年
3	促资源整合，求创新发展——望亭镇成人教育中心校与文化站合建共享的实践与探索	盛泳江	相城区望亭镇成人教育中心校	一等奖	2018年
4	终身教育视野下乡镇老年教育意义及策略探究	戴卫东	张家港市凤凰镇社区教育中心	一等奖	2018年
5	浅谈乡镇老年大学的社团建设	何秋霞	张家港市塘桥镇老年大学	一等奖	2018年

（续　表）

序号	论文题目	作者姓名	单位名称	奖项	年份
6	呵护心灵，激励成长——以保税区（金港镇）青少年心理健康教育平台"'丁老师'心灵氧吧"为例	凌国芬	张家港保税区（金港镇）社区教育中心	一等奖	2018年
7	新时代背景下汾湖高新区社区教育功能新定位	徐　民	江苏省汾湖高新技术产业开发区成人教育中心校	二等奖	2018年
8	促进社会认同，夯实社区教育师资队伍建设的支撑点	赵奕一	姑苏区文教委社教业务科	二等奖	2018年
9	农村社区居家养老服务在养老服务事业中的地位、意义和作用	徐　侃	吴江区七都镇成人教育中心校	二等奖	2018年
10	简析农村社区教育的困境和发展出路	周飞跃	相城区太平街道成人教育中心校	二等奖	2018年
11	浅析社区教育资源的整合和利用	朱文彬	太仓开放大学	二等奖	2018年
12	结合区域经济发展需求，搭建社区就业服务发展立交桥	侯宇琳	姑苏区社区学院	二等奖	2018年
13	擦亮摄影教育名片　打造社区教育品牌	黄龙兴	吴中高新区社区教育中心校	三等奖	2018年
14	社区教育的靓丽舞台	尤　成	相城区阳澄湖镇社区教育中心	三等奖	2018年
15	市民游学的功能及运作策略探究	王凯东	张家港市南丰镇社区教育中心	三等奖	2018年
16	浅谈社区教育与学校教育的整合与优化	戴斯琴	吴江区盛泽镇社区教育中心	三等奖	2018年
17	浅析社会组织在社区教育推展中的作用及建设途径	史玲玲	工业园区斜塘街道星洲湾社区居委会	三等奖	2018年
18	探索全民学习新路径　助推社区教育新发展——浅析如何推动社区教育在乡村的发展	孙　静	张家港常阴沙社区教育中心	三等奖	2018年

(续　表)

序号	论文题目	作者姓名	单位名称	奖项	年份
19	浅论陶行知生活教育理论在社区教育中的实践	翟秋萍	沧浪街道养二社区	三等奖	2018年
20	浅谈对创建学习型社会背景下的社区教育资源共享问题的探究	孙杏珍	张家港保税区（金港镇）社区教育中心	三等奖	2018年
21	项目化管理在社区教育中的应用研究——以苏州市为例	孙桂英	苏州开放大学	特等奖	2019年
22	苏州工业园区智能科创游学项目的实践与思考	蔡怡然 顾安平	苏州工业园区开放大学	特等奖	2019年
23	激活传统文化，助力乡村文化振兴——以江苏省昆山市巴城镇为例	沈开弟	昆山市巴城镇社区教育中心	一等奖	2019年
24	中华优秀传统文化传承策略研究——以阳澄湖镇"沈周文化"为例	朱勤珍	相城区阳澄湖镇成人教育中心校	一等奖	2019年
25	社区教育品牌构建策略及培育路径探析——以苏州"三叶草"联盟为例	戴卫东	张家港凤凰镇社区教育中心	一等奖	2019年
26	江南船拳非遗文化的社区教育价值	吴文祖	吴中区越溪街道社区教育中心	一等奖	2019年
27	苏州推进"旅游＋市民教育"新模式实践研究	顾美娟	吴中区木渎镇社区教育中心	二等奖	2019年
28	老年大学"教养融合"教育服务模式探索与实践——以张家港市南丰老年大学为例	王凯东	张家港市南丰镇社区教育中心	二等奖	2019年
29	基于终身学习理念的学习苑内涵建设的实践与思考	吴玉良	吴江区平望镇成人教育中心校	二等奖	2019年
30	张家港市社区教育特色课程开发的实践研究	钟菠	张家港开放大学	二等奖	2019年
31	以区块链思维构建多层次社区教育资源生态体系	赵扬	工业园区湖东社工委	二等奖	2019年

(续　表)

序号	论文题目	作者姓名	单位名称	奖项	年份
32	社区教育:就业创业的新摇篮——以2019年上半年姑苏区富民增收工作成效为例	蒋翊莹	姑苏区社区学院	二等奖	2019年
33	重建乡村学堂——论乡村振兴战略下的学习型社区建设	方拥军	吴江区开放大学	三等奖	2019年
34	积极老龄化视野下基层老年教育的实践与对策——以姑苏老年教育为例	赵奕一	姑苏区社区学院	三等奖	2019年
35	以"学习站"为平台发展社区教育的实践研究	盛泳江	相城区望亭成人教育中心校	三等奖	2019年
36	社区教育名师队伍建设的实践研究——以保税区(金港镇)"丁老师心灵氧吧"名师工作室为例	凌国芬	保税区(金港镇)社区教育中心	三等奖	2019年
37	新时代　新机遇　新发展——社区教育发展的策略与路径	施建忠	常熟市社区培训学院	三等奖	2019年
38	挖掘资源,培养老人摄影素养	袁佳佳	高新区狮山横塘社区教育中心	三等奖	2019年
39	开放大学在区域社区教育中的职能与定位——以张家港市为例	陈红娟	张家港开放大学	三等奖	2019年
40	社区教育中师资队伍建设现状与发展路径浅析——以高新区浒墅关镇龙华社区教育项目为例	张梦娇 张昕晨 张滢辰	高新区浒墅关镇社区教育中心	三等奖	2019年
41	"嵌入"与"融入":论社区教育在全国民主法治示范村(社区)创建中的功能	浦爱民 郭彩琴	苏州工业园区胜浦街道社区教育中心	特等奖	2020年
42	甪直镇老年人生存状况调查报告	潘永燕	甪直镇社区教育中心	特等奖	2020年
43	社区教育课程资源建设的策略研究	吴玉良	吴江区平望镇成人教育中心校	一等奖	2020年

（续　表）

序号	论文题目	作者姓名	单位名称	奖项	年份
44	浅析基层社区教育管理的治理变革	赵奕一	姑苏区社区学院	一等奖	2020年
45	依托生物塑化展品开展社区教育游学	高海斌 曹筱雯 顾伟林	周庄生命奥秘博物馆、周庄镇社区教育中心	一等奖	2020年
46	社会角色视角下的社区教育工作者队伍建设研究	孙杏珍	金港镇社区教育中心	一等奖	2020年
47	论张家港市社区教育工作模式的创新	陈红娟	张家港开放大学	二等奖	2020年
48	农村老年教育发展的瓶颈与对策研究	邱建明	吴江区桃源镇成人教育中心校	二等奖	2020年
49	试论基于积极老龄化视角下的老年代际学习	余亚晨	金港镇社区教育中心	二等奖	2020年
50	农村老年教育探析"五问法"	朱明龙	甪直镇社区教育中心	二等奖	2020年
51	老年大学"教养融合"教育服务模式策略探析	王凯东	南丰镇社区教育中心	二等奖	2020年
52	项目引领　特色创新——苏州市社区家庭教育的实践与思考	戴卫东	凤凰镇社区教育中心	二等奖	2020年
53	探索社区教育资源共建共治共享之策	徐志国	苏州工业园区月亮湾社工委	三等奖	2020年
54	生活教育理论指导下学习苑建设的实践与研究	钱　洪	吴江区平望镇成人教育中心校	三等奖	2020年
55	基层社区教育运行策略分析	戴鹤林	苏州市相城区元和街道社区教育中心	三等奖	2020年
56	重视微课程在社区教育中的重要作用——以大新镇社区教育中心开发系列传承微课程为例	唐玉清	大新镇社区教育中心	三等奖	2020年
57	村（居）民学习站建设的实践与探索	盛泳江	苏州市相城区望亭镇成人教育中心校	三等奖	2020年

(续　表)

序号	论文题目	作者姓名	单位名称	奖项	年份
58	基于游学项目的课程开发设计——以"江南美凤凰"游学线路一为例	李镭	张家港开放大学	三等奖	2020年
59	提升教师专业能力　提高社区教育质量	易平	吴江区太湖新城成人教育中心校	三等奖	2020年
60	构建网络学共体,做新时代的学习标兵	何忠益 卢丽娜	金港镇社区教育中心	三等奖	2020年
61	职业教育与社区教育互动融合的路径探究——以苏州工业园区为例	马海棠 顾安平	苏州工业园区开放大学	特等奖	2021年
62	冯梦龙文化的社区教育实践与探索——以冯梦龙书院市民学习苑为例	钱伟宏	苏州市相城区黄埭镇成人教育中心校	一等奖	2021年
63	公平普惠:老年教育的价值取向与应然路径	赵奕一	姑苏区教体文旅委学社处	一等奖	2021年
64	昆山市社区教育的发展现状与策略研究	梅小敏	昆山开放大学	一等奖	2021年
65	甪直镇老年人智能技术运用现状调查报告	宋建祖	甪直镇社区教育中心	一等奖	2021年
66	社区教育在社区治理中的现状及发展对策	闫晶晶	苏州工业园区娄葑街道葑塘社区居民委员会	二等奖	2021年
67	体验式教学在社区教育游学课程开发中的应用研究	彭景阳 戴卫东	张家港开放大学、张家港市凤凰镇社区教育中心	二等奖	2021年
68	乡镇"教育惠企"服务模式实践与探索	王凯东	张家港市南丰镇社区教育中心	二等奖	2021年
69	论群众文化活动在社区教育中的重要性	钱彬芳	通安镇社区教育中心	二等奖	2021年
70	构建养教结合的城市社区老年教育模式探索	沈蔚	苏州工业园区斜塘街道星洲湾社区居民委员会	二等奖	2021年

(续 表)

序号	论文题目	作者姓名	单位名称	奖项	年份
71	试论社区开展托管服务的现存问题及解决策略	张 依	苏州工业园区斜塘街道淞源社区居民委员会	二等奖	2021年
72	长三角一体化背景下老年教学的新途径	邵卫花	昆山市淀山湖镇社区教育中心	二等奖	2021年
73	基于古城区域特质的社区教育体系建设及探索	吴育波 廖莎维	苏州市姑苏区平江街道办事处	二等奖	2021年
74	"职普社"融通共建社区教育课程体系研究——以苏州市相城区为例	孙 义	江苏省相城中等专业学校	三等奖	2021年
75	浅谈如何通过党建引领构建学习型社区——以斜塘街道联丰社区为例	徐铭聪	苏州工业园区斜塘街道联丰社区居民委员会	三等奖	2021年
76	浅谈动迁社区妇女增能	梁梦青	苏州工业园区娄葑街道梅花社区居民委员会	三等奖	2021年
77	发展公益社会组织,助推社区教育发展的思考	虞长林	苏州工业园区斜塘街道社区教育中心	三等奖	2021年
78	职业教育与社区教育协同创新发展的路径探究	赵晓宇	江苏省相城中等专业学校	三等奖	2021年
79	昆曲文化传承学习途径的实践研究	沈开弟	昆山市巴城镇社区教育中心	三等奖	2021年
80	社区学习共同体建设的实践与研究	吴玉良 龚海波	吴江区平望镇成人教育中心校	三等奖	2021年
81	浅谈社区教育游学项目渗透德育的实践与研究	郁爱英	镇湖街道社区教育中心	三等奖	2021年
82	盘活"三花"非遗文化资源推进社区教育发展	陈露露	姑苏区虎丘街道茶花社区	三等奖	2021年
83	新时代新技术与优秀传统文化在社区教育中创新传承的实践探索	金雪明	常熟市沙家浜镇社区教育中心	三等奖	2021年
84	苏南地区学习型城市建设中市民学习效果影响因素研究	张 宏	昆山开放大学	特等奖	2022年

（续　表）

序号	论文题目	作者姓名	单位名称	奖项	年份
85	素质提升视角下的社区教育工作者专业化探究	马海棠	苏州工业园区开放大学	特等奖	2022年
86	社区教育提升城乡社区治理能力的策略研究——以苏州市为例	孙桂英 高觐悦	苏州开放大学	一等奖	2022年
87	建设健全斜塘街道社区教育质量评估体系	张　林	苏州工业园区斜塘街道东方红文化创新发展中心	一等奖	2022年
88	教师进社区的实践与思考——以张家港市"千名教师进社区"为样本	陈红娟	张家港开放大学	一等奖	2022年
89	"职普社"融通共建社区教育课程体系研究——以苏州市相城区为例	孙　义 赵晓宇	江苏省相城中等专业学校	一等奖	2022年
90	从年龄分层透视长三角老年人口对社区游学项目的需求	李　镭 戴卫东	张家港开放大学、张家港市凤凰镇社区教育中心	二等奖	2022年
91	家庭教育视域下家校社协同育人的实践探索	赵奕一	姑苏区教体文旅委学社处	二等奖	2022年
92	基于心理学视域下老年教育目标及实现方法分析	邱建明	吴江区桃源镇成人教育中心校	二等奖	2022年
93	苏州市新鹿花苑小区老年人参与体育活动现状调查与研究	王　莹	苏州高新区白马涧小学	二等奖	2022年
94	积极老龄化背景下老年大学教育发展现状及推进策略思考	费仰竹	太仓市老年大学	二等奖	2022年
95	苏州工业园区动迁小区各发展阶段不同群体社区教育重点工作浅析	翟维骏	苏州工业园区星涛社区	二等奖	2022年
96	苏州市中小学校体育设施对社会开放现状的研究——以高新区中小学校为例	徐政权	苏州高新区白马涧小学	三等奖	2022年

（续　表）

序号	论文题目	作者姓名	单位名称	奖项	年份
97	后疫情时代下社区教育的探索	闫晶晶	苏州工业园区娄葑街道葑塘社区	三等奖	2022年
98	浅谈当前社区居民数字化学习资源应用的困境与对策	孙杏珍	张家港保税区社区教育中心	三等奖	2022年
99	基于STEAM教育理念下的社区教育课程开发探究	黄　勇	张家港保税区社区教育中心	三等奖	2022年
100	基于现代信息技术的社区教育职业技能课新型教与学模式的探究	赵晓宇 孙　义	江苏省相城中等专业学校	三等奖	2022年
101	社区教育游学活动课例分析及启示——以京杭大集游学课程为例	钱　洪 吴玉良	吴江区平望镇成人教育中心校	三等奖	2022年
102	巧用三大心理效应　助力社区终身学习	徐　勇	吴中区长桥成人教育中心校	三等奖	2022年
103	"互联网＋"融入农村社区教育　助力乡村振兴	陈　杰	吴江区桃源镇成人教育中心校	三等奖	2022年
104	巧用家长资源优化社区幼儿早期阅读	周　铖	常熟市沙家浜镇社区教育中心	三等奖	2022年
105	传统与创新的中间道路老少共融教育实践的应然选择	赵奕一	苏州市姑苏区教育体育和文化旅游委员会	特等奖	2023年
106	网络化学习模式下社区学习型组织的发展策略研究	钱芳英	苏州市吴江区太湖新城成人教育中心校	特等奖	2023年
107	乡镇老年大学智能技术普及教育策略探析	陈卫芳	张家港市南丰镇社区教育中心	一等奖	2023年
108	以"生活教育"理论优化乡镇老年教育的策略研究	吴玉良 朱越峰	苏州市吴江区平望镇成人教育中心校	一等奖	2023年
109	共建共享——社区教育资源整合策略的探讨与实践	林　艳	苏州工业园区斜塘街道车坊幼儿园	一等奖	2023年

（续　表）

序号	论文题目	作者姓名	单位名称	奖项	年份
110	全面解析斜塘街道数字化教育平台建立路径	张　林	苏州工业园区斜塘街道东方红文化创新发展中心	一等奖	2023年
111	"非遗＋文化＋养老"实践研究——以姑苏区"养教联动"基地为例	刘艺娴	苏州市姑苏区虎丘街道办事处	二等奖	2023年
112	社区学共体的培育建议	徐香妹	苏州市吴江区同里镇成人教育中心校	二等奖	2023年
113	智慧养老模式的实践及问题分析	沈逸蓓	苏州市姑苏区虎丘街道办事处	二等奖	2023年
114	信息化背景下智能手机科普对老年人跨越数字鸿沟的影响	顾翌琳	苏州市吴中区长桥成人教育中心校	二等奖	2023年
115	社区老年大学建设的探索与实践	朱梦芸	苏州市吴江区同里镇成人教育中心校	二等奖	2023年
116	基层社区教育教科研工作研究——以苏州工业园区为例	陈伟伟	苏州工业园区开放大学	二等奖	2023年
117	街镇级区域终身学习共同体建设的构想——以"环阳澄湖游学联盟"建设为例	沈开弟	昆山市巴城镇社区教育中心	三等奖	2023年
118	浅议老年大学与社区老年教育的融合发展	张振威	苏州市吴江区太湖新城成人教育中心校	三等奖	2023年
119	共建双全阅读社区,深度推进家社阅读	谢　峰 张芳英	苏州工业园区胜浦街道社区教育中心	三等奖	2023年
120	学习型社会视角下社区家庭教育实践探索	陆才根	苏州市吴江区七都镇成人教育中心校	三等奖	2023年
121	融地方传统文化,建设区课程开发——以版画进社区教学为例	王婧明	太仓市陆渡中学	三等奖	2023年

（续　表）

序号	论文题目	作者姓名	单位名称	奖项	年份
122	基于3D打印技术的老年益智课程设计与实践	孔维钰	常熟开放大学	三等奖	2023年
123	社区教育推动全民终身学习的路径研究	周佳磊	苏州高新区东渚实验幼儿园	三等奖	2023年
124	"家校企社"共建青少年劳动教育的路径研究	孙义	江苏省相城中等专业学校	三等奖	2023年

社区教育中的专题论文针对社区教育专题研究中的某一个点展开论述。研究者提出论点，然后写出具体事例和相关理论证明论点，并规范地列出所研究过、参考过的文献资料。通过这些论文，可以观察对社区教育相关问题的研究深度，也可以判断研究者在查阅资料、学习理论、概括规律的过程中显示的专业水平，如《苏南地区学习型城市建设中市民学习效果影响因素研究》(2022)、《素质提升视角下社区教育工作者专业化探究》(2022)等。

苏州市社区教育论文中的大多数是案例分析类论文。这类论文是给出一个具体的事例，然后综合多种分析方法对问题进行分析，最终得出结论或者给出建议。一般由引言、案例主体、案例分析、建议与实施方案、展望与前景等基本要素构成，属于应用型研究论文的范畴。如《教师进社区的实践与思考——以张家港市千名教师进社区为样本》(2022)、《职普社融通共建社区教育课程体系研究——以苏州市相城区为例》(2022)、《苏州工业园区动迁小区各发展阶段不同群体社区教育重点工作浅析》(2022)等。

另外还有部分调查实证类论文，主要通过调查的方法对教育活动中出现的问题进行研究。如《苏州市新鹿花苑小区老年人参与体育活动现状调查与研究》(2022)、《苏州市中小学体育设施对社会开放现状的研究——以高新区中小学校为例》(2022)等。

4. 研究方法

研究者队伍的构成和研究内容的特点，决定了研究方法的选择。

苏州市的社区教育研究在课题研究、实验项目和科研论文写作方面偏重于应用型研究，因此常见的研究方法主要是经验总结法、调查研究法、行动研究法和文献研究法等。

经验总结法：在研究活动中，社区教育研究者边实践边反思，通过对实践活动中的具体情况进行归纳与分析,使之系统化、理论化,并用现代教育理论总结经验,形成有价值的心得体会及理论,为同行或者为自己今后工作提供借鉴。

调查研究法:社区教育研究者有目的、有计划、有系统地搜集有关研究对象现实状况或历史状况的材料,综合运用观察、谈话、问卷、个案研究、测验等科学方式,对研究现象进行周密和系统的了解,并对通过调查搜集到的大量数据进行分析、综合、比较、归纳,从而为工作和下一步研究提出相应建议。据了解,最常用的是问卷调查法,即就调查项目编制成表式,借助网络平台,或分发、邮寄给调查对象,请其填写答案,然后回收整理、统计和研究。

行动研究法:社区教育工作者在自然、真实的教育教学实践中,基于日常工作问题解决的需要,将问题发展成研究主题,按照一定的操作程序,综合运用多种研究方法与技术进行系统的研究。研究者往往就是实践主体,而解决问题就是研究目的。

文献研究法:研究者根据一定的研究目的或课题,通过收集国内外对于相关问题的研究文献来获得资料,从而全面地、正确地了解掌握所要研究的问题。查阅足够丰富的文献,有利于了解有关问题的历史和现状,形成关于研究对象的一般印象,有利于对所掌握的现实资料进行比较鉴别,从而得到更为正确的研究结论。

此外,观察研究法和个案研究法等也被广泛应用。

案例八:社区教育实验项目建设

吴中区:甪直镇"干部培训现场教学基地服务"实验项目

一、案例背景

2016年12月和2017年5月,甪直镇成人教育中心校分别与苏州大学继续教育学院和苏州干部学院(苏州农村干部学院)签署协议,设立干部培训现场教学基地,由甪直镇成人教育中心校承接以上两所院校委派的培训班,负责组织实施现场教学。具体内容为甪直古镇旅游与开发、甪直模具特色小镇和甪直生态农业组织现场教学,院校按标准支付一定费用,甪直镇成人教育中心校根据院校要求组织讲座或现场教学,配合做好带队、讲解、食宿等服务。

甪直镇成人教育中心校与苏州水八仙旅游发展有限公司签署协议,确立甪直澄湖水生蔬菜(水八仙)种植基地为现场教学点之一,负责与培训团队的现场教学对接,学校按协议标准向"水八仙"种植基地支付一定费用(见图3.9)。

图3.9 "水八仙"生态文化园现场教学

甪直镇成人教育中心校在向甪直镇党委、政府请示汇报后,确立甪直古镇景点和甪直模具成形科创中心(含企业)为现场教学基地的另外两个教学点。因甪直古镇旅游发展有限公司与甪直模具产业园均为党委、政府下属单位,经镇党委、政府同意,学校无须与此两单位签署协议,直接负责对接。

后期,为充分展示甪直镇社区教育亮点,新增甪直保圣社区为现场教学点,由甪直镇成人教育中心校直接与保圣社区对接。

二、案例呈现

甪直镇成人教育中心校组织成立由支部副书记带头的培训服务团队,与两所院校对接培训信息,包含培训对象、人数、现场教学要求、线路及时间节点、食宿安排等,提前与相应教学点联系,做好相关准备工作;团队抵达后进入甪直镇成人教育中心校多功能厅,学校安排专人讲解甪直特色小镇发展,观看甪直宣传视频和甪直镇成人教育中心校宣传视频;随后按既定线路到各个教学点开展现场教学,团队根据需要决定是否用餐后返回。

镇成人教育中心校及时在古镇甪直微信公众号和学校网站、微信号上发布相关信息,定期与两所院校和各教学点结报相关费用,并及时做好现场教学基地服务阶段总结,不断提升教育服务质量。

三、案例成效

2017年,共接待全国各地培训班学员42批次、2010人,镇成人教育中心校完成下拨各教学点经费6万多元;与高等院校就干部培训开展合作,拓展了农村社区教育的功能;契合甪直经济发展形势。由于学员来自全国各地,对于充分宣传甪直、提升甪直知名度和影响力有重大意义;依托甪直镇社区教育资源,能充分发挥镇成人教育中心校组织、整合、协调、沟通的桥梁纽带作用;在古镇旅游、模具产业(见图3.10)、"水八仙"农产品销售上带来实在的经济效益,促进了甪直经济繁荣。

图3.10 甪直模具科创中心现场教学

干部培训现场教学基地服务项目精心打造了宣传甪直的窗口,甪直深厚的文化底蕴、先进制造业带动下的蓬勃经济、绿色的生态农业和悠闲惬意的慢城生活展示给来自全国各地的学员,该项目在给甪直带来一定经济效益的同时,更凸显提升甪直古镇旅游、模具产业、"水八仙"及甪直社区教育的品牌知名度和社会影响力,其社会效益不可估量。

第四章
苏州市社区教育项目建设与品牌打造

社区教育项目是在特定人群的学习需求基础上,制定明确的教育目标,根据目标分解制定的在一定时间周期内完成的各种教育活动的综合,具有周期性、计划性、组织性的特征。社区教育项目管理就是在社区教育的项目中,在有限资源的约束之下,通过较为科学的管理方法和行之有效的管理工具对社区教育项目涉及的全工作要素进行科学化和规范化的管理,确保社区教育项目目标的实现,社区教育项目化建设是新时期创新社区教育工作理念、转变发展方式的有益探索。

第一节 参与主体

一、建设主体

社区教育项目的建设主体是各级政府、村民或居民自治组织,各级社区教育机构[苏州市社会教育服务指导中心、苏州市终身教育学会、各市(区)开放大学、社区培训学院、乡镇(街道)社区教育中心、村(社区)居民学校等]作为各级政府负责社区教育的业务部门,具有行使政府委托的权利和义务,因此也是社区教育项目的建设主体。

项目建设主体在社区教育项目中的职能是全面且决定性的,其主要的职能包括政策制定、资源配置、项目监督与管理、项目人员的能力提升等。在政策制定方面,项目政策主体负责为社区教育项目设定明确的发展框架和政策引导,包括明确教育目标、制订教育计划和推行相关政策或者指导意见等。如苏州市教育局出台的《苏州市社区教育特色品牌项目建设方案》《苏州市社区教育优秀团队遴选管理办法》;苏州市社会教育服务指导中心出台的市级游学项目管理办法等。在资源配置方面,项目建设主体负责提供和管理社区教育项目所需的资源,包括经费、设施、物资等分配,尤其是通过建立健全经费管理机制,通过科学系统规范地管理社区教育专项经费的发放和使用,进一步明确社区教育的发展导向等。在项目监督与管理方面,项目建设主体需要负责对社区教育项目的推进过程进行跟踪、评估和监督,确保项目按照既定目标进行,督促项目建设进度和检验完成质量。

二、实施主体

社区教育项目的建设主体可以是项目实施的主体,直接负责社区教育项目的具体落地工作,但随着政府购买服务的兴起,引入第三方社会组织作为社区教育项目的实施主体成为首要选择,社会组织因其专业性、公益性、组织性和灵活性的特点十分契合社区教育项目实施主体的要求。在项目实施过程中,社会组织可以通过对人力、物力、财力、信息化和数字化等资源的协调,充分参与到项目的策划、实施、推进过程中,极大地激活了社区教育项目的活力,盘活了相对闲置的社会资源,也进一步促进了社区教育机构的职能转变。

近年来,苏州市社区教育项目的实施主体中也出现了民营企业的身影,如苏州市首批游学项目震泽蚕桑文化学堂项目是由吴江区震泽社区教育中心联合苏州震泽丝绸之路农业科技发展有限公司联合申报的。第四批社区教育游学项目立项项目"用中国制造讲好中国故事"即是由苏州市常熟辛庄成人教育中心校与常熟市隆力奇生态旅游服务有限公司联合申报的,苏州市吴江区"村上·长漾里"游学研究项目是由吴江区平望镇成人教育中心校与吴江村上长漾里文化发展有限公司联合申报的。相较于社会组织,民营企业的综合力量更为雄厚、可调动资源更加丰富、经济活力更强,是社区教育项目中一股新鲜的血液、一种更加坚实的社会力量。

三、其他参与主体

社区居民和家庭是社区教育项目的最终受益者。内容丰富、形式多样的社区教育项目可以进一步提升居民的技能知识,同时也为居民提供了充实生活、学习新事物的机会,促使其发现新的兴趣爱好。在项目参与的过程中，增强了居民自身的参与感，让居民更好地融入社区，并且能够增进社区居民间的相互理解，促进社区邻里和谐。

第二节 项目建设

2010年，苏州市召开了"苏州市社区教育实验项目推进大会"，社区教育项目的概念开始在苏州萌芽。2015年，张家港保税区（金港镇）先行先试，将政府购买服务、社会组织参与的理念运用到实际工作中，通过项目化服务外包的方式，精准对接居民学习需求，标志着县域社区教育项目化建设的开始。2016年，苏州市全面推动市级社区教育项目化运作。2018年开始，以市重点建设项目为抓手，从全市范围内大规模开展精细化、特色化的项目建设与管理，引导基层以项目化运作模式推进社区教育，目前，苏州市已经基本形成了颇具特色的"精准滴灌"式的社区教育项目管理模式。

一、组织架构

苏州形成了以教育行政主管部门统筹，苏州市社会教育服务指导中心、苏州市终身教育学会为指导，区级教育行政部门为协作，区级开放大学和乡镇（街道）社区教育中心共建的项目化联动组织架构。以市级层面推出的苏州市社区教育游学项目、苏州市市民学习苑、苏州市老年教育赋能项目这三个重点市级项目为抓手，通过项目运行的全流程，以运行基础、制定标准、评审立项、建设管理、宣传推广、科研引领各环节实施带动工作推进，将社区教育的工作贯穿到组织全体系。

从职能分工上来说，市、区教育行政部门给予宏观政策引导以及经费支持，市社指中心（开放大学）进行统筹规划，出台相关文件，具体指导项目的运行与开展，并制定了《苏州市社区教育游学项目管理办法（试行）》《苏州市"市民学习苑"建设及管理办法（试行）》《苏州市"市民学习苑"建设评估指标（试行）》等文件。各市（区）开放大学、社区培训学院、乡镇（街道）社区教育中心与社会组织、机构、企事业单位等共建实施，将资源供给与需求精准对接。为进一步提高我市社区教育专项支出预算绩效管理水平，根据《关于开展2022年苏州市市级预算部门自主绩效管理工作的通知》(苏财绩〔2022〕5号)有关要求,2022年市社指中心印发《苏州市社区教育专项支出预算绩效指标库(试行)》,进一步规范了项目经费的使用,并对项目验收提出了精准的指标要求。

二、项目理念

社区教育项目化运作,就是把社区教育活动视为项目并进行项目设计,通过建立项目的计划、实施、监管、评估制度体系,整合多方人力、财力、物力、信息等资源,在一定时间内和经费保障等条件下,立足既定条件按时按质完成各项社区教育任务,来达到项目预定的目标,最终获得有质量的社区教育成果,具有组织架构灵活性、目标导向明确性、实施过程计划性等特征,是新时期创新社区教育工作理念和方法、转变发展方式的有益探索。

在项目理念上,苏州社区教育以人为本,从服务市民终身学习的角度,将社会的资源和力量高度融合,直滴市民多元化、个性化学习需求,盘活和转化优质丰富的教育资源,从而保障社区教育机制高效运行,并且引导基层社区教育中心挖掘区域特色资源,以学习者为中心,在制度建设、阵地拓展、项目推动、载体建设等主要方面进行了实践探索(见图4.1)。如:基于传授式学习方式,建立市民学习苑,给学习者提供相对固定的学习阵地和课程;基于实践式学习方式,建立社区教育游学项目,让学习者在体验实践中学习;基于互助式学习方式,培育市民学习共同体,让有共同兴趣的学习者相互学习、共同进步;基于熏陶式学习方式,培育名师工作室,让学习者在名师良好的品行和传统技艺的濡染下,渐趋同化,提升自我。

图4.1 以学习者为中心的个性化的学习方式

三、项目推进

在项目数量上,2014—2023年十年间,苏州市共立项市级社区教育项目382项,其中市级社区教育实验项目191项、市教育局资助项目113项、市级社区教育游学项目45项、市级市民学习苑项目10项、市级老年教育赋能项目23项,领跑整个江苏省,且呈现出区域分布较为均衡、项目类别种类丰富、重点项目百花齐放的局面(见表4-1)。比如姑苏区"十三五"期间,先后创立了"吴侬软语大学堂"、"法治虎丘"普法教育与实践、"山塘书院"讲师团、"虎丘科普小达人"、"茶博士"知识普及和"小虎丘故事会"等品牌项目。常熟市的重点实验项目"青少年锡剧教育《让兰花在青少年中绽放》"把戏曲文化融入艺术教学、综合实践研究、主题班队会中,设计出形式开放、内容丰富、贴近生活的艺术课堂。

表4-1　2014—2023年苏州市社区教育项目建设情况汇总表

市(区)	实验项目	教育局资助项目	游学项目	市民学习苑	老年赋能项目	小计
张家港市	18	14	6	2	2	42
常熟市	16	11	2	1	2	32
太仓市	7	11	3	0	2	23
昆山市	27	14	6	1	2	50
吴江区	27	11	6	2	2	48
吴中区	25	11	5	2	2	45
相城区	5	8	4	1	0	18
姑苏区	39	13	6	1	5	64
工业园区	22	12	6	0	2	42
高新区	5	8	1	0	4	18
合计	**191**	**113**	**45**	**10**	**23**	**382**

从项目内容上看,十年来,苏州市社区教育项目的建设内容从传统的书法绘画、休闲养生、养花烹饪、传统文化等休闲娱乐的内容,拓展到工业发展、红色教育、自然教育、家庭教育、智慧教育等方向,涵盖内容广而大、门类细分小且精。这主要得益于随着人民生活水平的提高,居民的学习需求呈现多样性、专业性的特点。加之苏州市社区教育管理水平的提升,共同造就了如今苏州市社区教育项目欣欣向荣的局面。尤其是苏州市2021年启动实施了苏州市老年教育赋能项目,首次将老年教育项目单列,彰显出对于老年群体需求的重视,也呼应了上级部门的建设要求。

四、管理机制

根据项目管理的阶段性特点,苏州市社区教育项目建设采取了含立项申报、中期检查、终期评审、专项经费审计四个阶段在内的全过程管理机制。

立项申报阶段,在苏州市教育行政部门的指导之下,苏州市社会教育服务指导中心、苏州市终身教育学会在项目上参考社会背景、居民需求的基础上出台项目建设管理办法及项目实施方案,并发布项目申报通知,各市(区)根据申报要求、结合自身实际开展项目立项申报工作。十年间,苏州市级社区教育项目成功立项的难度逐年攀升,项目要求更高,涉及范围更广,参与评选的项目数量越来越多,竞争激烈程度逐年提高,这也充分显现出苏州市社区教育项目化推进的成果较为显著。

中期检查阶段,苏州市社会教育服务指导中心、苏州市终身教育学会邀请专家针对中期检查材料,结合项目立项目标进行评审,尤其是针对项目建设单位提出的存在问题以及与目标偏离的内容进行纠偏,并对下一阶段项目建设提出要求。

终期评审阶段,苏州市教育局、苏州市社会教育服务指导中心、苏州市终身教育学会成立项目终审小组,要求评审专家针对项目建设周期内的实施和运行情况,结合项目管理办法和实施细则,以"百分制"打分的方式开展项目终期评审并进行"优秀、良好、合格"的项目等第排名,以终期项目评审的结果作为项目最终经费拨付的依据。

专项经费审计是社区教育项目实施的终极抓手,审计部门、业务部门针对性开展市级社区教育项目的专项经费审计工作,全面、翔实地对项目开展和实施的情况进行把控和监督,确保项目资金使用合法合规,项目运行过程科学合理。在经费管理方面,2022年9月,苏州市社会教育服务指导中心出台了《苏州市社区教育专项支出预算绩效指标库(试行)》,积极落实项目建设经费绩效考核细则,加强指导和监督,保障市级社区教育项目建设工作的顺利完成,并在项目运行期间召开项目经费使用说明会,明确经费管理的要求,加强经费使用的规范性和有效性。

张家港市社区教育项目在全市乃至全省领先,张家港率先引入社区教育项目第三方评价机制,由张家港市教育局、苏州工业园区教育科技服务有限公司、张家港开放大学三方共同签署项目服务协议,由张家港市教育局负责整个项目化绩效评估项目的统筹、协调与管理工作;由张家港开放大学负责项目的具体落实工作;由苏州工业园区教育科技服务有限公司在张家港教育局和张家港开放大学的指导下,成立项目评估专家组并负责整个项目评估工作的实施与推进。项目评估组由来自江苏省、苏州市等领导部门以及各兄弟单位的社区教育领域专家、工作骨干构成,通过线上审查项目资料、线下考察项目实施、面对面听取项目汇报的方式,从立项、中期到结项做好项目的全过程评估,有效保证了项目的实施质量(见表4-2)。

表4-2 张家港市社区教育公益项目评估表

一级指标	二级指标	指标内容	分值	查看资料	综合评分
项目立项	需求精准	需求分析到位,适切度高	5	居民需求分析报告	
	策划科学	目标明确,计划完整,任务分解合理清晰	5	项目申报书	
	程序规范	项目信息公开发布,多方论证,合同规范	5	相关文件及公开发布平台资料	
	资金预算	预算合理,条目清晰,体现公益	5	项目预算表	
项目实施	组织有序	发动、组织有力,参与率达目标值	15	项目实施过程性资料及活动图片	
	活动可控	按计划执行,调整可控,活动次数达目标值	15	项目实施过程性资料及图片	
	内容丰富	师资匹配,培训或活动内容达目标值	15	项目实施过程性资料及图片	
	资金使用	支出决算符合财务规定,及时高效	15	发票、领导签报表或者其他票据	
项目效果	居民满意	项目目标达成效果好,居民满意度高	10	满意度测评报告	
	社会影响	各类媒体报道层次高,数量多,反响好	10	宣传材料	

案例九：社区教育游学项目建设

吴江区：《震泽蚕桑文化学堂》助力乡村振兴

一、案例背景

位于太湖之滨的历史名镇震泽，自古便是闻名中外的蚕丝之乡、丝绸之府，蚕桑底蕴醇厚，文化源远流长。震泽镇社区教育中心响应发展要求，紧扣当地蚕桑特色文化，创新社区教育模式，与企业平台——太湖雪蚕桑文化园共同开展校企联合办学，精心打造了一个集游学体验、惠民教育、文化传承于一体的震泽蚕桑文化学堂项目。项目以震泽镇太湖雪蚕桑文化基地为载体，具有惠民惠企、多方共赢的发展属性，得到了社会各界的热烈反响，得到了中央省市各级领导部门的关心和支持，文化和旅游部、农业农村部、商务厅、旅游厅等部门领导相继考察了项目建设，并给予了积极的评价。

二、案例呈现

1. 大力推进特色文旅与社区教育融合发展

蚕桑文化学堂主要内容是挖掘当地蚕桑文化资源、湿地旅游资源、农耕文明等，通过形成系列课程、建立学习目标以及体验学习的方式，以游为形、以学为实，进行蚕桑文化体验式学习，让人们在游中学、在学中游。文化学堂主要围绕"深度体验式游学"和"个性化定制游学"两个方面建设。其中"深度体验式"课程和项目包含蚕桑研学、剥茧制被、育蚕课堂、丝巾扎染、植物拓染、丝巾课堂、蚕茧手作、蚕茧绘画、桑皮造纸、丝巾团扇等数十个内容（见图4.2、图4.3）。"个性化定制游学"可以根据客户需要，提供"团建＋""游学＋""生态＋""会议＋"等定制化的深度游学之旅。

2. 依托社区教育平台，推动富民产业与惠民教育协同发展

（1）开展种桑养蚕培训，提高居民农业技能

蚕桑文化学堂依托蚕桑农业产业基地的优势，联合苏州大学、苏州农业职业技术学院、吴江蚕桑站等院所和机构，积极开展惠民教育技能培训，为周边村民现场传授最新的养蚕技术、种桑技艺，真正将社区教育搬到了田间

图 4.2　蚕茧花教学现场

图 4.3　茧艺课堂

地头,将课堂设到了生产一线。

项目每年开展惠民教育培训十余次,培训种桑养蚕农民达 500 人次,近年来通过各种形式的培训让近 2000 人次的相关人员得到了技能提升,培育了一批有文化、懂技术的新型职业农民。

(2) 普及现代化蚕桑机械化生产,提高农民生产效率

为了帮助蚕桑产业快速、高效发展,基地引进了多台省时、省力的蚕桑适用机械,开展规模化种植、集约化生产、企业化运营,社区教育中心为了加快农业机械使用技术的普及,在基地开展一些农机示范教育活动,吸引当地

农户的参与,得到了社区农民的积极响应。

三、案例成效

1. 有力丰富了辖区居民的文化生活,带动了旅游业的发展

项目以社区教育为平台,将文旅体验与学习教育紧密结合,是社区教育的一种全新模式,为广大社区居民提供了一个新颖的学习平台,在满足周边社区居民的文化生活需求的同时,吸引了来自全国各地的社区群体前来体验。

2. 有力带动了蚕桑特色产业的发展

项目合理有效地整合了蚕桑文化园的特色文旅资源,建成了姑苏城外独具特色的文化体验基地,是文旅产业的全新业态,它也为蚕桑产业的建设发展提供了一条创新路径,开创了新的板块,达到了引流效果。自项目建设以来,蚕桑文化学堂吸引了杭州、上海等地居民前来体验学习,由企事业单位、社会团体、社会家庭自发组织的游学活动更是不计其数。每年接待的来自本区域和周边地区社区教育培训人数超过1万人次,3年来共计接待来自全国各地及海外社区教育培训近10万人次。企业累计接待各地社区居民20多万人次,为企业带来了可观的收入和客流。

3. 富民利民,促进就业,带动农民增收长智

项目通过培训农民,提升了他们的种桑养蚕技能,促进了先进农业技术的普及和推广,同时给当地居民提供了种桑养蚕、拉绵制被、缝纫、养蚕课堂教师、剥茧拉绵展示等工作,促进了居民的就业,让赋闲在家的居民工作和生活得到了保障。文化学堂吸纳了周边80%以上的村民以产业工人的形式入园务工,增加了居民的收入。

第三节 品牌打造

一、社区教育品牌项目

品牌是"企业运营与市场营销过程中的产物",是来源于市场营销的概念,品牌建设的目的是让商品或者服务能够与其他一般或者普通的商品进

行区分。目前,各类品牌活动、品牌项目已经逐步被各行业和领域所接纳。

"在社区教育领域,社区教育品牌的培育与创建,是社区教育走向规范、提升办学辐射力的必然选择。"[①]这是因为社区教育作为一种新兴的教育门类,它与学校教育的不同很大程度上在于它更需要面向社会、服务社会,更需要面对各类不同的人群,更依赖于学习对象的自主选择,好的社区教育项目需要有大量的"粉丝"。因此,与其他教育相比,社区教育的品牌意识尤为重要。社区教育品牌是社区教育管理部门和实施部门向社区居民长期提供的能识别的、有特色的、形象化的产品与服务,是在一定区域范围内具有社会影响力和公众认可度的社区教育活动、项目、课程。而其中,社区教育品牌项目包含的内容最多、综合性更强。

社区教育品牌项目是社区教育项目中具有引领性、代表性、间接性的项目,服务主题突出、服务的对象多元、居民接受程度高,而且必须经过多年沉淀,在人民群众中拥有较高的知名度和影响力。"社区教育品牌项目是精品化、示范化、特色化的社区教育项目,相较于一般的社区教育项目,社区教育品牌项目更具有理念价值,更能突出项目的自我价值理念,构建其自我价值定位和行动理念;在实践路径上,社区教育品牌项目是项目品牌化的物质载体,是围绕着项目的品牌核心理念而采取的行动方略和操作手段的有机结合,在进行项目品牌化的过程中,项目实践路径是具有一定的规律性的。"[②]

二、苏州市社区教育品牌项目建设现状

自2005年起,由教育部职业教育与成人教育司、中国联合国教科文组织全国委员会秘书处、中国成人教育协会联合主办的全民终身学习活动周是社区教育领域级别最高、规模最广、影响范围最大的社区教育活动,其本身也已经成为我国社区教育的重要品牌。2014年起,全民终身学习活动周上开始设立一个表彰项目——终身学习活动品牌,当年苏州市昆山巴城镇幸福方舟智慧巴城、苏州市金山嘉善吴江三地社区教育合作论坛2个项目入选全国终身学习活动品牌,可以说这是苏州市社区教育品牌项目建设的起步。

---

① 张燕:《社区教育学习品牌及构建策略》,《当代继续教育》2014年第6期。
② 程仙平:《社区教育品牌生成路径与对策研究》,《成人教育》2016年第9期。

"十三五"期间,苏州市社区教育品牌项目建设得到了长足的发展,这一方面得益于苏州市教育行政部门从政策、经费、评选机制等方面大力支持全市社区教育品牌项目建设工作,尤其是对于社区教育重点项目建设设立了专项使用经费,极大地促进了全市重点社区教育项目工作的开展;另一方面,随着社区教育项目建设的不断推进,那些社会影响力大、群众口碑好、人群覆盖率高的项目逐渐积累、沉淀,逐步擦亮品牌底色,展现品牌品位。

目前,苏州市以全民终身学习需求为导向,通过科学引导,坚持品牌化的发展和建设,培育特色品牌,精准服务市民学习需求,基于传授、实践、熏陶、互助的多元化学习方式,培育了"公益课程惠民项目""学说昆山话""幸福夕阳移动课堂""千名教师进社区""江南船拳进校园""沙家浜红绿新课堂"等广受学习者欢迎的社区教育品牌项目,受众群体广泛,学习质量提高,极大地发挥了社区教育的品牌效应。经江苏省教育厅认定,苏州市现有省级社区教育品牌项目18个,在省内遥遥领先(见表4-3)。

表4-3 江苏省社区教育特色品牌项目苏州立项项目汇总表

序号	项目名称	申报单位
1	公益课程进社区惠民项目	苏州工业园区开放大学
2	木渎镇市民终身学习节	苏州市吴中区木渎镇社区教育中心
3	千名教师进社区	张家港市终身教育促进委员会 张家港市社区培训学院
4	震泽蚕桑文化学堂	苏州市吴江区震泽镇成人教育中心校
5	百姓摄影大讲堂	苏州市吴中区长桥镇成人教育中心校
6	博士阳光讲坛	苏州市虎丘街道嘉业阳光城社区
7	"赏心乐事,大美昆曲"——巴城昆曲传承学习活动	昆山市巴城社区教育中心
8	园区社区教育"一核多点"游学项目	苏州工业园区开放大学
9	享学保税区惠民项目化	张家港保税区社区教育中心
10	苏工苏作 匠心筑梦	苏州市吴中区长桥成人教育中心校 苏州启源文化管理咨询有限公司
11	青少年生命奥秘游学	昆山市周庄镇社区教育中心 生命奥秘博物馆

(续 表)

序号	项目名称	申报单位
12	新生代农民工智慧物流大课堂	苏州经贸职业技术学院
13	江苏省农村电商网店运营	苏州经贸职业技术学院
14	"江南文化"融课堂	苏州市职业大学(苏州开放大学)
15	"徐玲公益书屋"享学读书会	张家港保税区社区教育中心
16	"渎"享幸福市民学堂	苏州市吴中区木渎镇成人教育中心校
17	耕读梦龙,匠心育人	苏州市相城区黄埭镇成人教育中心校
18	银龄创客	苏州工业园区娄葑街道社教中心

比如,省级社区教育品牌项目:苏州工业园区开放大学公益课程进社区惠民项目。公益课程进社区惠民项目在2019年度江苏省社区教育特色品牌项目的评选中以一等奖的荣誉获得省教育厅认可。公益课程进社区惠民项目是由园区教育行政部门主办、由园区开放大学具体实施的,面向园区全体居民免费"送教上门"的社区教育公益课程惠民服务项目,经过近十年的探索与实践,形成了一套体系化、成熟化的公益课程服务体系,每年开设课程240余门,年均投入经费100万元,年均服务人次十余万人。

比如,省级社区教育品牌项目:苏州的"震泽蚕桑文化学堂"项目。挖掘当地蚕桑文化资源、湿地旅游资源、农耕文明资源等,通过形成系列课程、建立学习目标以及体验学习的方式,以游为形、以学为实,进行蚕桑文化体验式学习,让人们在游中学、在学中游。通过各类惠民技能教育培训,不仅培训了相关人员8000人次,有力地提升了社区居民的素质和技能,还充分展现了江南"苏式"特有文化韵味,更培育了一批有文化、懂技术的新型职业农民。

2023年5月,苏州市出台了《苏州市社区教育特色品牌项目建设标准》(以下简称《建设标准》,见表4-4),首次启动市级社区教育特色品牌项目建设。《建设标准》从项目定位、项目设计、项目受益面、保障措施、资源整合和宣传推广等六个方面对苏州市社区教育特色品牌项目做出了明确的界定,根据该标准,2023年当年,评选出苏州市社区教育品牌项目15项。

表 4-4 苏州市社区教育特色品牌项目建设标准

一级指标	二级指标	指标释义
1. 定位与目标	1.1 定位清晰	1. 坚持社会主义核心价值观,项目规划符合区域经济建设、社会发展和社区居民素质提升的需求。
		2. 有先进的现代教育理念和清晰的思路,体现新时代社区教育发展方向。
		3. 能结合本地区历史文化教育特点,活动(项目)定位正确清晰,与社区教育和学习关联度高。
	1.2 目标明确	4. 有明确的、可度量的、可实现的项目目标。
		5. 有明确的项目目标人群,并对人群范围进行界定。
		6. 项目名称要能够体现教育培训活动和学习活动内容,反映项目特征(原则上不超过 10 个字)。
2. 内容与形式	2.1 设计科学	7. 项目内容符合国家法律和本地区政策要求,项目方案科学合理,课程设置科学。
		8. 项目方案设计文本规范,逻辑严密、条理清晰。
		9. 项目有 3 年及以上规划,并有年度规划和年度总结。
		10. 项目方案有详细、科学的活动任务清单,活动有明确的时间节点。
	2.2 形式多样	11. 以居民为中心,采取授课、讲座、实践活动、竞赛、表演、展示、座谈、研讨、参观、游学、体验、线上教学等灵活多样的教育教学模式。
		12. 遵循社区教育发展规律,充分发挥区域内各级各类学校、培训机构、博物馆、科技馆、图书馆、文体中心、青少年校外教育机构、实践基地、老年机构、社区、企业等各类资源的教育作用,有形式上的创新和突破。
3. 管理与成效	3.1 管理规范	13. 有项目管理制度,要求项目主体从全局、整体的目标和观念出发,运用系统的管理思想与方法,协调内外部各个方面的关系,对项目的进度、成本、质量以及相关的环境等要素进行协调和优化,对可能影响项目的不确定因素和风险进行预测和控制。
		14. 有项目教学质量监控措施、教学督查和评价制度。
		15. 有符合相关政策、财务规范的项目经费管理制度。
		16. 有明确的项目管理负责人及团队,分工明确。
		17. 能运用信息化管理手段,能对项目台账、档案进行有效管理。

（续　表）

一级指标	二级指标	指标释义
3. 管理与成效	3.2 成效明显	18. 项目在本地区要有稳定的参与对象，应为持续开展3年及以上并已结项的苏州市社区教育实验项目。
		19. 开发一批具有社区教育特色的课程（每门课程不低于12学时，每个学时分成若干学习单元）、培训项目及辅助学习资源。
		20. 项目具有一定的办学规模和影响力，每年不少于1000人或5000人次，规模效应明显，居民素养、获得感、参与率不断提升。
		21. 项目参与者对教育培训和学习活动内容能够普遍掌握，成效明显，用人单位、学员、社区居民满意度达90%以上。
4. 宣传与示范	4.1 注重宣传	22. 用新技术、新媒体，全方位做好宣传，提升社区教育品牌影响力，每年发表3篇及以上新闻报道。
		23. 社会知名度和信誉度较高，在市级及以上官方报纸杂志、电视台有宣传报道。
	4.2 示范性强	24. 注重项目品牌建设，能组织对项目成果进行研究总结，积极创新有特色、能复制、可推广的项目模式。
		25. 项目对市内外、省内外教育机构有示范引领作用。
5. 条件与保障	5.1 保障有力	26. 项目得到当地党政机关、教育行政部门等领导重视，有健全的组织管理机构，运行机制顺畅。
		27. 项目经费有保障，有固定且充裕的项目实施经费。
	5.2 条件充足	28. 项目有一支素质较高、结构合理的专兼职教师队伍、管理队伍或志愿者队伍。
		29. 项目教学场地（包括实践教学场地、社会实践基地）设置符合教学和安全要求，教学设施完善、设备齐全，能较好满足教学活动需求。
6. 特色与创新	6.1 品牌特色	30. 形成了具有地域性、鲜明性、独特性的项目品牌特色。
		31. 注重社区教育课程和活动的研发，已形成具有社区特色的课程及活动资源。
		32. 设计具有特色的项目品牌的LOGO，并有符合项目内容的设计理念。
	6.2 创新推进	33. 能根据项目开展情况不断充实活动、创新活动（项目）形式。

在苏州市各市（区），社区教育品牌项目建设也是如火如荼。例如，苏州工业园区自2020年启动了园区社区教育"一街一品牌"的社区教育品牌项

目培育工作,出台区级社区教育品牌项目的管理办法,深入挖掘基层社区教育亮点;2021年,经过"一街一品牌"项目的实践,园区启动"一社一特色"的项目建设,逐渐形成了层级化、立体化的品牌项目建设框架。在张家港市,经过张家港市终身教育促进委员会的评选,每年表彰市级社区教育品牌项目10项左右,用以表彰先进、打造标杆,形成品牌效应。

三、苏州市社区教育品牌项目建设的特点

1. 以学习需求为导向

项目的设计和实施始终以满足市民的学习需求为主,适应全民终身学习的趋势。苏州是我国著名的历史文化城市,也是快速发展的现代化城市,其城市居民的学习需求多样且具有很大的变化性。在这样的背景下,苏州市的社区教育便将满足居民的学习需求作为主导。例如,"学说昆山话"项目,就是为了满足人们对本地方言学习的需求,有力地维护和传承了本地的语言文化,促进大量外来人口融入昆山地方特色文化的需要。而"幸福夕阳移动课堂"等项目,对老年人群进行有针对性的教育,让他们学习养生知识、生活技能等,提升生活质量。

2. 以本土文化为底蕴

苏州是一座拥有两千多年城市建设历史的文化名城,又受到外来文化的深刻影响,文化的交融与荟萃给予社区教育以广阔的发展底蕴,这种基于历史和现实基础上的文化正是社区教育品牌发展的原点和源泉。例如,震泽蚕桑文化学堂项目正是以吴江区震泽镇悠久的养蚕制绸文化为基础,以此开发活动课程、组织体验活动、开展对外交流、展现学习成果,通过科学合理的组织运营而打造起来的具有地方特色的省级社区教育品牌。

3. 以科学发展为引导

在社区教育品牌项目建设的过程中,苏州市通过专家论证、实地调研的方式,以制度建设为引领,出台相关的管理办法、建设指南、标准细则等,坚持科学化、专业化发展方向,以科学的理念、方法和手段,对社区教育项目进行规划、实施和评估。结合长期实践经验推动项目的发展,并着力打造特色品牌,提升项目影响力与认知度。

案例十：江苏省社区教育特色品牌项目

吴中区：苏工苏作　匠心筑梦

吴中区长桥成人教育中心校联合苏工苏作传承实验基地（苏州工匠园），甘当苏工苏作文化传播者，组织开展文化交流活动，弘扬苏作文化、传承工匠精神。通过举办各类活动，推动苏工苏作文化融入苏州市民生活。同时，积极面向未成年人开展各类苏作体验课程，丰富苏工苏作文化的传播内容。坚持以深入社区、走进校园、特色展览等多种方式传播苏工苏作传统文化，通过开展体系化课程和交流活动让市民全方面接触和深入学习非遗文化。

一、案例背景

为进一步落实中共中央关于推动中华优秀传统文化创造性转化、创造性发展的要求，突出非遗在满足人民日益增长的美好生活需要中的作用，贯彻苏州市吴中区人民政府提出的"苏作天工、根植吴中"的发展方向，深入挖掘吴中区深厚的历史人文底蕴和山水资源优势，2018年，苏工苏作传承实验基地（苏州工匠园）由苏州启源文化公司打造并正式对公众开放。吴中区长桥成人教育中心校联合苏工苏作传承实验基地（苏州工匠园）共同发展，确定"苏作文化的传播者，手艺人的经纪人"这一发展定位，通过搭建展示平台和销售窗口，弘扬苏作文化、传承工匠精神、服务苏州工匠、发展苏作产业，同时积极创建育人摇篮和双创基地，组织开展文化交流活动，丰富平台载体资源，拓展产业发展渠道，着力构建苏作文创产业新生态，取得初步成效。经过近几年的努力，苏工苏作传承实验基地（苏州工匠园）已成为2021年江苏省市民终身学习体验基地、江苏省社区教育优质项目化基地。

二、案例呈现

1. 开设苏作传统文化体验活动

苏工苏作传承实验基地（苏州工匠园）始终秉持推动苏作技艺传承发展的信念，积极面向未成年人和广大市民开设桃花坞木刻年画、葫芦画、剪刻纸（见图 4.4）、核雕、苏绣、缂丝、澄泥石刻、盘扣、泥塑、花道、苏扇、民乐欣赏、陶艺、苏灯、香道、茶道等手作体验活动，丰富大众文化生活，拉近大众和非遗的距离，以实际行动传承非遗文化、弘扬中华文明。

图 4.4　剪刻纸体验活动（成人课程）

2. 开讲江南文化大讲堂课程

江南文化大讲堂以苏作文化和江南文化为主题，聚合长三角区域研究力量，深入挖掘其丰富内涵和精神特质，集中展示苏作文化和江南文化的独特魅力，吸引全社会关注苏作文化和江南文化，增强文化自信，积极推进苏作工艺和江南文化传承发展。

3. 开启"我们的节日"民俗文化体验

传统节日与民族的文化和精神有深刻的联系，如何对待传统节日，反映了我们对待传统文化的态度。通过深入挖掘传统节日的民俗文化内涵，在传统节日的内容和形式上进行创新，调动市民参与的积极性，发扬光大文化遗产。

4. 开发文旅研学线路

根据市民的消费需求和研学旅行的市场发展，继续挖掘、丰富、提升非遗主题研学线路内容，不断创新创优，开发更多面向青少年、社会大众的非遗研学课堂，为市民献上丰富的非遗文化旅游大餐，运用多样方式，讲好苏州故事，传播苏作文化。

三、案例成效

1. 构建非遗特色课堂的展示窗口

对各类工艺美术资源和作品进行整合聚集，统一在产业园的较大空间内集中展陈，方便大众全面了解和接触苏州的工艺美术，直观感受吴中区在工艺美术产业的丰富资源优势。充分联动周边资源，与博物馆、文化馆、图书馆等专业机构联合办学，突破场地的局限性，实现场景内容的丰富化，构建非遗特色课堂，定期开展非遗项目交流活动，促进非遗保护事业的发展（见图4.5）。

图4.5 非遗压花扇体验活动

2. 吴文化及苏式生活的体验空间

随着社会的发展、人们生活习惯的变化，文化消费场所逐渐减少，优秀的传统文化也正在流失。苏州工匠园通过打造沉浸式苏式生活体验空间，用当代审美赋予苏式生活新生命，让来苏人士真正领略苏州的历史文化，品读吴文化的灵动与悠远，畅享苏式生活的舒适与富足。

3. 打造"传统文化校园行"品牌，推广宣传苏作文化

苏州工匠园走进振华中学、蠡墅小学、景范中学，推出苏作传统文化校园行系列活动，开设榫卯结构、原木堆画、苏绣、剪刻纸（见图4.6）等课程，累计授课200余场，上课学生20000余人次。依托校园平台，让学生全方位、多角度地参与、领略传统手

图4.6 剪刻纸体验活动（未成年人课程）

工艺的独特魅力和文化内涵,点燃他们对传统手工艺学习、探知的兴趣和热情,增强他们的民族自豪感和文化认同感。

4. 师资力量强大,形成了具有专业特色的师资队伍

苏工苏作传承实验基地(苏州工匠园)拥有丰富的苏工资源库,入驻工匠 200 余位,其中国家级工艺美术大师 3 位、国家级非遗传承人 5 位、研究员级高级工艺美术大师 10 位。所有工匠老师均来自各自的专业领域,且都具有专业技术职称,授课经验丰富。苏州工匠园师资队伍通过"走出去,请进来"的方式,加强老师与学生之间的沟通,多角度、全方位地教导学生体验苏工苏作。

第五章
苏州市社区教育存在的问题与对策

第一节 经验及特点

苏州社区教育借鉴扶贫工作"精准滴灌"理念,形成"三方协同、项目贯穿、精准服务"社区教育理念,构建了"精准统配目标任务、精准适配教育资源和精准匹配学习支持服务"社区教育模式。2016年10月,成果得到政府采纳并发布了《关于加强社区教育工作 推进学习型苏州建设的意见》,全面推行苏州社区教育模式的创新实践。苏州开放大学从顶层架构的建立和完善着手,与教育行政部门协作管理,引入社会力量开展项目化合作,搭建平台载体,整合、转化和提优教学资源,精准链接社区人群,实现"人人皆学、处处能学、时时可学"的社区学习场景。

一、机制推进,精准统配目标任务

成立了市、区两级终身教育促进委员会,完善了顶层设计。成立了23个局委办组成的市社区大学校务委员会,工作委员会设在市开放大学,学校与教育局共建了市社会教育服务指导中心。在"政校、校际、校社"协同机制作用下,通过联席会议、项目成本分担、绩效考核导向等方式,形成了社区教育"政校社"多元合作路径。

一是实施"政校工作协同"机制。市终身教育促进委员会明确各成员单位职责,统筹行政部门和学校资源,明确"任务清单";市社会教育服务指导中心实施"联席会议",开放大学与市教育局执行工作月报表制度,推动分工协作,实施"绩效考核"。开放大学推动职业教育和社区教育课程、师资融合。完善了社区教育相关制度,如《苏州市示范性社区教育中心建设标准》

《苏州市社区教育优秀团队遴选建设标准》《苏州市社区教育课程建设指导细则》等。

二是实施"校际资源协同"机制。按照"一体化建设、合约式管理"的原则,推进市、区两级开放大学签订协作合约,纵向量化投入资源,将师资、课程和科研资源注入属地社区教育机构;由市级开放大学牵头,建立了四级办学主体的纵向业务指导和横向项目合作的运行机制,横向推动区、街镇两级社区教育机构联盟共建,实现共享资源,激活办学主体优势。

三是实施"校社项目协同"机制。制定了各类项目建设管理办法和专项支出预算绩效考核办法,建立了"财政拨一点、街道贴一点、社会筹一点、单位出一点、个人拿一点"的"五个一点"项目成本分担制度,实现人均社区教育经费达国家标准 2.15 倍,形成了纵向贯通、横向融合、持续发力的工作局面。

二、项目贯穿,精准适配教育资源

分类学习人群和定位课程目标保障项目与居民需求贴合;实行"校社"双源教师培育,教材立足"区情、学情"双元开发,实现资源与建设目标贴合;将社区治理"民意、民情、民智、民心"要素渗入教学内容,推动社区教育与社区治理贴合;鼓励"公""民"双主体办学,使社区教育与区域发展贴合。

一是按类分层建师资库,依托游学项目、学习苑、名师工作室等六大类项目建设遴选"学务老师";通过社区教育专业培训,提升"专业教师"职业能力;开展教师技能大赛,设立技能课程、通识课程、项目策划能力赛项,培育社区教育"学科名师"。每年遴选 1000 余名优秀专兼职教师进项目,实现师资数量与项目课程匹配,形成社区教育师资层次梯队。

二是按需分类建课程库,实施学习需求动态调研,搭建了网络、手机、电视、广播等多种课程发布平台。根据"三课"标准,即选课人次、到课频次和评课等次精准匹配学习需求,针对六大类项目形成"惠企、惠民、惠农、惠老"四类课程。针对人群特点建设老年赋能、职教强技的"玩转智能手机""中式面点"等系列课程,累计开发通用课程 15601 门,编印口袋读本、乡土教材498 册,推进社区教育课程多样化、技能化、趣味化。

三、因材施教，精准匹配学习支持服务

融合社区治理网格化管理思路，通过课程、平台和环境三个维度的结合，实施线上线下同步学习支持服务，形成线上线下网格化阵地，打通社区教育"最后一公里"，为居民提供"家门口"的社区教育。

线上根据信息技术使用习惯提供固定设备使用的网站、电视和广播，移动设备常用的微信、抖音、微博等APP，形成数字化网格阵地；线下建设环绕居民的四级办学体系＋N个项目基地组合的实体化网格阵地，采用情景体验、任务驱动、实境沉浸等教学方法，实现线上线下同步学习支持服务。如线上推送60余门优质老年智能技术课程，同步组建十多个智慧助老送教团队；依托产业优势开设新市民职业体验课程，同步微课程进社区；"姑苏·走读子城"带着青少年走街串巷体验历史文化区域特色，同步推出有声图书；"平望·四河汇集"游学课程让学员从稻作文化中感受乡村振兴成果，同步直播推送。学习支持服务实现了社区教育的公平性、人文性、特色性。

苏州在实践中不断完善，实现了苏州社区教育的"精准滴灌"，推动了更高水平、更可持续、更具特色的学习型城市建设。

案例十一：创新机制，项目化建设

张家港市：教育惠民"小项目"，撬动社区"大教育"
——记2021国家级终身学习品牌项目"享学保税区 惠民项目化"

作为全国"社区教育示范乡镇"，从2015年开始，张家港保税区将政府购买服务、社会组织参与的理念运用到实际工作中，试点开展了"享学保税区 惠民项目化"品牌建设，精准对接居民学习需求，丰富"享学保税区"建设内涵，营造了全民学习氛围，在实践中探索出一条"惠民项目化"建设的新路子。通过项目化运作引领和带动区街社区教育工作向新常态发展，2021年，该品牌工作被评为江苏省级"社区教育品牌项目"和全国"终身学习品牌项目"，同时被省教育厅认定为2021年度江苏省社区教育特色品牌项目，逐

渐走出一条项目化工作试点探索、典型示范、经验推广的社区教育工作科学化的新路子。

一、案例背景

2021年,保税区(金港镇)位列全国千强镇第四名。区街经济发达,人文底蕴深厚,居民素质高,社区教育元素丰富,人们对创意好、品质优、参与度高的社区教育品牌活动有极大的需求和响应,扎实的群众基础,是这一品牌应运而生的原生动力。社区教育是构建和谐社会必不可少的重要手段。随着社会的发展,原有的社区教育模式已不能完全满足居民日益多样化的文化生活需求,如何搭建更加灵活多样、更为生动有效、更受群众欢迎的社区教育新载体,是我们一直思考的问题。由此,探索以社区为根,通过社区教育品牌建设,倡导人人学习的发展理念,营造享学保税区的人文环境,促进社区教育发展水平,办好居民家门口有特色的社区教育,就成为品牌建设的初心(见图5.1)。

图5.1 "心灵之旅——青少年园艺生活实践项目"

二、案例呈现

作为全国"社区教育示范乡镇",张家港保税区不断营造全民学习氛围,精准对接居民学习需求,丰富"享学保税区"建设内涵,在实践中探索出一条

"惠民项目化"建设的新路子。从 2015 年开始，我们将政府购买服务、社会组织参与的理念运用到实际工作中，试点开展了"享学保税区　惠民项目化"品牌建设工作。通过项目化运作引领和带动区镇社区教育工作向新常态发展，逐渐走出一条项目化工作试点探索、典型示范、经验推广的社区教育工作科学化的新路子。

1. 紧扣需求，确保项目立项科学规范

在项目立项过程中，坚持树立"有所为有所不为"的理念，坚持"需求＋可能"的原则，充分把握党政领导高度关注、社会普遍关心、群众热切盼望的问题与社区教育工作的结合点，全面评估现有资源，通过广泛深入调研等形式，了解群众最关心、最直接、最现实的需求，同时综合考虑形势发展需要和群众现实需求，统筹兼顾当前建设与长远发展，把推进社区教育事业持续协调发展作为工作的出发点和落脚点，提高社区教育工作服务群众的能力，真正使广大群众得到实实在在的好处。

2. 落实责任，务求项目推进精准实效

要求做到"五个明确"：明确预期目标、明确推进计划、明确责任人员、明确工作措施、明确时限要求。定期召开工作推进会，交流项目实施过程中的建议和存在的问题，对具体项目进行现场指导。调动项目运行的每一个积极因素，形成项目推动合力，让项目更"接地气，有人气"。

3. 完善机制，促进项目建设常态长效

保税区社区教育中心制定了项目化运作相关制度，先后下发社区教育项目化相关文件十余份，并不断修订增补。各个项目都按照方案步骤如期开展，年中对项目督导，年末对项目进行评审，发放相应的项目经费，并对项目实施过程中优秀个人进行了表彰，进一步激发了做好项目化工作的积极性。

三、案例成效

从 2015 年开始，张家港保税区每年开展 60 个左右的子项目活动，活动内容丰富多彩，居民学习需求得到了极大满足。社区教育中心更多地起到了协调、服务、引领作用，将各项工作量化、具体化，将"软"指标变成"硬"任务，把资源落实到项目、责任落实到人，把工作扎扎实实地落到了实处。

1. 多元共治，形成"社区大教育"格局

社区教育工作说到底是社会工作，业务面广、涉及环节多，做好社区教育工作不能仅靠社区教育部门"单打独斗"。社区教育项目化工作有效链接、吸纳和调动了各类社会资源为我所用，形成工作合力，人、财、物等资源得到有效利用，提高了运转效率。社区教育工作从行政领域走向社会领域，从行政推动走向社会互动，实现社会多元共治的理念，有效推进了社会治理，促进了学习型社会建设，形成了"社区大教育"工作格局。

2. 完善机制，形成可复制可推广模式

通过创新市场化、社会化、多元化、实事化的运作机制，已经形成了一套可推广的项目运行管理机制，居民参与度、社会关注度和评价明显提升。2016年开始，在张家港全市推广并规范实施开展，承办苏州市社区教育项目化改革现场推进会（见图5.2），举办苏州市级项目化工作现场培训，在苏州市复制开展。先后有《新华日报》《苏州日报》《张家港日报》、中国文明网、凤凰网等媒体对我镇社区教育公益项目惠民活动作了报道。2018年4月3日出版的《中国教育报》以"项目化成为社区教育'主菜'"为题进行了专门报道（见图5.3），这是该项工作全省首次得到中央教育媒体的认可和推荐。

图5.2 承办苏州市社区教育项目化改革现场推进会

图 5.3 《项目化成为社区教育"主菜"》(《中国教育报》)

第二节　存在问题及对策

苏州社区教育取得了长足发展,积累了一定的发展经验,但是仍存在一些问题,且均是多年未解决的遗留难题,主要是经费、场地、人员等方面的难题。具体如下:

一、社区教育意义认识不深入

社区教育作为一种社会化的教育,其发展依赖于各级政府的统筹领导,各部门的通力协作,社会各方面的支持、配合和社区居民的积极参与。目前各级政府的部分领导、相当多企事业单位的领导和工作人员以及不少社区群众对社区教育的认识还比较模糊、肤浅,甚至有许多人把社区教育看成一种低层次的教育,仅仅是"蹦蹦跳跳教育"、"老年人健身活动"等,对社区教育涵盖人的终身发展的丰富内涵及提升国民素养和促进经济发展、社会和谐进步的重要功能尚未真正认识到位,缺少抓好社区教育的紧迫感、荣誉感和主动性。社区居民尚未真正确立"终身学习"的理念,接受终身教育的自觉性、主动性还不高。认识上的不足,必然影响社区教育工作的正常开展,特别是社区教育的决策者和管理者不能站在提高全民素质、促进社区内教育与经济社会协调发展的高度来理解和落实社区教育,无法从构建"学习型社会"的高度来指导、开展全市社区教育的总体谋划和顶层设计。

二、社区教育机构建设不平衡

社区教育机构的阵地和人员配备全市不均衡现象突出。全市来看,独立建制的社区教育中心只有14个(吴江区8个,吴中区3个,常熟市2个,张家港市1个),仅占小部分。社区教育专职人员缺乏,年龄结构老化严重,虽然各地都意识到这个问题,但是并没有得到改善,依然人员不足、专业能力不强。机构不独立、考核不精准、奖励不到位、地位不提高、晋升不顺畅等问题导致了部分教师工作积极性下降,不少教师逐步由专职变为兼职,工作效率不高,创新精神不足,基本以任务推动型工作方式为主,社区教育工作在一定程度上存在弱化和虚化现象。从各地发展报告呈现的问题来看,单位建制问题不解决就无法实现功能转向,无法保证独立的阵地,也就无法保障社区教育条线的人员配备、经费保证等。社区教育发展已经进入充分发展期,必须真正专业化发展,才能突破瓶颈、跨域发展,因此稳定的阵地、稳定的机构必不可少。

三、部门资源整合和利用相对滞后

自2016年《教育部等九部门关于进一步推进社区教育发展的意见》出台以来,我们看到了国家对于社区教育发展的高度重视。这份文件强调了社区自主活动、群众广泛参与的重要性,并明确了各部门的职责范围。然而,在实践中,我们仍然面临许多挑战。首先,各部门之间的资源共享存在壁垒。由于各种原因，如体制、管理、归属、利益关系等，许多优质资源分散在各个部门，难以实现有效的整合和共享。这不仅导致了资源的重复建设和浪费，也制约了社区教育的发展。苏州虽然成立了市终身教育促进委员会，但在实际操作中，对于各部门资源的统筹整合仍然处于摸索阶段。这不仅影响了社区教育的质量和效率，也使得社区居民难以获得全面、优质的教育服务。如政策体系不够完善，缺乏更加具体、可操作的社区教育政策，各方的职责和权益未落实到位，无法为社区教育的发展提供有力保障。资源整合不足，缺乏市级层面资源共享平台，无法优化资源配置，难以打破资源壁垒，实现各部门优质资源的有效整合。

四、社区教育评价体系不健全

苏州社区教育评价体系不健全。首先，社区教育评价体系的建设需要投入大量的人力、物力和财力。然而，由于政府对于社区教育的投入不足，导致评价体系的建设缺乏必要的资源支持，这在一定程度上限制了评价体系的完善和发展。其次，社区教育评价体系的建设需要科学、规范、统一的标准和方法。然而，由于社区教育的多样性和复杂性，制定这样的标准和方法难度较大，需要充分考虑不同地区、不同居民的需求和特点。这需要耗费大量时间、精力进行调研和探索，而目前这方面的工作还比较薄弱。最后，社区教育评价体系的建设还需要各方的积极参与和协作。然而，由于各部门之间的利益关系复杂，导致评价体系的建立难以协调各方利益，这在一定程度上影响了评价体系的公正性和客观性。苏州社区教育评价体系不健全的原因主要包括政府投入不足、标准和方法不统一、各方参与度不够等。

五、志愿者队伍建设不足

苏州社区教育志愿者队伍建设不足。首先，社区教育志愿者队伍的招募和培训机制不完善。目前，苏州社区教育志愿者队伍的招募渠道相对单一，主要依靠社区内部推荐和宣传，外部招募的力度不够。同时，志愿者队伍的培训机制也不够完善，缺乏系统性和专业性，导致志愿者队伍的服务水平和服务质量难以得到有效保障。其次，社区教育志愿者队伍的管理和激励机制不健全。目前,苏州社区教育志愿者队伍的管理和激励机制相对简单,缺乏有效的评估和奖励机制,导致志愿者的服务积极性和参与度不高。同时,志愿者的权益保障也不够完善,影响了志愿者队伍的稳定性和发展。最后,社会对于社区教育志愿者的认知和支持不足也是原因之一。社会对于社区教育志愿者的价值和贡献认识不足,导致志愿者的社会地位和认可度不高。同时,政府和社会对于志愿者的支持和保障力度不够,缺乏相应的政策和措施,影响了志愿者队伍的发展和壮大。

案例十二:社区教育运行机制创新

工业园区:共享学校,同学互助

一、案例背景

东沙湖社区党工委、社工委紧紧围绕习近平新时代中国特色社会主义思想,紧扣"人民日益增长的美好生活需要和不平衡不充分的发展之间的矛盾"的时代脉搏,结合园区"创新源地、产业高地、民生福地、宜居胜地"的目标,着力打造"溯源·创新·共享"主题文化教育项目,进一步推进红色文化、育教文化、乐活文化、民生文化、乐龄文化等系列活动向纵深发展,提升辖区居民的向心力和凝聚力,努力创新文化形式,推动传统文化创造性转化和创新性发展,为创建辖区终身学习型社会夯实基础。

二、案例呈现

依托东沙湖社区教育中心、民众联络所、社区居民学校等载体,打造课程丰富、公益便捷、受益面大的共享教育网络,创新探索社区教育共享机制,在辖区内大力营造公益互助、共享共赢的良好氛围,进一步夯实东沙湖"区域党建"内涵,形成以东沙湖社区党工委为核心,全方位大联动、多领域深融合的工作格局。

1. 充分调研,积极筹备

结合东沙湖实际,社工委联合社区教育中心进行实地调研、问卷调查、座谈会等,进行了近30次基层教育状况工作了解,摸清教育基数。为了更好地吸纳各类优质社会教育资源,鼓励、引导其投身社区教育公益事业,充实共享社区学校师资库,同时加强对共享社区学校联盟的教育机构、组织和个人师资管理,特制定《共享社区学校管理制度》及《共享社区学校联盟管理规约》(见图5.4)。

图5.4 共享社区学校开幕式

2. 组建管理架构

学校依托东沙湖社区教育中心设立总校,以所有参与共享社区学校的党员师资成立行动支部。依托邻里中心的民众联络所设立中心校,依托社区居民学校设立9个特色分校,包括钟南妇儿分校、星辰南乐龄分校、菁华青年分校、锦溪南家长分校、青年汇职场分校、澜溪国学分校、汀兰环保分校、星辰北科普分校和凤凰城体育分校。社区分校公益课程的次数、人数、频次等设置,根据实际情况自行调整。

3. 课程资源建设

共享学校的课程设置分春季班、暑期班、秋季班、寒假班等四类上课周期,各教育机构视自身情况选择课期。课程来源包含两大部分:一是政府资源课程,包括园区教育局的公益课程,如女性形体塑造、少儿英语、养身保健等;社工委各条线的课程,如法律课程、环保课程、好孕来项目课程等;社区党建为民服务项目提供的课程以及各个共建单位提供的送课进社区公益课程,如儿童医院提供的"儿童春季常见病防治课程"进社区、景城学校开展幼小衔接教育课程等。二是由各商业教育机构、教育类的社会组织(含社区社会组织)和有专长的居民个人所组成的共享社区学校联盟提供的公益课程。直管党员、流动党员、"五老"等30多位志愿教师为居民开设了环保、中医养生、红色革命故事等课程。这部分课程,中心校和特色分校共收集到60余门,预计将惠及近万人次的社区居民。

4. 师资队伍建设

多渠道建设师资队伍。吸纳党员商户和各行各业的党员师资,形成共享社区学校行动支部,建设"共享社区学校行动支部惠民课堂"。设立"党员先锋岗",督促行动支部党员授课时"亮身份",通过集中党课、党员活动等多种方式加强行动支部党员党性学习,充分发挥党员先进性。目前已加入的商业教育机构为4家,分别为学乐英语、七色花艺术馆、运动宝贝和魅轩舞蹈;社会组织11家,包括毛毛阿姨故事屋(见图5.5)、小螺号亲子阅读会、老党员义工队等。

图5.5 毛毛阿姨故事屋

5.保障措施

一是课程记录。面向所有课程,做到课程签到、教材、学员满意度调查等材料规范整理,有档可查。二是定期巡查。做到定期对社区分校、各类课程进行检查,一旦发现安全隐患,或违反规章制度的行为,及时采取防范措施。三是评优评先。面向中心校、社区分校和"行动支部"党员,主要从学员签到情况和满意度调查、课程开展情况、财务收支情况等方面综合评价。四是摘牌制度。面向"共享社区学校联盟"会员,主要从日常投诉记录、学员签到情况和满意度调查、管理制度遵守情况等方面综合评价。60分以下视为不合格,予以摘牌解约。

三、案例成效

(1)实事惠民,成立共享社区学校以来,2018年春秋两季共开设共享课程80余门,惠及居民万余人次,极大地丰富了居民的精神生活,营造了良好的学习氛围。

(2)整合资源,将辖区企事业单位、社区教育机构、个人教育资源进行整合共享,最大限度地利用有限的资源创造优质的学习环境,避免资源重复和浪费。

(3)规范办学,压制非法办学空间。共享社区学校通过举办四点钟驿站形式的课程,让家长能有一个安心、安全的未成年人托管场地,充分做到"疏堵结合",给社区居民一个安全稳定的教育环境。

第三节 发展展望

结合苏州社区教育发展现状,从服务市民终身学习的角度提出社区教育苏州模式的探索和实践,解决当前社区教育一些亟待解决的问题。

一、秉承服务理念,加强上层管理建构

政府在社区教育的发展中扮演着至关重要的角色。加强上层管理建构,将社区教育纳入教育发展整体规划,不仅有助于提升社区居民的教育水平,还能促进社会的和谐与进步。

一是建立目标责任和考核机制。通过明确各部门的责任和权限，可以更好地发挥它们的职能作用，推动社区教育的全面发展。苏州市在社区教育方面已经采取了一些积极的措施：成立了终身教育促进委员会，并在区级层面也同步成立相应的机构，这样的顶层协调组织机构有助于整合各方资源。评价机制则可以对社区教育的效果进行科学评估，为进一步改进提供依据。这是确保社区教育改革发展目标得以落实的关键。

二是完善运行机制。为了更好地推进苏州市社区教育的发展，需要加快建立和完善运行机制，建立健全的领导和组织架构，发挥各部门的优势，共同推进社区教育的发展，解决社区教育发展中的重大问题。各部门应充分发挥自身优势，共同推进社区教育的发展。例如，教育部门可以提供优质的教育资源，人力资源部门可以提供职业技能培训，文化部门可以组织文化活动等。通过各部门的协同合作，可以更好地满足市民多样化的学习需求。

三是夯实保障机制的基础作用。需要从完善政策法规和落实办学资金等方面入手。首先，政府应该制定更加完善的社区教育政策法规，明确社区教育的地位、职责和权益，规范社区教育的办学行为和管理方式。同时，应该加强对社区教育的监督和评估，确保社区教育的教学质量和办学效果。其次，提供稳定的办学资金来源，通过多种渠道筹措办学资金。此外，应该加强对社区教育资金的管理和监督，确保资金使用的透明度和规范性。

四是建立协同共享机制。有助于加强各部门之间的沟通与合作，形成合力，共同推动社区教育的发展。政府应组织召开由各部门参与的社区教育联席会议，可以通过定期的沟通会议，加强彼此之间的了解和信任，共同解决社区教育发展中遇到的问题。建立一个社区教育信息交流平台，各部门可以在平台上发布相关信息，分享各自的教育资源。各部门应积极探索资源整合与共享的途径，通过合作办学、联合培训等方式，实现教育资源的共享和优化配置。通过信息交流平台，各部门可以及时了解其他部门的工作动态和资源状况，便于更好地协调合作，提高教育资源的利用效率。

二、明确服务定位，加强中层资源支撑

社区教育办学主体要明确服务定位，做好统筹协调和政策引导，充分发挥市场对资源配置的基础性作用，遵循市场经济规律，推动完善资源共享体

系,实现广大群众终身学习权益。

一是建立共享阵地链。构建共用共享共建的开放式社区教育阵地,将原来相对封闭的阵地通过资源共享机制形成体系化,将原先孤立的个体串联成相互联系的整体,充分利用社区教育师资库和课程库资源,根据市民学习需求和资源特点进行匹配,提升学习阵地的服务质量,扩大受益人群。

二是建立专家智囊团。建立以国内外资深专家为主、本市各级行政领导和基层科研骨干为核心、相关领域的研究性社会人士为补充的社区教育专家智囊团,为各级社区教育机构的办学发展提供适合的方案,或根据一些瓶颈问题研究产生问题的原因,提出解决策略并在部分地区进行实验,不断完善经验和方法,在更大的范围内推广运用。

三是规范志愿者队伍建设。基层社区教育中心应对新招募的社区教育志愿者,以培训班、介绍经验、分析案例、观摩考察等多种形式进行有关志愿服务知识和能力提升的培训。同时对志愿者团队进行终身教育、社区教育理念和专业知识培训,促进社区教育志愿服务队伍向正规化、专业化方向发展。

三、满足服务需求,推动基层载体运作

以人为本,充分尊重服务对象的需要和选择,并通过合作和共同领导来运作。以服务需求为导向,推动基层载体运作是实现服务理念的最终环节。

一是项目化运作。通过项目立项、评估、考核等方式进行逐级管理,确保项目的顺利实施和达到预期的效果。在项目实施过程中,定期对项目进行评估和考核,及时发现和解决问题。同时,要根据评估和考核结果进行奖惩和调整,确保项目的质量和效果。此外,为了更好地满足市民的需求,可以根据各地的实际情况,采取自建项目和外包项目并存的方式。对于一些具有普遍性和共性的项目,可以采取自建的方式进行;对于一些具有特殊性和差异性的项目,可以采取外包的方式进行。这样既可以保证项目的质量和效果,又可以提高项目的多样性和创新性。

二是品牌打造。社区教育品牌应该与社区的特点和需求紧密结合,体现其独特性和价值。首先,要注重品牌形象设计,让人印象深刻,从而增强品牌的认知度和记忆度。这包括标志设计、宣传语制定、视觉识别系统等方

面。要确保设计简洁、易记、有特色,能够与品牌定位相符合。其次,要丰富品牌内涵,这包括教育内容、教育方式、师资力量等方面。要通过不断创新和优化,提供有深度、有质量的教育服务,确保参与者能够真正受益。最后,要加强品牌传播。利用各种渠道和媒体进行品牌宣传和推广,提高社区教育品牌的知名度和美誉度。要持续关注品牌反馈。通过收集参与者的意见和建议,不断改进和优化品牌,确保其始终与市场需求和期望相符合。

三是团队培育。在社区教育的发展过程中,团队培育是一个不可或缺的环节。市民学习团队如草根兴趣学习组、社区学习共同体、学习社团、社会组织等,作为社区教育的有生力量,能够满足各类市民共同学习的需求,同时也能缓解学校和机构的压力。对于这些团队的扶持和培育,需要注重资源的整合和利用。政府、学校、机构等应提供必要的资金、场地和师资支持,帮助这些团队解决实际困难,确保其稳定发展。此外,还要鼓励团队之间的交流与合作,促进资源共享,提高整体效益,对于表现优秀的团队和个人,应给予适当的奖励和荣誉,激发其积极性和创造力。同时,也要鼓励社会各界对团队进行支持和参与,形成良好的社会氛围。

四是服务平台。基层服务平台的建立,对于打通服务最后一公里起到了至关重要的作用。通过这个平台,可以将最新的学习信息、课程安排等及时传递给居民,让居民随时了解社区教育的新动态。基层服务平台能够对学习成绩进行科学认定。社区教育工作者可以通过制定合理的考核标准和方法,对居民的学习成果进行客观、公正的评估,为居民提供更好的学习建议和反馈。居民可以通过这个平台对所学内容、教学质量等进行反馈,为进一步改进服务提供有力依据。基层服务平台的建立对于推动社区教育的可持续发展具有重要意义。通过这个平台,可以更好地满足居民的学习需求,提高居民的学习效果和满意度,从而促进社区教育的健康、可持续发展。

四、推进立法实施,加强终身学习保障

《苏州市终身学习促进条例》已于 2023 年 6 月 1 日起实施,苏州作为一座历史悠久、文化底蕴深厚的城市,一直以来都非常注重教育和文化的发展。为了更好地促进终身学习,提高市民的文化素质和技能水平,苏州应该加快实施终身学习促进条例,加强保障,为市民提供更加完善的学习环境和

条件。通过制订详细的学习计划和目标、加强教育资源的整合和优化、完善学习设施和服务体系、加强宣传推广和激励等方面的措施，有效地推动终身学习的深入发展，提高市民的文化素质和技能水平，为城市的发展提供源源不断的人才支持。

一是加强宣传推动条例的实施。随着社会的发展和科技的进步，知识和技能的更新速度不断加快，人们需要不断地学习和进步才能跟上时代的步伐。终身学习不仅能够提高个人的综合素质和竞争力，也能够为城市的发展提供源源不断的人才支持。通过实施终身学习促进条例，可以为市民提供更加完善的学习环境和条件，激发他们的学习热情和创造力。

二是加强保障是实施终身学习促进条例的重要措施之一。在学习过程中，市民需要得到充分的保障和支持，以确保他们能够顺利地完成学习任务。这包括提供优质的教育资源、完善的学习设施、便捷的学习服务等方面的保障。通过加强保障，有效地提高市民的学习效率和成果，推动终身学习的深入发展。

三是完善学习设施和服务体系。苏州可以加强对各类教育资源的整合和优化，提高教育资源的利用效率。例如，可以建立开放式的在线教育平台，提供多样化的课程和学习资源，方便市民随时随地地进行学习。进一步加大对学习设施的投入，建设更多适合市民学习的场所和设施。同时，可以完善学习服务体系，提供更加便捷的学习咨询和服务，帮助市民解决学习中遇到的问题和困难。

四是完善终身学习管理和激励措施。制订详细的学习计划和目标。市民应该根据自己的兴趣和需求，制订详细的学习计划和目标，明确自己的学习方向和重点。这有助于提高学习的针对性和实效性，避免浪费时间和精力。通过多种渠道加强对终身学习的宣传推广，提高市民对终身学习的认识和重视程度。同时，可以采取一系列的激励措施，如设立奖学金、学习奖励等，激发市民的学习热情和动力。

中　篇

苏州市社区教育优秀案例
（2014—2023年）

第六章
特色主题教育培训类

案例一：双拥特色项目 退役士兵培训（太仓市）

一、案例背景

社会教育是提升市民整体素质的重要途径。为进一步推动全市社会教育的深入发展，苏州市政府加大了对社会教育的领导与投入，2010年还举行了"苏州市社会教育年"，以营造社会教育的良好氛围。太仓市在苏州市政府和太仓市社区教育工作领导小组领导与统筹下，以社区培训学院为龙头，以社区教育实验项目为引领与突破口，通过实施一系列项目实验，推动我市社会教育走向特色化发展道路。通过树立典型、打造亮点，推动社会教育的全面发展。结合太仓实际，从社会教育服务民生、服务基层的理念出发，在政府及各部门的支持与配合下，实施了"退役士兵职业技术培训"的实验项目，并取得一定成效。

二、案例呈现

开展退役士兵技能培训工作，是一项事关大局、利国利军利民的大事。近年来，太仓在发展经济的同时结合本地实际，坚持以人为本，紧密围绕提高退役士兵的专业技能和就业创业竞争力，依托社会力量，整合各类资源，创新方法路子，加快阵地建设，完善服务体系，建立长效机制，逐步使退役士兵技能培训走上经常化、制度化、规范化的轨道，全方位为退役士兵构建成才和就业创业的平台，帮助退役士兵插上人生道路上又一次起飞的有力翅膀。

1. 抓好"五个关键环节"，建立退役士兵技能培训的长效机制

（1）强化组织领导，建立管理机制。建立太仓市退役士兵职业技能培

训工作领导小组,并由民政局、劳动和社会保障局、教育局、财政局组成了领导小组办公室。

(2) 加强部门协调,完善运作机制。每年由民政部门及时掌握退役士兵人员情况,及时做好登记、动员、报名等相关工作;教育部门和学校方面及时调配师资力量;劳动和社会保障部门及时提供企业用人信息和就业信息;财政部门每年根据退役士兵人数,及时安排好培训经费。

(3) 制定培训目标,建立考核机制。通过制定培训规划,把获得国家统一的职业技能资格证书作为目标考核标准,确保每个退役士兵通过技能培训。

(4) 强化特色教学,建立责任机制。学校专门成立了退役士兵职业技能培训的领导小组和教研小组,形成了"人员专职化、管理规范化、服务个性化、教学创新化"的退役士兵培训管理新模式,提高了培训工作的实效。

(5) 提供各项保障,建立激励机制。在抓好日常培训工作的同时,做好退役士兵培训期间安全保障、医疗保障,制定专项奖励措施。

2. 不断巩固阵地建设,建立"三个基地"、"三个中心"

(1) 选准一所全能型的学校,建立"退役士兵职业技能培训基地"。2009年1月,经太仓市政府批准,将太仓市社区培训学院(江苏省太仓职业教育中心校)正式挂牌命名为"太仓市退役士兵职业技能培训基地"(见图6.1)。

图6.1 太仓市退役士兵叉车培训现场

(2)选对一个综合型的实体单位,建立"退役士兵创业实践基地"——太仓市城厢镇电站村。

(3)选好一个典型性的示范点,建立"退役士兵创业示范基地"(见图6.2)——太仓园花园山庄。

图6.2 太仓市退役士兵创业示范基地挂牌

(4)依托一个规范化的服务平台,建立"退役士兵就业服务中心"——太仓市人力资源市场。

(5)开辟一个图文并茂的观摩阵地,建立"培训与创业成果展览中心"。在退役士兵技能培训基地专门建造了一个150平方米的展览阵地。

(6)协同一个设施齐全的健身俱乐部,建立"退役士兵健身活动中心"。该中心活动面积4000多平方米,各种健身设施一应俱全,常年向全市退役士兵免费开放。

3. 围绕"三个接轨"延伸服务,不断扩大深化退役士兵技能培训成效

(1)推进培训教学模式与国际理念的接轨。在退役士兵技能培训实施过程中,按照国际先进的"双元制"教学模式,坚持以"工作过程导向"为原则,以掌握国家职业技能的统一标准为要求,并让外教走进课堂。

(2)推进技能培训与就业创业服务的接轨。2008年起,利用市人力资源市场的服务平台,联合建立了"太仓市退役士兵就业服务中心"。

(3)推进技能培训与人才长远培养的接轨。其一,通过培训与创业成

果展览中心,集中展示了15位优秀退役士兵的典型事迹;其二,通过建立创业培训机制,每年吸纳退役士兵参与再学习、再培训,并选送退役士兵中的优秀骨干参加市里组织的菜单式学习培训,为他们创造进一步学习知识、拓宽视野的机会;其三,建立退役士兵人才资料库,及时向企业推荐优秀人才,帮助他们踏上人生新里程。

三、案例成效

截至2016年年底,太仓已有近千名退役士兵获得了国家统一颁发的职业技能合格证书,取得了"参训率、合格率、就业率"三个百分之百的可喜成绩,达到了"退役士兵、用工单位、安置部门""三满意"的良好效果,使退役士兵在较短的时间内从部队"最可爱的人"变为社会"最有用的人",得到了上级的充分肯定和社会舆论的普遍赞誉。2010年7月19日,新华社、中央电视台、《人民日报》《新华日报》《解放军报》《中国社会报》《人民前线报》《中国民政》杂志、《群众》杂志、江苏卫视与江苏教育电视台组成退役士兵培训新闻采访团,对太仓市相关工作进行全面采访报道。

案例二:教育为民　技能惠民(吴中区)

一、案例背景

木渎镇位于苏州城西,是一个具有2500多年历史的中国园林古镇和中国历史文化名镇。全镇辖区面积62.28平方公里,下辖一个办事处、10个行政村、13个居委会(社区),在册人口8.2万人,外来人口登记数超过21万人,是苏州市乃至吴中区工业、商贸、文化、教育、旅游、交通重镇。

木渎镇历来有重视教育、重视提升市民素养的传统,多年来始终坚持以成人教育、社区学校为载体,不断健全和完善全民教育、终身学习体系,大力开展多层次、多领域和全方位的教育培训活动。社区教育中心不断弘扬古镇文化元素,丰富群众业余文化生活,大力开展素质培训,提升市民文明水准。通过加强法律知识宣传,营造良好法治环境;加强环境文明建设,努力打造美丽新木渎;大力开展学历教育,提升市民文化水平;开展专业技能培训,提高市民就业水平;关爱弱势群体生活,努力构筑和谐社会等方面工作,为不同层次、不同职业、不同需求的市民提供了良好的终身学习服务,为促进经济发展、社会和谐、各项事业全面协调发展发挥了积极作用。

根据党中央"构建终身教育体系,形成学习型社区"的目标,木渎镇社区教育中心提出了"立足社区、面向社区、依靠社区、服务社区"的办学理念,经过多年的探索和实践,创设了"人人皆学、处处可学"的具有木渎特色的"四级网络"社区教育模式。社区教育中心联合全镇各行业主管部门、社区、企业,广泛开展了特种设备操作人员、财务会计、电力操作人员、特殊工种等各类培训,年培训超过5万人次。目前,木渎镇市民中,掌握一门专业技能的市民达13万人左右,掌握两门的达3万人左右,市民技能素质的提升为木渎的经济发展注入了新的活力。

近年来,随着木渎镇城乡一体化进程的加快推进,越来越多的村民离开了原先赖以生存的土地,搬进了动迁安置小区,享受着稳定的分红收益以及各种福利和生活保障。安居的同时,就业却成了难题,特别是"40、50、60"失地村民,由于文化程度低、缺乏劳动技能,就业更是难上加难。如何让村民真正"转型升级",实现自我价值,同时增加工资收入?为在服务稳定大局、经济发展中更好地把握工作方向,不断提高该类人群生活的幸福指数,为木渎早日成为"强富美高"的经济强镇、文化重镇做出努力,木渎镇社区教育中心开展"教育为民 技能惠民——市民免费技能培训",已经是一项十分必要且紧迫的工作。

二、案例呈现

木渎镇市民免费插花培训(初级班)(见图6.3)于2016年3月15日在木渎镇社区教育中心拉开了帷幕,这是木渎镇市民系列免费技能培训的首个项目。本培训项目分6次进行,首次活动吸引了来自各村(社区)的近30位居民参加,有着十余年丰富经验的花艺师现场介绍了鲜花常识,从选择与购买、保养与摆放,再到插花艺术的讲解,在四溢的生机与浪漫中,在悠然的花香浸染间,享受闲适与自然。

木渎镇市民免费育婴师、西式面点师技能培训班分别于2016年5月19

图 6.3　吴中区木渎镇插花培训(初级班)现场

日晚上和 21 日下午在天平村益民劳务合作社拉开了帷幕。育婴师培训班共招收 31 名学员。培训班聘请了苏州大学附属第二医院的妇产科专家,培训内容主要包括育婴师岗位要求、育婴师基础知识、婴儿饮食照料、婴儿起居照料、婴儿卫生照料、日常生活保健与护理和婴儿教育等。此次培训通过多媒体教学、互动教学、现场操作等形式,对学员进行专业化、系统化的培训。

西式面点师培训班(图 6.4)共招收 41 名学员参加培训,镇社区教育中心聘请欧焙蛋糕烘焙学校的老师们讲课,学员们都边看边做笔记,并积极参加实践操作。在老师的指导下,学员们按比例调好各种材料,制作出了外形美观、味道可口的西点:雪媚娘、蛋黄酥、杯子蛋糕、蔓越莓饼干……

图 6.4　吴中区木渎镇面点课程现场

三、案例成效

插花培训活动丰富了社区妇女的精神文化生活，提高了她们的生活热情，陶冶了她们的情操。育婴师培训历时1个月，18课时，学员全部通过考试，获得了育婴师初级证书。西式面点师培训历时1个月，16课时，全体学员通过考试，获得了西式面点师初级证书。本次活动受到了社区居民的热烈欢迎，他们的劳动职业技能得到了提高，身心得到了愉悦，受益匪浅。

案例三：以需求为导向的农村社区职业技能培训（吴江区）

一、案例背景

随着经济社会的不断发展，传统意义上的学习和教育观念受到了新的挑战。社区教育不再是简单的升学考证、会电脑、会开车、会外语等几种硬性指标，而是建立在终身教育的理念基础上，不断朝着建立公共服务体系、创建学习型组织和促进人的全面发展、促进社会和谐进步的方向去发展，更多地担负起建设学习型社会的途径和载体的功能。党的十八大指出，要以科学发展为主题，加快形成新的经济发展方式，牢牢把握发展实体经济这一坚实基础，强化需求导向，推动战略性新兴产业、先进制造业健康发展，加快传统产业转型升级，推动服务业特别是现代服务业发展壮大，合理布局建设基础设施和基础产业。提高大中型企业核心竞争力，支持小微企业特别是科技型小微企业发展。通过加快农村社区职业培训转型，不断提高农村职工的科技文化素质和职业能力，正是满足农村职工就业创业、实现传统意义上的农村打工者向城镇化进程中的自主创业者转变的需要，也是促进企业转型升级、加快经济发展方式转变的需要。而当前农村社区教育中心的硬件设施、师资力量和课程建设显然无法满足社区职业培训的需要，本项目的实验研究，有助于加快社区教育中心自身建设、促进学校内涵发展。

近年来，桃源镇社区教育中心始终坚持社区教育的基本理念，在绿化工培训（见图6.5）、缝纫工培训、叉车工培训、电工培训（见图6.6）、会计从业资格培训等领域已积累了相当丰富的培训经验,开辟了包括明升服装、泰达机电、海润印染、华源印铁等多个实训、实践基地,2013年,申报的"以需求为导向的农村社区职业培训转型的研究"被立项为苏州市教育规划课题。

图6.5 吴江区绿化工培训现场

图6.6 吴江区电焊工培训现场

二、案例呈现

从我国当前乡镇社区教育中心培训体制机制、运作模式的特点入手,通过对当前社区职业培训的优势和不足的分析,寻找能满足农村社区职工就业创业需求、企业转型升级和地方经济社会发展的要求的具有创造性、实用型的农村社区职业培训方式,并为农村社区教育工作的发展提供科学、有效的培训个案,积极探索以需求为导向的农村社区职业培训策略。

1. 准备阶段

(1)成立项目领导小组和项目研究小组,确定项目组负责人及项目成员。(2)选题。通过理论学习、聆听专家意见,确立项目研究的方向。(3)加强培训。了解国内外相关领域的研究现状,掌握项目研究的相关知识和理论。(4)设计方案。在调查研究的基础上,设计出具有较强科学性、可操作性的研究方案。(5)开题论证。聘请专家咨询指导,参考专家论证意见,修改完善项目设计实施计划。

2. 实施阶段

按照预定方案实施项目研究内容,项目内容具体实施如下:(1)调查研究农村职工、企业和社区发展的职业培训需求与现状。(2)研究学校、政府、企业的资源优势和整合策略。(3)研究适合需求的农村社区职业培训课程和师资团队建设。(4)研究以需求为导向的农村社区职业培训创新方式。(5)收集整理以需求为导向的农村社区职业培训的成功案例。在此期间,定期组织项目研讨会,探讨研究中出现的问题,对研究步骤和方案进行及时调整,做好研究资料的积累,初步形成阶段性成果。

3. 总结阶段

对照研究方案,对研究阶段积累的相关调查资料、体会、案例、阶段小结等进行整理、分析、总结,写出总结报告,形成一系列论文、培训课程等形式的物化成果。

三、案例成效

1. 通过调查研究,发现本地农村社区居民目前的职业培训现状和影响农村职业培训需求的要素,形成本区域社区职业培训需求与现状的调查报告,为关注农村社区居民职业培训需求、精选培训课程与内容,并进而提高农村社区居民的参训积极性和培训质量提出有益建议,为后续研究提供第一手资料。

2. 在调查研究的基础上,积极开展以需求为导向的农村社区职业培训资源库建设,进一步拓展职业培训实训、实践基地;组织有关人员编写、完善社区教育读本,充实培训课程。

3. 积极开展以需求为导向的农村社区职业培训师资团队建设的研究,努力打造高素质的社区培训志愿者队伍和专业师资队伍,为有效开展职业培训活动提供强有力的师资保障。

4. 通过对以需求为导向的农村社区职业培训方式的研究和探索,发现学校职业培训过程中的成功案例并加以提炼,从而为今后学校自身建设和同类学校开展培训活动提供借鉴。

5. 以项目实验为依托,积极探索一整套适合农村社区发展的职业培训方式,建构起比较成熟的社区教育培训体系,从而进一步提高培训质量,努力将桃源镇社区教育中心打造成有影响力的社区教育品牌。

案例四:开展昆山方言培训,促进文化昆山建设(昆山市)

一、案例背景

近年来昆山经济的快速发展,使得外来人口在短时期内急剧增加,造成人们在互相交流与交往时很少使用昆山方言;同时,由于普通话推广,昆山本地土生土长的中小学生也不会说地道的昆山话,这种情况影响了昆山方言的生存。为了保护和传承昆山文化,促使新昆山人融入昆山,推动和谐社会建设,2013年昆山市社区培训学院申报了社区教育实验项目——"开展昆山方言培训,促进文化昆山建设的实验",该实验项目被教育部职成司确定为"全国社区教育实验项目",而且被评为2017年度苏州市社区教育实验项目精品项目。

二、案例呈现

1. 通过各种途径广泛发动,让全体市民积极主动参与到传承昆山方言的活动中来

(1) 2013年12月与市文明办联合举办"家庭美德昆山话小品比赛"。

(2) 2014年4—11月,在昆山开放大学组织举办"在线杯"吴侬软语挑战昆山话比赛(见图6.7)。

图6.7 吴侬软语挑战昆山话决赛

(3) 2014年暑假,与高新区社区教育中心、亭林街道合作在辖区内小学开展了"让我来教嫩讲昆山闲话"系列比赛活动。

(4) 2015年3—11月,昆山开放大学、昆山市社区培训学院和昆山日报社联合举办了"昆山话 故乡情——我与昆山话的故事"主题征文活动。

(5) 2015年3月,成立"昆山话吧"学生社团,对本校学生积极开展各种各样形式丰富的传承昆山话活动,并积极组织学生走出校园,深入社区、幼儿园、敬老院等场所开展活动。

2. 针对不同人群开设昆山话学习班,让新市民因地制宜来学习昆山话

(1) 2013年起,积极联系昆山逸仙等民办教育机构针对新昆山人开展

昆山话培训活动。

（2）2016年1月开始，和昆山市图书馆联合开设学说昆山话儿童公益培训班，目前已经开班三期。

（3）2016年4月开始，和同心街道阳光女工学堂联合开设学说昆山话成人公益培训班。

（4）2016年4月开始，和昆山市爱德社会组织培育中心合作，在高新区新江南社区针对老人开设学说昆山话公益培训班。

（5）积极深入幼儿园、小学、社区开设"学说昆山话"公益讲座（见图6.8）。

图6.8　昆山方言文化校园行

3. 成立"昆山话吧本土方言文化交流中心"社会服务组织，通过微信公众号"昆山话吧"，让新市民随时随地学习昆山话

2016年2月，昆山开放大学潘勇老师和一批热心传承昆山话、热心公益事业的老师一起成立"昆山话吧本土方言文化交流中心"社会服务组织，主要承担三项任务：开展方言保护工作，开展方言传承工作，开展方言开发工作。中心目前已经招募了30多名志愿者一起从事昆山话保护、培训、研究工作；昆山话吧本土方言文化交流中心借助微信公众号"昆山话吧"，利用"互联网＋"模式，突破时间、空间限制，及时发布学说昆山话信息，及时更新学习内容，真正做到让新市民随时随地可以学习昆山话。

4. 编写《学说昆山话》教材

在开展项目实验过程中,潘勇、张国翔一起编写了一套内容丰富、形式多样且具有地方特色的昆山方言教材,包括读本、录音等,不仅保证了项目的顺利开展,而且对传统文化资源进行保护,使传统文化得以延续。目前,这套教材已经由江苏凤凰教育出版社正式出版。随着教材的出版发行,在昆山掀起了一股学说昆山话的热潮。

三、案例成效

1. 拓展了社区教育的内容和形式,弘扬了传统文化

广泛开展昆山方言培训,将昆山地方方言教育引进社区教育内容中,毫无疑问在内容和形式上都是一次重要的突破和创举,方言培训开拓了社区教育的新内容。学说昆山话培训活动也受到了很多媒体的关注,不仅昆山本地媒体,如昆山电视台、《昆山日报》及论坛都有报道,而且受到省内外其他媒体关注,如中国国际新闻台、新华网、中国网、江苏文明网等都有相关报道。

2. 提升了受教育者自身素质,涵养了人文情怀,促进了和谐昆山建设

通过昆山方言的教学实施,受教育者首先在思想上接受了地域文化的传承,培养了爱乡恋家情怀,知识面得以扩大,文化层次和个人素质得以提高,昆山方言和传统文化得到传承和弘扬,外来人口也能尽快融入昆山社会,"新""老"昆山人的昆山意识都显著提高,加快了融入昆山的进程,在一定程度上促进了昆山社会经济事业的发展,促进了和谐昆山的构建。

3. 保护和传承了昆山方言资料,筑牢文化根基,使区域特色文化得以延续

加大社区教育课程建设力度,努力挖掘地方文化,以丰富多彩的课程资源满足广大市民多样化的学习需求,为昆山学习型城市建设作出贡献,编写了内容丰富、形式多样且具有地方特色的昆山方言培训教材《学说昆山话》,该教材于 2015 年 12 月正式出版。教材一经问世,就受到各方关注和好评,2016 年 2 月被苏州市教育局评为 2015 年度优秀校本教材,2016 年 3 月被江苏省社会教育服务指导中心评为 2014—2015 年度江苏省社区教育优秀乡土课程一等奖。

案例五：社教惠企，创新提亮（常熟市）

一、案例背景

沙家浜镇地处常熟东南隅，是江南著名的水乡古镇，位于昆山、湘城交界处，苏嘉杭高速公路、锡太公路穿镇而过，全镇总面积80.2平方千米，常住人口4.041万人，流动人口4.14万人，现辖13个行政村（社区）、2个居民委员会、1个办事处。

1. 社区教育中心功能的发挥

通过社区教育理论的学习、研究专业培训，充分体现了社区教育在社区建设中处于先导和基础地位，社区教育工作者的责任是满足社区成员的各种学习要求，提高社区成员素质和生活质量。社区教育中心作为发展社区教育的重要载体，在推进学习型沙家浜建设中发挥着示范和引领作用。

2. 成熟的社区教育网络

以"教育兴镇，富民安镇"为宗旨，以"特色社区教育，兴富民沙家浜"为目标，从全员、全程、全方位出发，用"终身学习、和谐生活""善亲、善思、善学、善职、善邻"的理念指导、培养居民。按照"学者有其校，教育有渠道"思路，形成了以中心为主体，村（居）居民学校为基础，中小学、幼儿园教育为补充，企业各类学习组织为骨干的社区教育网络。

3. 企业的教育需求

沙家浜镇有玻璃模具、高新技术等企业，知识经济时代，员工的创造性极其重要。员工素质的提高不仅是企业在激烈竞争中制胜的武器，也是企业把握市场机遇的法宝。因此，社区教育中心根据企业的特点，开展特色教育培训，在一定程度上满足企业需求。

4. 相关的政策支持

《关于加强社区教育工作　推进学习型苏州建设的意见》要求扎实推进"教育惠企"项目工程，充分发挥社区教育提升企业职工素质和服务地方经济发展的积极作用，企业职工教育年参与率达到50%以上。沙家浜镇社区教育中心积极贯彻落实文件精神，送教入企，不断提升教育与服务质量。

二、案例呈现

知识经济的背景下，特别是对企业来讲，各种投入要素中知识资源的地位和作用将越来越大，因此，强化职工再教育，提高员工素质显得尤为重要。为了适应市场经济发展的新要求，必须按照企业发展的需要，并根据职工教育所具有的针对性、适应性、实效性、群众性、在职性等特点，进一步推行和完善多形式、多层次、多方办学的培训方针。根据沙家浜镇经济发展、企业特点进行教育培训，为企业服务，开展短期订单式培训。

江苏中利科技集团为保障培训工作的高效开展，设立专职部门、专人负责培训管理工作，培训费用预算充足。同时公司提供优质的培训教育硬件设施全面保障培训效果：拥有能容纳300人、150人的阶梯教室各1间，拥有大小会议室9间，并配备各类现代化视频设备（见图6.9）。

图 6.9 中利集团第一党支部上党课

在确保硬件设施的前提下，公司建立了健全的员工培训管理体系，每年年初制订培训计划，内训与外训相结合，所有外训都必须转化成内训，达到资源、经验共享，有限资源扩大化。公司拥有内外结合的优秀讲师团队，内部讲师由公司内专业资深人士经过专业的评定推选出，并按课时发放课酬费,以激励内部讲师开发新课程、提高授课技巧;同时公司借助外部资源,聘请有知名度、有实力的培训老师。根据员工不同岗位级别开展不同类型培训课程,培训内容涵盖营销、管理、技术、体系、操作技能等多类培训,员工培训多维度、范围广、数量多,全面提升员工综合素质,受训几乎遍布所有岗位。公司致力于打造学习型企业,致力于打造一个持续学习知识、生产知识、分析知识的组织。

1. 人才队伍培养

五年来已完成两期交大中层培训班,累计受训人员110余人。第二期"中砥计划"培训班,从要我学,转变为我要学,不求高大上,只求沉淀积累,成为真正的中流砥柱。沙家浜镇开展了"教育惠企"Excel与PPT实战技能培训,江苏中利科技集团有限公司组织50多名青年技术员工参加(见图6.10)。

图6.10 沙家浜镇"教育惠企"培训

2. 师资队伍培养

班组长是兵头又是将尾,是指挥者也是监督者,对生产效率的提高、生产质量的保证起着至关重要的作用。每年开展班组长管理技能培训,不断提升其个人素养和管理技能。推行高管授课,着力创建学习型组织,多种形式构建学习氛围。目前已经形成高管授课的传统,公司总裁定期授课,传播理念、分享经验。

3. 常态化军训

军人般的执行力和合作意识在团队管理中是不可或缺的,在管理层中,采取自主报名形式,开展常态化军训,每人每周进行不少于一次军训。不管是在40度的炎炎烈日中,还是在瑟瑟的寒风中,军训持续进行,真正实现常态化,既锻炼了意志,又强健了体魄。

4. 丰富多彩的技能竞赛

为调动员工学习的积极性、主动性、创造性,组织多样化的技能比赛,如检测技能大赛、叉车技能大赛、挤塑技能大赛,力求营造赶学比拼的良好氛围;开展知识竞赛,如公司历史、公司现状、公司制度、安全生产、党史党章、历史、人文、地理、政治、文学等。实现知识最大化分享和应用,将培训课程中的精华内容加以提炼,通过公司微信公众号,分享给更多的员工。

5. 全球化的英语角

为适应公司全球化的发展,进一步提升在职员工的英语听说读写能力,成立英语角,利用每周三、周五中午时间展开英语学习。目前共有学员46名,分为3个小组,每小组配有1名班主任、2名讲师、2名助教,班主任都为海外市场部的高级项目经理,负责每小组英语的练习及学习;同时邀请来访的海外客户参与,更加贴近实际。

三、案例成效

"教育惠企"社区教育培训项目是根据沙家浜镇经济发展、企业特点进行的。中利公司培训专员曹梦说:"员工素质的提高不仅是企业在激烈竞争中制胜的武器,也是企业把握市场机遇的法宝。没有高素质的员工,就办不出高效益的企业。"通过培训为企业服务,提升企业职工的素质、技能,提升企业中上层的管理能力、创新意识。企业职工培训教育工作任重而道远,沙家浜镇社区教育中心将继续努力,不断完善职工培训体系,做好人才开发、人才培育,为企业的明天储备新鲜的血液。

案例六：弘扬优秀传统文化　打造特色社区教育（吴中区）

一、案例背景

吴中区木渎镇深厚的传统文化底蕴是打造特色社区教育的基石。木渎古镇位于江苏省东南部、苏州古城西部，地处太湖流域，是江南著名的风景名胜区，素有"秀绝冠江南"之誉。木渎古镇是与苏州城同龄的汉族水乡文化古镇，已有2500多年历史。古城镇格局风貌富有特色，主要文物古迹9处，文物古迹建筑面积3万平方米。深厚的历史文化底蕴，使木渎充满了无穷魅力。木渎名胜古迹遍布，建筑文化、园林文化、宗教文化和民俗文化各具特色。

二、案例呈现

1. 建立实验项目团队

成立了由社区教育中心校长任组长的实验项目工作小组，小组成员6名。组长负责项目总体进度及统筹安排，组员负责每项子活动的设计和推动工作。项目组定期开展会议，与基层市民学校沟通合作，了解市民学习需求，建立传统文化讲师团队和志愿者服务团队。

2. 开展传统文化进社区活动

邀请传统文化讲师，深入村、社区向市民宣讲。以金山村、香溪社区、凯马社区、西跨塘村为主要授课阵地，定期举办"传统节日文化""传统文化与家训""苏州乡土文化专题"等教育活动。如：香溪社区的"苏州乡土文化专题"从木渎古镇经济、文化、地理出发，链接吴中优秀传统历史古迹，贯穿苏州2500多年兴亡历史。凯马社区的"传统节日文化"以中国的传统节日为主题，生动形象地为大家讲述了春节、元宵节、清明节、端午节、中秋节、重阳节等中国主要传统节日的由来、过节习俗以及继承现状。

3. 弘扬木渎名人思想精髓

充分利用了与木渎古镇相关的历史人文资源：游览虹饮山房，体验建筑文化及园林文化;参观圣旨珍藏馆、科举制度馆,了解古代科举制度相关知识;亲临科举考试现场,以书写毛笔字形式,体验一场"考状元"。促进木渎旅游文化和中国传统文化相互交融,参与者在亲身体验中汲取知识。

4. 开办市民道德大讲堂

在全镇范围内开展市民道德大讲堂。围绕"德""孝""仁""慈"等核心词汇展开研讨,内容涉及"孝道与幸福""传统文化与中医养生"等。指导村、社区积极开展"道德讲堂"活动,提升居民文明素养,弘扬传统文化美德。如:胥江、竹园、金山浜等社区开办"传统文化与中医养生"等养生知识讲座,不仅使辖区内的中老年居民了解了传统养生的正确方法,也在社区内树立了科学养生的理念,深受居民的欢迎。

5. 开展传统习俗教育活动

社区教育中心结合木渎镇别具江南特色的传统习俗,如春节"拜喜神""走三桥"中的"走永安""吃年酒""烧头香",元宵节"走马锣鼓""闹元宵",二月二的"撑腰糕",四月初八吃"乌米饭"的食俗,立夏时的"吃甜酒酿,尝三鲜",端午节的"赏端阳",七月七的"七夕乞巧",中秋节的"斋月宫""灵岩赏月",金秋十月的"天平观红枫",腊月的"喝腊八粥",腊月二十五的"送灶神"等开展活动,展现古镇木渎的文化魅力(见图 6.11)。

图 6.11 立夏彩蛋制作

6. 举办传统文化系列大赛

2018年举办了木渎镇市民"传统文化知识赛答会"(见图6.12),比赛内容涵盖诸子文化、茶文化、中医中药、古诗词、古代文学常识等多种中华优秀传统文化类型。木渎镇市民古诗词经典传唱比赛活动以"吟唱经典曲,弘扬新风尚"为主题,如《但愿人长久》《枉凝眉》《沁园春·雪》《兰亭序》等,通过古诗词经典传唱比赛,让居民感受中华古诗词的音韵美、节奏美、意境美,品味中国传统文化的源远流长和博大精深,增强民族自豪感。

图 6.12　传统文化知识赛答会

三、案例成效

充分发挥项目小组的积极作用,采取定期交流小结的方式,发现问题及时解决,取得成绩及时总结推广,以保证实验成果的准确性、有效性和科学性。镇社区教育中心与多个部门、条线进行了沟通、协调、合作,扩大了社区教育覆盖面。

本项目在一定程度上加强传承优秀传统文化教育,对新市民不断渗透优秀传统文化教育,对青少年不断加强优秀传统文化教育,满足了社会发展的需要及新时期木渎打造特色社区教育的需求。弘扬优秀传统文化针对的是全体居民,参加的人员以老年人为多,随着教育活动的开展,中青年和中小学生逐渐增多。此外,全镇外来人口登记数超过21万,大量新市民的涌入,为木渎镇发展作出了贡献,传统文化教育活动满足了他们渴望了解木渎、更快地融入木渎的需求。

第七章
助力社区治理类

案例一：虎丘街道人才培育载体的提升路径（姑苏区）

一、案例背景

人才是支撑发展的关键因素，党的十九大提出，要增强"四个意识"，坚定"四个自信"，将中国经济从要素驱动、投资驱动转向创新驱动。人才培育载体建设在人才队伍建设中具有前瞻性和实用性，加强人才培育载体建设，能够为科技人才的聚集搭建良好的创业平台，营造有利于科技人才成长和创业的社会环境，充分发挥科技人才创新能力，促进科研成果转化。因此，如何将智慧和力量凝聚到落实党的新目标上来，把人才培育与项目创新的发展落实到姑苏区人才队伍建设与区域经济发展上来，是新时期应该重点考虑的问题与研究方向。

二、案例实施

1. 优化载体，筑巢引凤

（1）载体提升抢先机。大力推进楼宇经济的发展和闲置楼宇的挖掘。对现有成熟楼宇重新明确提升产业定位，通过腾笼换鸟政策调整区域，实现产业集聚效应。同时大力加强与风投机构、猎头中介以及人力资源公司的合作，整合多方资源，带动特色化专业人才的引进。

（2）凝心聚力搭平台。结合市场主体发展实际，依托当地已引入的飞马旅创业服务机构与零点有数科技集团，构建以云计算设施和大数据平台为支撑、以高科技双创为支持的云空间，为下一步引进大电商、大健康、教育、旅游、金融、环保等产业人才做好储备。同时协助平台公司发展，提升它们对人才项目的专业化增值服务，搭建科技型专业化平台，为引入的人才项目实现集聚资源开放共享的服务，以精细化管理平台，确保辖区人才队伍不断壮大。

2. 刚柔并举，引才借智

（1）招商引资与招才引智相结合。紧紧围绕优势产业、特色产业、主导产业招商，以项目引进人才，人才带动项目，形成项目集群、人才集聚的生动局面。

（2）鼓励入驻企业引进人才。鼓励企业引进紧缺的各类专家、高技能人才。鼓励企业建立研究生工作站，充分发挥高校的人才优势、学科优势、科技优势和资源优势，进一步释放高校科技创新和成果转化的能量（见图7.1）。

图 7.1　苏州大学生岗位创业节暨姑苏区 CXO 班开班仪式

3. 提升服务，聚才留才

（1）建立高层次人才绿色通道服务。引得进、留得住、用得上，直接决定着人才对经济的贡献程度。需要做到"待遇招人、事业留人、情谊感人、服务到人"。要建立"一条龙"服务机制，为高层次人才提供居住、医疗、子女入学、社会保障、项目申报、知识产权、金融信贷等深层次服务，确保高层次人才能全身心创新创业。通过特有的企业服务标准化体系，全方位对企业服务实现"真心、暖心、贴心"的人性化"三心"服务。

（2）建立高层次人才和企业需求数据库。利用高层次人才数据跟踪系统，及时掌握人才的最新动向，动态掌握高层次紧缺人才的科研项目和企业近期投资动向及需求，有效为双方提供对口服务。同时，定期开展突出贡献人才和科技重大贡献奖等评比表彰，开展人才创新创业项目路演评比（见图 7.2），以形式多样的活动吸引人才、激励人才、留住人才。

图 7.2　街道联合辖区创客邦人才孵化企业开展人才创新创业项目路演评比

三、案例成效

片区经济发展以姑苏区经济转型为根本，经济发展依照"退二进三"的总体思路以及虎丘综改的战略导向，实现片区经济发展以文化产业、金融业、互联网信息技术等企业为重点的新局面。片区共有婚纱城、芯谷瑞领创新服务产业园、江南智造科技文化创意园等 8 幢成熟楼宇、产业园以及集聚区等载体，总面积近 40 万平方米，其中星级楼宇 4 幢，片区载体资源丰富。辖区多数载体已基本上搭建专业投资、孵化平台，像创客邦、飞马旅、名城创交所等。从而加速人才的引入、人才培育与人才发展的进程与增能，充分发挥"人才引入项目，项目促进经济"的战略目标。

案例二：元和街道康桥花园社区"萤火虫公益阅读站"（相城区）

一、案例背景

自2015年苏州市开展全民阅读活动以来，相城区元和街道康桥花园社区以社区图书馆为依托，与区图书馆共建，联合社区党员志愿者一起推广阅读，并被评为苏州市阅读先进单位。社区在平时的常态化工作中，持续推广阅读，坚持开展读书会，广泛听取辖区内居民、职工、党员的心声，制定规划社区教育项目的形式和内容，"萤火虫公益阅读站"应运而生。

二、案例呈现

2018年4月22日，适逢"世界阅读日"前夕，"萤火虫公益阅读站"的成立仪式在康桥花园社区嘉元路区域党建工作站隆重举行，元和街道工会主席、妇联主席和康桥花园社区书记等多位领导出席成立仪式，为"萤火虫公益阅读站"揭牌。

1. 前期的宣传发动

为了顺利开展阅读站活动，社区在街道社区教育中心的指导下做了大量的推广阅读的引领工作，开展《猜猜我有多爱你》的亲子绘本阅读，邀请相城区阅读推广志愿者老师举办《阅读的力量》讲座等，有效地加强了社区家长的阅读观念，并通过一次次阅读活动，宣传"萤火虫公益阅读站"的成立理念，发掘热爱阅读的居民成为"萤火虫"志愿者，进一步扩大了宣传力度。

2. 招募志愿者

康桥花园社区把富有感召力的招募词广泛发布在社区的QQ群及微信公众号，不断地唤醒热爱读书的居民的热情。通过大力宣传，招募了近20位志愿者，成功举办了第一期读书会，温馨的会场、悦耳的音乐、流畅的主持、轻松的采访，带给了朗读者不一样的感受，以此激发居民的参与热情。

3. 布置会场

社区借助党建工作站的设施，添加了投影、幕布、音响等设施，完善了活动的硬件。根据每期主题的不同选择场地,如"夏日纳凉故事会",选择在檀香花园小区的喷泉广场,一是营造夏日纳凉的氛围;二是给萤火虫朗读者更大的舞台,"走出去"展现自己的风采;三是借势对"萤火虫"进行宣传,让更多热爱阅读的人加入进来。

4. 组织现场朗读

流畅的主持是开好每场读书会的前提。在活动开办前,主持人要事先对朗读者以及朗读内容做详细的了解,编排采访问题,以便在现场能轻松地将朗读者引入主题、抒发情怀,也使得现场观众能迅速地理解朗读者,体会朗读者的情感,从而使双方在现场达成共鸣,达到良好的情感渲染效果。如"我与长辈的故事"这一期,三位老年人的典型事例先由主持人为观众一一阐述,再加上现场老年人的采访自述,整场活动真实、感人肺腑。

5. 加强宣传推广

为了加大"萤火虫"的影响力,每场活动后期的写稿宣传也是必不可少的,写稿内容从每场活动的主题主旨、现场情况、效果反馈等多个方面,向大家展示萤火虫的每期成果,吸引更多的人加入萤火虫。并通过社区的微信公众号,图文并茂地将活动展现给大家。萤火虫的第一期成立仪式、第四期"夏日纳凉故事会"(见图 7.3)、第五期"中秋话团圆"等活动简讯被街道"无限元和"平台、区级、市级平台"看苏州 APP"等多途径录用。

图 7.3 第四期读书会现场

三、案例成效

"萤火虫"自成立以来,成功开展了20期读书会,有近1000人次参与,并成立了一支15人的萤火虫志愿者队伍。为了方便活动的组织与开展,志愿者们建立了"萤火虫"微信群。在微信群中,热爱阅读的虫虫们拍照分享自己所读的书,并推送经典的摘抄,有文学的、历史的、各类学术的,还有育儿的。为感谢志愿者的辛勤付出,社区赠书给优秀志愿者(见图7.4)。经过多年的努力,每月一期的现场读书会成为康桥花园社区众所期待的项目,初步达成了推广阅读、开展社区教育的目的。如今,"十三五"期间"萤火虫公益阅读站"计划圆满完成,新的一年即将开始,"十四五"期间"萤火虫公益阅读站"活动又在如火如荼地筹划之中。

图7.4 感恩特辑合影 赠书《正面管教》

案例三:打造文化微阵地,构筑友邻善治新模式(高新区)

社区教育是社区基层治理必不可少的一环,同时也是塑造社区共同价值观的内在核心,教育不仅能够凝结社区居民,还可以促进社区基层治理,正所谓善学促善治。新鹿花苑社区教育深入挖掘社区文化内涵,通过打造文化微阵地,从而实现人人皆学、处处能学、时时可学,创新社区友邻善治新模式。

一、案例背景

新鹿花苑社区是拆迁安置小区,总共 4 期,共计 3866 户,老年人和外来务工人员居多,不仅文化氛围不浓厚,居民参与小区事务的积极性也不高。长期以来,社区把提升社区文化服务水平、繁荣群众文化生活作为提高广大居民幸福指数的抓手,最显成效的是把社区文化与楼道建设、法治文化广场完美结合,凝聚社区情感、和谐邻里关系,营造"社区一家亲"的浓厚氛围,积极探索"楼道微自治"模式,推进"有事好商量"议事平台进楼道,从居民家门口入手,通过小楼道展现大环境,逐步实现楼道微自治。

二、案例呈现

1. 打造文化微阵地,构建议事微平台

"法治文化广场"是新鹿花苑社区法治建设工作的重要载体(见图 7.5),也是提高居民法律素质、增强法治观念,学法、懂法的阵地和平台。社区把三期广场打造成融法治元素和文化元素于一体的法治文化广场,与原有的居民文体活动广场形成互补。让居民群众在休闲健身中自然接受法治文化的熏陶,潜移默化地了解法治理念,提高法律法规意识,牢固树立法治观念,使普法宣传在社区更加"接地气"。

图 7.5 新鹿花苑社区法治文化广场

社区以楼道建设为切入点,引导群众参与共建共治,实现楼道环境美化、邻里和谐共处。根据 7 个楼栋的特点、整体氛围,围绕"一楼一主题,一栋一特色",打造不同主题的楼道文化,营造浓郁的楼栋文化氛围。社区党委牵头,创新"党建+网格管理+楼道志愿服务"模式,以责任制的形式承包区域,由专职网格员负责,通过线上＋线下形式收集民意,每周定期到楼道走访巡查。在楼道中,人人都是发现者,人人都是管理员,将管理从大处着眼、小处着手,处处体现"像绣花一样的精细",实现社区治理和居民自治的良性互动。

2. 创办先锋微学堂

以社区为载体,动态连接红色革命教育基地、爱国主义教育基地等,为广大党员、居民群众提供便捷、新颖的党史学习体验,打造家门口的红色学堂,传承红色信仰。

社区以"红色学堂"为引领,结合在职党员进社区活动,畅通居民与学堂的互惠互动。学堂紧扣学习教育主线,精选学习内容,建立并开放图书室,面向党员群众提供报刊、理论书籍,让党员群众"同学习、共提升"成为常态,打造党群文化众创空间。

同时,社区以"慧"＋文化,打造快乐学堂(见图 7.6)。社区通过积极协调新鹿幼儿园、阳山实验初级中学、高新区第一中学科技城校区、萌芽优育服务中心等资源,壮大社区教育队伍,为儿童开设各类公益课,开展课业辅导、鹿文化、小鹿书院阅读分享、职业技能、心理疏导、书画展演等多项课程,弘扬传统文化、孝道文化、茶道文化。

图 7.6　新鹿花苑社区"慧"＋文化快乐学堂

三、案例成效

法治文化广场和楼道文化甫一露脸,就吸引了社区居民前来打卡,受到了居民们的"点赞"。居民们纷纷表示:现在有了休闲好去处,锻炼身体的同时还能学到很多法律知识,楼道也有了美感和温度,感觉特别温馨。

楼栋议事协商平台推广以来,提升了居民参与率,进一步增强了居民的自治意识,如更换照明灯、清理楼道杂物等十多个问题,都通过议事协商,从尊重包容差异中,找到最大公约数,并形成楼道"文明公约",让大家相互监督。

案例四:"一米菜园"知天识地(工业园区)

一、案例背景

苏州工业园区唯亭街道泾上社区于2019年7月正式运行,下辖5个独立动迁安置小区,共99幢建筑,现有居民人口12180人,其中户籍人口4168人,是本地人和新苏州人构成的融合型社区。如何提升居民对社区的认同感和归属感,满足不同人群的教育需求,培养主人翁意识,搭建社区教育平台,从而激发社区治理活力,成为社区持续关注的问题。2020年12月,泾上社区居民学校、社会组织及专业教师结合居民的教育需求和垃圾分类的相关需要,对青苑新二区闲置的屋顶平台进行微更新,"一米菜园"社区教育共享平台应运而生。在满足契约认领种植功能的同时,带领居民在共享生境自然园中,开展劳动教育、环保教育、亲子教育等课程,打造居民家门口的学习站。

二、案例呈现

1. 增添基础设施,打造方寸天地

泾上社区居民学校邀请联盟单位江苏省规划设计院为屋顶平台进行规划,打造了"一米菜园"共150平方米的生境自然园,为辖区居民提供一处可近距离亲近自然的场地。邀请"绿婆婆"志愿队和大学生志愿者助力花园和菜园的建设,由社会组织沐风环保服务中心提供规划和支持,添置30厘米土层和40厘米土层种植区域,可种植区域被拓宽了,种植的品种也能更加多元化,为开放认领打下了基础。

2. 开放契约认领,共享"一米菜园"

"一米菜园"对积极参与社区治理的志愿者家庭优先开放认领,先后有30组家庭经过"志愿时长"审核后对菜地进行了认领,签下认领契约并在专业老师的指导下开展种植活动。社区居民学校还开展了种植比赛,激励亲子家庭认真劳作。在维护过程中,志愿者鼓励大家亲力亲为,学习不同植物的种植经验,探究种植过程。大家体验了每个环节——浇水、施肥、拔草、观察、采收。经过细心维护,架上爬满的藤蔓垂下了水嫩的黄瓜,茄子从枝叶间探出头来,小辣椒被阳光晒得红彤彤……丰收的日子来了,居民们都体验到了收获的惊喜,分享了种植的趣事,将收获的蔬菜送给孤寡老人,增进了邻里关系,展现了邻里温情。

3. 居民共同参与,提高环保意识

"一米菜园"通过种植、环保、堆肥等功能吸引了越来越多的居民加入,"绿婆婆"志愿队已经发展为25人的队伍,由退休居民、全职妈妈等人员构成,形成了对花园和环保教育活动的长效管理机制,充实了居民的老年生活;社区居民学校利用"自然生境园"环保基地开展的各类垃圾分类教育普及活动,加深了居民对垃圾分类的认识,提高了大家的环保意识和能动性,垃圾分类的准确度得到了稳步提升。"一米菜园"里还设置了厨余垃圾堆肥桶,讲师每个月开展垃圾分类微讲堂(见图7.7),并通过活动展示厨余垃圾堆肥和酵素制作的方法,居民将收集处理后的肥料灌溉蔬菜,实现了资源的循环利用。

图 7.7　邻里共筑"一米菜园"课堂

4. 开设自然微课堂,创建绿色家庭

邀请专业教师针对不同年龄段的儿童开展各类课外活动和课程,引入了"蚯蚓塔"、雨水收集器等环保教育类装置,开设"探索自然星球""暑期成长夏令营""节水护源新风尚""昆虫旅馆"及"自然绘本课堂"等课程200余次,惠及少年儿童3000人次,让孩子们在轻松的氛围里读绘本、勤劳作、享自然。同时,由育儿老师为家长带来"父母沙龙"课程,帮助家长了解孩子的成长规律,促进亲子关系和家庭融合。

5. 强化种植体验,点亮绿色星光

项目执行期间因疫情管控,需尽量减少居民流动,开启了"绿色星光"阳台种植计划(见图7.8),组织亲子家庭居家种植,并组建"绿色星光"微信学习交流群,领取种植材料后线上开展家庭种植课程,分享家庭种植经验、家庭堆肥课程和酵素制作课程。孩子们在微信群里用照片和文字记录分享每天所观察到的植物的生长变化,表达喜悦之情,在阳台上点亮了一簇簇绿色的星光。"绿色星光"阳台种植计划推动了居民对家庭种植的尝试,社区居民学校在此之后长期开设线上种植课程,加强居民对于家庭种植知识和堆肥酵素等资源循环利用,覆盖了小区内三分之二的家庭户,让绿色星光和环保理念走进千家万户。

图7.8 "绿色星光"阳台种植活动

6. 组建家庭志愿队，成为社区主人翁

泾上社区居民学校依托"一米菜园"平台阵地，组建"绿色星光"家庭志愿队，鼓励孩子们成为唯亭小娘舅，以"居民学校＋社会组织＋志愿者"的模式开展社区教育和社区治理，积极发挥联动效能，每月由唯亭小娘舅和志愿队向社区居民普及环境保护、社区安全、移风易俗和垃圾分类等内容，让一个家庭影响一个单元，从而改变一个小区，让文明新风吹进居民的家中，让居民群众成为社区治理的主人翁。

三、案例成效

1. 打造一个社区教育阵地

泾上社区居民学校整合辖区资源，联合联盟单位及社会组织和志愿者，进行"一米菜园"的建设和运营，引导居民进行契约认领，打造生态自然植物园，从无到有，将屋顶平台变成社区教育阵地。

2. 开发自然环保特色课程

泾上社区居民学校联合周边幼儿园及小学共同进行课程设计和合作计划，聘请专业讲师开发自然环保类课程，结合节日和寒暑假开展青少年自然主题课程，结合垃圾分类区、堆肥区和雨水收集区为居民开展环保类课程，满足群众的文化教育需求，提高社区居民整体素质风貌。

3. 提高居民环保意识和自治意识

利用社区教育基地开展的各类垃圾分类教育普及活动、堆肥课程及节水课程，加深居民对垃圾分类和节约用水的认识，提高大家的环保意识和能动性，使垃圾分类的准确度得到提升。引导社区各年龄层次的居民参与花园营造和菜园种植，共同维护生境植物园的有序运行，激发居民自治意识，共同参与社区治理和社区建设。

4. 建立一支志愿者队伍

通过社区教育阵地和社区教育课程吸引社区各年龄层次的居民参与活动，增强大家的社区归属感和获得感，挖掘志愿者领袖，组建48人的志愿者队伍为"一米菜园"社区教育阵地提供日常维护，同时向居民宣传环保和垃圾分类的相关知识，也为社区治理和社区建设建言献策。

5. 提升社区教育品牌影响力

通过建设社区教育阵地,开发社区教育课程,组建志愿者队伍,打造"一米菜园"社区教育品牌项目,形成一套完整的建设方案和课程,同时将"一米菜园"的成果经验进行复制和推广,吸引周边社区进行考察学习,让居民都拥有家门口的共享社区教育平台。有了青苑新二区的成功经验,泾上社区计划2024年下半年在青苑二区开启"一米菜园"打造计划,开展群众喜闻乐见的文化教育活动,以文化人、以文育人,掀起全民学习新热潮。

"一米菜园"项目系统性地拓展社区教育载体和课程活动内容,以青少年系列课程活动为软件,提供包括文化、教育、健康等多维度的普惠型服务,强化了全民终身学习的理念,满足了居民的文化教育需求,打造了社区教育品牌,挖掘了社区亲子家庭和志愿者,激发了居民参与的主动性,让社区教育和社区治理得到可持续性发展。社区计划继续丰富"一米菜园"载体的功能,将"终身教育"的理念贯穿始终,以人为本,与时俱进,务实创新,提高居民综合素质,创建"学习型社区"。

第八章
服务乡村振兴类

案例一：董浜镇从参与到融入、助力农民专业合作社发展（常熟市）

一、案例背景

董浜镇是农业重镇，全镇基本形成了以3.9万亩蔬果、1.24万亩水稻为主的农业产业格局。在实践中发现，农业合作社作为农民自发组织，农民生产大多较为分散，农户的整体素质不高，用于农业知识学习的时间少，有些农户已与当前的政策脱节，新技术新知识掌握不充分。社区教育中心应充分利用自身优势参与并融入"三农"，成为科研院校和农民合作社之间的黏合剂、润滑剂、催化剂，教授与农民、知识与经验的结合将会大大提高社会效益和经济效益，助力农民专业合作社的发展和农民增收。

二、案例呈现

1. 以党建促进农民专业合作社健康发展，党旗飘扬在希望的田野上

以"支部＋合作社"的农村党建新模式，单独组建14个专业合作社党支部和1个专业协会党支部，联合组建2个专业合作社党支部。

（1）讲给农民听。大力宣传党的方针政策，对农民特别关心的十九大，两会涉及的土地、教育、生态等改革新措施及惠农新政策进行备课，学习权威解读，吃透精神，以务实的态度和通俗易懂的话语传达给农民。

（2）做给农民看。合作社党员干部带领种养殖（植）大户搭建钢架大棚，掌握节水灌溉、设施栽培等新技术，并积极组织种养大户走出去参观考

察,帮助他们改变农业发展观念。通过选出新型农民党员先进典型带动更多党员群众扎根土地,走现代农业发展之路。

(3) 带领农民种。党员干部经常深入田间,实地了解农民在种养殖(植)中碰到的问题,"手把手"指导农户。合作社还经常聘请农业专家无偿对农户进行开班培训(见图8.1),真心实意为农民解决实际问题。

图8.1 董浜镇盆景培训

(4) 帮助农民销。党员干部主动做好市场调研,努力掌握现代经营理念,在此基础上,合作社做好农产品的包装升级,走品牌化之路。

(5) 解除农民忧。为缓解部分农户资金不足的困难,实行了统一供种、统一用肥、统一服务、统一管理、统一收购、统一包装的"六统一"方式,使农户解除了生产经营中的后顾之忧,也为推行农业标准化、现代化生产铺平了道路。

2. 以创建促农民专业合作社科学发展,科技为董浜农业发展插上金翅膀

(1) 研究院建田头。2013年10月,董浜镇人民政府和南京农业大学、常熟市人民政府共同出资组建了南京农业大学常熟新农村发展研究院,其首个综合示范基地坐落在董浜镇里睦村,为服务生产的应用型研发提供了坚实的实验平台。

(2) 专家教授坐田头。曾在董浜镇挂职的钱春桃,是南京农业大学常熟新农村发展研究院的常务副院长,也是董浜农民最熟悉的南农教授。南农的同事笑称他是"田头教授",董浜的农民则把他当成镇上的"致富百科全书",他不仅是"救火员",还是"诸葛亮"(见图8.2)。

图8.2 董浜镇"田头教授"助力农业项目活动

3. 学习培训进田头

积极创新培训方式,拓展农民培训模式,全方位地提高农户农业技能水平,采用"大小课堂"相结合、"大小专家"相结合、面授与田间地头实践指导相结合、本地培训与外出培训相结合的方式,提高农户的创新创业能力。

4. 大学生把"家"安田头

支持帮助大学生创业,培养了大学生创客5人,在里睦村承包了50亩地作为"大学生创业孵化基地",发挥他们植保、园艺、设施等专业优势,基地不仅多次派遣他们外出培训,还请南京农业大学教授当顾问指导他们搞循环农业项目,提高了他们的创业水平。

5. 市民游学来田头

社区教育中心积极参与游学项目的建设,利用本地优势和资源,规划开展多项活动,通过"三生"(生产、生活、生态)、"三产"(农业、加工业、服务业)的有机结合与关联共生,实现生态农业、休闲旅游、田园愉教等复合功能,促进农民专业合作社持续发展。

三、案例成效

2017年6月,在社区教育中心的牵头下,董浜镇高效蔬菜示范基地被江苏省教育厅和省农委确定为省教育服务"三农"高水平示范基地。社区教育只有主动依靠党和政府,主动融入为地方经济服务的工作,才能得到各级领导更大支持,得到百姓更多信赖,才能拥有更强生命力,焕发更加灿烂的活力,迎接更加光明的未来……

案例二:建在田间地头的乡村振兴教学点
——阳澄讲堂(昆山市)

"阳澄讲堂"位于巴城镇东阳澄湖村石家浜自然村,面积为100平方米,可同时容纳50人参加学习培训。"阳澄讲堂"是东阳澄湖村与巴城镇社区教育中心共同建在田间地头的昆山市首个乡村振兴教学点,以教育惠农为抓手,以"富口袋,先富脑袋,学在乡村"为理念,倡导村民积极参加各类培训学习,成长为讲政治、爱农村、懂经营、会管理、有技能的新型职业农民。

一、案例背景

1. 时代发展的需要

党的十九大报告指出,农业农村农民问题是关系国计民生的根本性问题,必须始终把解决好"三农"问题作为全党工作的重中之重,实施乡村振兴战略。2021年2月21日,《中共中央 国务院关于全面推进乡村振兴加快农业农村现代化的意见》(即中央一号文件)发布,2月25日,国务院直属机构国家乡村振兴局正式挂牌。近几年来,自上而下的政策指导、理论研究,自下而上的实践探索、创新发展,乡村振兴呈现蓬勃发展之势。作为基层社区教育中心,有责任与义务,积极为教育助力乡村振兴开展实践探索,为时代发展做出努力。

2. 教育惠农的需要

巴城农业在市场经济发展中形成了自身特色,从传统的水稻种植,发展为特种水产养殖、葡萄种植及高品质粮油种植的鼎新格局。2013年,昆山阳澄湖现代渔业产业园成功创建江苏省高水平农科教结合富民示范基地。近年来,巴城社区教育中心根据农村的发展形势及需求,开展农村种养殖、电商销售、民宿农家乐及直播带货等新技能培训,努力在传统农业向现代农业转变的征程上发挥教育惠农功能。

3. 工作创新的需要

富裕起来的农民,对学习的需求是迫切的、多样的,为拓展农民终身教育学习阵地,更方便农民参与学习、就近学习和共同学习,2019年巴城镇社区教育中心率先在昆山实践开设乡村振兴教学点,探索志愿学习团队建设、现场教学点建设、师资课程建设、专题培训项目建设等实践,为助力乡村振兴夯实人才基础、组织基础。

二、案例呈现

2019年12月20日下午,昆山市乡村振兴教学点——阳澄讲堂挂牌仪式在巴城镇东阳澄湖石家浜自然村举行。活动由苏州市社会教育服务指导中心、昆山市教育局、巴城镇人民政府主办,由昆山开放大学、巴城镇社区教育中心、巴城镇精神文明委员会办公室、阳澄湖旅游度假中心、巴城镇东阳澄湖村承办。活动组织观摩了"阳澄讲堂"第一课《高品质农家乐的打造》,举行了昆山市乡村振兴教学点——阳澄讲堂揭牌(见图8.3),教学点志愿教

图8.3 乡村振兴教学点——阳澄讲堂揭牌

师聘书颁发、教学点学习共同体志愿队授旗等仪式,并进行了苏州市社区教育项目成果展示。

2020年5月,巴城镇社区教育中心申报了"乡村振兴教学点建设与学习共同体培育的实验"项目,并于2020年7月成功立项,项目研究周期为1年,2021年9月,中心提交了实验项目结项报告并获得了一等奖。

2020年6月12日下午,巴城镇社区教育中心、昆山巴城幸福邻里公益服务社、昆山市益家公益服务社、并蒂莲社区、东阳澄湖村等单位负责人来到巴城石家浜乡村振兴教学点"阳澄讲堂",举行了市镇两级社区教育项目签约仪式。签约仪式后,"玉面琵琶"创始人赵雪娟为东阳澄湖村村民上了"指尖上的昆曲——中国结编制"第一课。在现场,她用PPT为大家展示了中国结的发展历史与编结技法,现场指导大家完成了花朵的编织。阳澄讲堂项目化培训工作得到了推进。

2020年10月15日下午,昆山市教育局职社科、昆山开放大学、昆山第一中等专业学校、阳澄湖旅游度假区、巴城镇社区教育中心等单位一行15人到巴城东阳澄湖村进行乡村振兴教学点调研,实地了解村民的经营状况以及乡村振兴教学点阳澄讲堂学习活动开展情况。调研组一行与电商、农家乐经营户以及志愿学习团队代表进行了互动交流。调研组积极回应代表们的需求,并从经营路径、学习培训、品牌宣传、特色项目打造等方面提出解决的思路,调研活动为教学点今后培训路径、内容、方式提供了意见建议。

2021年3月31日下午,巴城镇道德讲堂暨2021年乡村振兴"阳澄讲堂"第一课活动在巴城镇东阳澄湖村举行。"阳澄讲堂"突出"传承红色基因 激发奋进力量"主题,围绕"忆百年党史、讲红色故事、学党建精神、聚奋进力量"四个部分,结合本地抗战、航天、抗疫、扶贫、双拥等历史,以故事分享、经验交流、问题探讨等形式开展,以期发挥党员军人示范引领、奋勇争先、担当作为作用。阳澄讲堂有效地整合了域内各单位部门的教育资源。

2021年9月17—18日,巴城镇"阳澄讲堂"乡村振兴专题系列培训第一期活动在东阳澄湖村圆满举办。本次培训以"大闸蟹"为主题,由巴城镇终身教育促进委员会主办,巴城镇社区教育中心、巴城镇农村工作局、巴城镇东阳澄湖村承办,来自巴城镇12个村的40个蟹农、蟹商参加此次培训。巴城镇人民政府副镇长计丽娟作开班讲话并宣布开班。活动聘请当地水产乡土专家、水产工程师、苏州高校电子商务专家等,对学员们进行形式多样、内容丰富的培训,以"理论学习"与"实践分享"、"参观学习"相结合。2021年10月28日,在昆山市十四届全民学习活动周上,巴城镇"阳澄讲堂"乡村振兴专题系列培训项目正式发布(见图8.4),项目为期4年,每年投入10万元,开展5个专题培训,每年培训500人次。

图8.4 巴城镇"阳澄讲堂"乡村振兴专题系列培训开讲

三、案例成效

1. 打造了一批惠民课堂助力乡村振兴,夯实人才基础

"阳澄讲堂"教学内容围绕乡村振兴组织建设、农村产业、人才培养、文化发展、生态文明五个方面常态化开展培训。积极实施"六讲六促"计划,即:"思行学堂"讲政治,促进农民政治素养提升,培养思想进步农民;"田间课堂"讲农技,促进农民职业素养提升,培养新型职业农民;"议事公堂"讲是非,促进农民法制素养提升,培养知法守法公民;"友孝厅堂"讲齐家,促进农民道德素养提升,培养守善知孝家庭;"养心讲堂"讲修身,促进健康养生素养提升,培养身心康健体魄;"文化礼堂"讲传承,促进文明文化素养提升,培养和美精神家园。两年多来"阳澄讲堂"累计培训2562人次,为乡村振兴发展培养更多人才。

2. 拓展了一批学习阵地助力乡村振兴，带动乡村发展

为丰富阳澄讲堂教学及实践，巴城镇社区教育中心组织各成员单位推荐申报乡村振兴现场教学点，将身边宜居、宜业、宜游的社会优质资源推荐出来。同时为激发社会活力，鼓励社会力量、社会组织参与乡村振兴现场教学点(基地)申报。通过资源组合、拓展、开放、共享和优化，把社会资源转化为农民(居民)的教育和学习资源。目前已公布巴城镇首批乡村振兴现场教学点 23 个（见图 8.5），其中产业振兴类 10 个，人才振兴类 4 个，文化振兴类、生态振兴类、组织振兴类各 3 个。这些教学点，也是乡村振兴各领域的领跑者、创新创业模范以及高质量发展的代表，通过教学点学习、交流、互鉴，带动了乡村的发展。

图 8.5　巴城镇首批乡村振兴现场教学点授牌

3. 积累了一批课程师资助力乡村振兴，形成发展特色

为办好昆山首个乡村振兴教学点——阳澄讲堂，巴城镇社区教育中心开展了乡村振兴"一师一课"调查登记，发动终身教育促进委员会成员各单位积极推荐。通过"找人找课"活动，推出一批身边的能人好课，为在百姓身边开展"接地气""菜单式"教育活动提供支撑，一批"土专家、田秀才"成了乡村振兴"阳澄讲堂"的聘任教师、志愿教师。2021 年，巴城已积累乡村振兴"一师一课"资源库共 60 多课，绝大部分是市本土师资课程，其中网红农家乐的小芳的创业课，大闸蟹养殖能手邹建新、许玉凤的养殖技术课，赵雪娟

的中国结编制工艺课,民歌传承人沈莉萍、陆振良等一大批乡土人才的课程深受欢迎。目前"阳澄讲堂"所在的东阳澄湖村已有267名持证新型职业农民,共有200多户经营户在京东、天猫、一号店等电商平台开办网店或线下经营农家乐,已形成一定的规模和品牌效应。

4. 发展了一批学习团队助力乡村振兴,推动乡村治理

东阳澄湖村是航天英雄费俊龙的家乡,同时也是双拥示范村,现有退役军人76名。阳澄讲堂围绕退役军人学习需求,结合东阳澄湖村党群服务中心阵地,建设了约400平方米的退役军人服务场所"红湖天驿站",成立了红湖天志愿者服务队。疫情防控期间,他们挺身而出,积极主动投身于疫情防控工作。24小时轮守在自然村卡口,做好村庄的警卫员,他们退伍不褪色,在危难时刻冲锋在前。为了更好地发挥热血尖兵回到地方支持家乡建设的作用,退役军人志愿者学习团队学习垃圾分类,参与乡村治理;学唱红歌,迎接中国共产党建党100周年;积极参与民生服务、巡河护河、节日演出、环境整治、抗洪防汛等新时代文明实践活动,积极奉献,服务社会大众,为建设美丽乡村无私奉献,继续发挥着军人的战斗力。

5. 涌现了一批创业典型助力乡村振兴,开拓致富路径

巴城镇东阳澄湖村位于阳澄湖东岸,现有家庭563户,户籍人口2386人,党员96人。80%村民依托得天独厚的地理条件、丰富的水产资源,从事阳澄湖大闸蟹养殖和销售、农家乐经营及民宿服务,深受沪上游客青睐。众多村民通过"阳澄讲堂"学习不断提高,让自己的经营又上了一个新的台阶,涌现了一批致富能手。杨林新村农家乐经营形成了一定的规模效应,带动了周边其他村民共同致富。电商经营者杨洋通过抖音平台尝试直播带货,大闸蟹年销售额在六七百万元。2021年,巴城镇社区教育中心联合东阳澄湖村顺势推出"阳澄讲堂"乡村振兴专题培训课程计划,组织开展当下热门专题培训,邀请创业典型现身说法,去现场学习体验,通过典型引路,开拓村民更多致富路径。

案例三：科普教育助力乡村振兴（昆山市）

一、案例背景

千灯镇是历史悠久的文化古镇，近年来也是发展科技创新的现代小镇。它对接上海，瞄准人才科创，加快"一厅一核多园"等科创载体建设，充分发挥中西合作科创产业园等各类高端平台作用，引进了在智能制造、机器人、高端装备、新能源等领域拥有核心技术的优质项目。为了促进千灯镇在科创方面的发展，扎实推进全民科学素质行动计划，使各种科普资源在服务全民科学素质提升和载体阵地建设中发挥作用，河东街社区在2020—2021年度开展"科学探索，陪伴成长"社区未成年人社区教育项目，收获了良好成效。2021—2022年度，社区继续丰富科普教育内容，对项目进行了升级，策划并实施了"科学探索，陪伴成长2.0"（见图8.6）河东街社区未成年人社区活动，进一步帮助未成年人认识科学、探索科学、发现科学、爱上科学，进一步促进科普教育资源共享，全面营造讲科学、爱科学、学科学、用科学的浓厚氛围。

图8.6 "科学探索，陪伴成长2.0"活动

二、案例呈现

1. 开展源于生活的科普实验

项目涉及的小实验都是利用生活中常见的材料,比如食品、调味剂、生活用品等进行实验,通过观察实验效果,了解实验原理,从而向未成年人普及相关科普知识(见图8.7)。也让孩子们了解到科学知识离我们并不遥远,帮助孩子们培养发现科学、探索科学的精神。

图8.7　未成年人科普实验

2. 情景模拟,快乐科普

摒弃传统的理论讲解模式,结合情景模拟、户外拓展等形式,让孩子们沉浸式体验实验过程,加深对实验原理或内容的理解,让深奥难懂的科学理论在充满乐趣的实验过程中得到升华。

三、案例成效

项目实施以来,开展了10期科普小实验,内容涉及物理、化学、生物等学科,服务200多人次。因为项目涉及的实验活动相对安全性高、可操作性和体验感强,社区亲子家庭的参与率和满意度较高。一系列的趣味科普小实验,一定程度上丰富了河东街社区未成年人的课余活动,提升了未成年人参与社区公益活动的积极性。同时,增加了社区活动场地的利用率,有利于发挥社区教育资源的共享共用,为社区少年儿童提供科学体验,大力提高他们对科学的兴趣,增强他们动手动脑学习的能力,激发他们的创新创造热情。此外,引导社区公民养成良好生活习惯,树立安全意识,崇尚科学、反对迷信,有效提升了社区公民的科学素质。

案例四:"互联网+农业"赋能乡村振兴(吴江区)

一、案例背景

民族要复兴,乡村必振兴。乡村振兴,关键是产业振兴。改革开放以来,我国经济高速发展,为农业现代化积聚了丰厚的物质条件和技术基础。然而,如何应用物联网、云计算、大数据、移动互联等现代信息技术,推动农业全产业链改造升级,是我国现代农业发展的短板。

吴江区东太湖度假区太湖新城横扇街道,是太湖之滨一个美丽富饶的水乡。该街道主要以羊毛衫产业、水果种植和农文旅发展为主,近年来发展势头迅猛;但是走进横扇街道,还是会看到许多个农户和个体经营者因为信息和渠道不畅、运用现代智能技术滞后等,导致辛辛苦苦收获的农产品无法及时销售。

二、案例呈现

基于上述背景,太湖新城社区教育中心(以下简称"中心")联合横扇社区走访了横扇街道的部分村和个体户,进行调研,紧贴横扇街道产业发展和百姓工作生活需求,尝试推进互联网+农业行动,打破传统农业发展方式,开展智能技术和互联网营销师培训,将知识变为职业能力和生产力,为乡村振兴插上腾飞的翅膀。

1. 开展智能技术培训

横扇街道新湖村目前正在打造特色现代农村产业园,产业区域优势十分突出,村内现有柑橘面积 1500 余亩,具有得天独厚的太湖小气候条件,为柑橘种植提供了良好的生态环境。柑橘的销售是当地村民的直接经济来源,而果农的老龄化问题越来越严重,主要劳动力都到了 60 岁以上,其余的也基本在 50 岁以上,还都在使用"老年机",不会使用智能手机,有的有智能手机,但也只是限于普通的聊聊天、看看视频,更不用说熟练运用。为更好地链接互联网＋,运用现代技术赋能农民,2021 年 5 月,中心走进新湖村,与新湖村联合举办智能技术培训(见图 8.8),聘请专业的计算机教师以及相关辅导老师组成的 6 人团队,手把手教村里的果农拍摄柑橘的技巧,学会柑橘销售微信支付方法等。

图 8.8　智能手机课程教授中

2. 孵化直播营销人才

如今,人人皆主播、万物皆可播的全新时代已经到来,直播电商也成为乡村振兴的重要抓手。在横扇街道,电商的兴起,更是激起了农民创新创业的活力。2021 年 7 月,中心秉承"服务地方经济建设　提高百姓生活质量"办学理念,再次奔赴东太湖度假区太湖新城横扇街道,联手街道开启互联网营销师培训(见图 8.9),专业讲师重点对电子直播电商发展现状及未来趋势、电商直播技巧、优秀短视频拍摄、讲好产品故事等多方面内容进行了详细解读和实操指导,得到了当地百姓的一致欢迎。街道综合科科长于岚告诉我们,此次培训,村里有不少年轻人和残疾人前来参加。她认为,年轻人的接受能力强、文化素质高,能念活流量背后的生意经,有他们助阵农村电商事业发展,一定能为村里的羊毛衫、柑橘等产品开辟便捷、通畅的销售渠道,进而助力农民增收、助推乡村振兴。部分残疾人通过培训,对于今后如何在家做好羊毛衫的生意也是信心大增。

图 8.9　互联网营销师培训

三、案例成效

"互联网+"代表着现代农业发展的新方向、新趋势，也为转变农业发展方式提供了新路径、新方法。横扇街道因为小农户生产方式，通过互联网组织起来，推销特色农产品柑橘、特色产品羊毛衫、优势农产品，这是最经济、最方便、最有效的，真正做到了产品走出去、百姓富起来。新湖村60多名果农经过中心组织培训，基本掌握了利用微信和支付宝进行交易的方法，为水果销售打开了新局面。10月中旬，中心邀请苏州农业职业技术学院园艺科技学院研究员袁卫明为新湖村做《推广水果种植新技术》讲座，并现场与村民进行互动，解决了村民种植过程中遇到的一些难题，切实提高了种植技术，为来年提高水果产量和质量打下了基础。

电商直播技巧使羊毛衫经营户进一步懂得拍好产品视频的重要性和技术，知道如何讲好产品的故事，并在实践销售中学以致用，取得了很好的效果。中心"互联网+农业"的尝试探索和实践，促进了横扇街道水果种植和羊毛衫销售信息化、智能化的新模式，为赋能横扇街道经济发展起到了积极的作用。

第九章
平台搭建、运行机制类

案例一：元和街道基层社区教育项目化运作（相城区）

一、案例背景

基于政府推动下的社区教育快速发展，2016年10月苏州市教育局在张家港召开了苏州市社区教育项目化工作推进会，根据会议精神，相城区元和街道社区教育中心结合本街道的特点，开展了社区教育项目化运作方案的设计与实施。

二、案例呈现

1. 明确项目目标责任

发挥元和街道社区教育中心在街道社区教育中的功能和作用，元和街道社区教育项目活动将由元和街道社区教育中心（元和文体教育服务中心）牵头，街道基层社区居民学校（社区）具体实施。

2. 社区教育项目化运作有序推进

2017年，从全街道已获省级标准化居民学校的7所中选择1所学校和将申报的省级标准化居民学校的5所学校实施社区教育项目活动推进试点，推进单位为6个，试点面为街道社区的20％左右。2018年将根据2017年实施情况做出具体安排，预计推进单位为18—22个，推进面占街道社区的75％左右。2019年全街道全面推进。

3. 社区教育项目化运作申报遴选

为更好地推进社区教育项目化运作的展开，元和街道将逐步建立申报遴选机制,按照"社区申报→项目审定(社区教育中心评估)→项目公示(发文公布)→项目实施"的流程进行,并填写元和街道社区教育项目化运作进程表。

4. 社区教育项目化运作保障机制

在街道领导重视、社区教育中心和基层社区有效组织的同时,要做好经费的保障和高效的使用。运作方法:社区项目活动经费预算申报→社区教育中心项目评估审定→街道领导同意→项目实施后,依据活动资料和相关票据发放。

为规范经费的使用,对经费的结算承办单位要给社区教育中心(结算票据统一开:元和街道文体教育服务中心)提供元和街道社区教育项目化运作项目实施经费使用申报表、项目活动相关资料和票据,按街道财政要求结算,并经街道分管领导审核确认后,社区教育专项经费支付发放。

5. 社区教育项目化运作评估宣传

为实现社区教育项目化工作推进,获得高质量的预期教育效果,对社区教育项目化运作项目进行评估与宣传,如社区萤火虫公益读书站项目(见图9.1、图9.2)。

图9.1 社区萤火虫公益读书站系列活动——开幕舞蹈《吉祥安康》

图9.2　社区萤火虫公益读书站系列活动——刘莉朗读《目送》

社区教育项目化运作项目评估方法为：申报遴选，社区教育中心进行准入评估。居民学校（社区）要认真填写教育项目化运作项目遴选申报表。综合评估：社区教育中心对社区教育项目化运作项目入选的居民学校（社区）进行活动开展、活动效果组织评估。

加强居民学校（社区）社区教育项目化运作项目宣传，要求做到"一活动一简讯"进行媒体宣传。做好活动资料的收集和保存，要求做到"一活动一电子文档资料"送报元和街道社区教育中心。

三、案例成效

相城区元和街道社区教育中心以项目形式推进社区教育活动的开展，主要以项目遴选和评估为抓手，对基层社区教育活动的开展进行了规范化管理，在一定程度上畅通了经费使用渠道，提升了社区教育工作基础能力建设水平，提高了社区教育形式内容的实效性，增强了社区教育教育培训服务供给能力，促进了社区教育内涵特色创新发展。社区教育项目化的开展为基层工作提供了保障，极大地鼓舞了基层工作者，具有一定的推广意义。

案例二:"金港大讲堂"架起社区教育"惠民桥"(张家港市)

一、案例背景

张家港市保税区(金港镇)通过整合社区教育资源,搭建"金港大讲堂"平台,开启了一场"传播先进文化,弘扬时代精神,提升居民素质,推进区镇文明"的活动。平台推出了简朴平易、朗朗上口的口号:"贴近居民生活,以身边事教育身边人""金港大讲堂,服务你我他",受到了社区居民的广泛支持和热情称赞,具有较强的现实教育意义和示范推广价值,为区镇社区教育工作打造了新亮点、树立了新品牌。

二、案例呈现

1. 内容分众化

"金港大讲堂"启动之初,就实行授课内容、主讲老师、听讲受众、目标要求的多层次、分众化制度。在内容设置上,紧扣理论政策重点、社会生活热点、群众关注焦点,积极回应群众关切的问题,通过"群众点菜、专家配菜"的方式,设计了传统文化、地方人文、政策理论、道德文明、法律法规、科学技能、养生保健、家庭教育等一系列面向大众需要、贴近百姓生活的课程(见图 9.3),内容既强调计划性、系统性,又强调及时性、针对性,满足不同层次居民的多样化需求。

图 9.3 "火焰蓝"课堂——葫芦丝班

2. 形式多样化

"金港大讲堂"没有高高在上，而是深入基层，沾着地气，以贴近实际、贴近生活、贴近群众为着力点。在形式和方法上，坚持突出普惠性和互动性，用通俗易懂的语言、生动活泼的形式，把阵地宣讲与流动宣讲相结合、名家讲堂与百姓讲堂相结合、有声讲堂与无声讲堂相结合、空中讲堂与地面讲堂相结合、个人宣讲与团队宣讲相结合、单向灌输与互动交流相结合、理论宣讲与文化活动相结合、课堂传授与便民活动相结合，通过群众喜闻乐见的形式，让居民看得清、听得懂、学得进、能接受，激发居民的参与热情，使他们由"要我学"变为"我要学"。

3. 主体群众化

"金港大讲堂"的顺利开展离不开一批兢兢业业、勇于奉献的讲师。镇社区教育中心联合党校团委、宣传文明、司法公安、医院学校、社保农技等各条线部门，聘请了部分有一技之长和授课经验丰富且素质高、热心公益服务的专家、教师，成立了"保税区（金港镇）社区教育专家讲师团"，目前队伍已发展到100多人。团队成员渊博的专业知识、真实的人生故事、充沛的时间保障、无私的爱心奉献，变个人讲为团队讲，变少数人讲为多数人讲，基本形成了领导干部讲政策、专家学者讲理论、典型人物讲事迹经验、居民群众讲体会感言，以讲带学。不同于专家报告会，"金港大讲堂"具有自己独特的风格，不只有书卷气，还有泥土味、生活味，是真正的居民讲堂（见图9.4）。

图9.4 "金港大讲堂"修为讲座走进高桥村

4. 机制常态化

为加强大讲堂工作的指导,区镇建立了协调工作机制、讲堂运作机制和考核评价激励机制。编写了大讲堂宣讲辅导材料,制作流动宣传栏,进社区、进学校、进企业进行巡展。每年召开1—2次大讲堂建设经验交流会、观摩会,举办两次以上讲师团培训班,表彰一批先进组织、优秀课程和优秀讲师。以规范化、持续化的作为推进金港大讲堂工作不断深化发展。从细节入手,从小事做起,居民足不出户,就可以身临"课堂",聆听老师的精彩讲课,在不知不觉中提升素质。在不断延伸到社区的过程中,"文化大讲堂"扩大了影响,形成党委领导、宣传部主抓,各部门配合,各种社会力量积极参与,基层党组织具体落实的齐抓共建的格局。

5. 投入公益化

为做好大讲堂工作,区镇整合了各类学习资源,引进明诚国学、德福康健康管理、徐玲公益书屋、丁老师心灵氧吧、林老师讲师团等一批优秀社团组织。区镇划拨专项经费用于"金港大讲堂"活动的开展,打造一个政府出资、居民免费听讲、汇集名家名师的公益学习品牌和社会大学。

三、案例成效

一套规范健全的管理制度,一个具体详尽的培训计划,一笔专项经费的投入,一支兢兢业业、勇于奉献的讲师团队的组建,一批优秀社团组织的引进加盟,使"金港大讲堂"在教育特色品牌的路上走得从容而铿锵。经过几年的实践探索,"金港大讲堂"已成为传播文明、倡导学习、共建和谐的重要平台,赢得广大居民的普遍认可和广泛参与,形成了人人参与学习,带动学习型社会建设的良好局面。在推进社会管理创新、促进社会和谐稳定和打造学习型区镇建设中彰显出日益重要的作用。

自成立以来,累计授课达2000余场次,直接受益居民达20余万人次,有效促进了区镇学习型社会的建设。2016年,《福满家园——"金港大讲堂"伴你行》被评为张家港市社区教育十佳优秀项目第一名。"金港大讲堂"已成为一项打造学习型区镇、构建和谐金港的亮点工程,也是一项利民、惠民、服务民生的"民心"工程,先后被《张家港日报》、张家港电视台、《苏州日报》等媒体报道。2017年被评为"江苏省社区教育品牌项目"和全国"终身学习品牌项目",成为张家港市首个成功入选的国家级全民终身学习品牌项目。

案例三：依托社区教育服务　助力文创产品发展（姑苏区）

一、案例背景

2013年12月30日，习近平总书记在主持十八届中共中央政治局第十二次集体学习时提出："要系统梳理传统文化资源，让收藏在禁宫里的文物、陈列在广阔大地上的遗产、书写在古籍里的文字都活起来。"能够走进寻常百姓家的博物馆文创产品无疑是传播文化、让文物活起来的重要使者。同时，随着社区教育的快速发展，如何面对新常态，依托社区教育项目，服务地方经济发展，成为每个社区教育工作者需要思考的问题。

苏州是著名的状元之乡。文史专家李嘉球所撰的《苏州状元》一书表明，按现在的辖区计算，历史上苏州曾出现过45位文状元、5位武状元。最值得一提的是，清朝时期苏州一共出过26名状元，占全国114名状元的22.81%，而同期苏州的人口只占全国的1%左右。作为全国社区教育示范街道，苏州市姑苏区平江街道位于古城核心，辖区园林集中，文物荟萃，馆藏资源丰富。其中，江苏省文物保护单位苏州状元文化博物馆（见图9.5）是一

图9.5　苏州状元文化博物馆

座全面介绍姑苏状元群体、研究状元文化、展示珍贵状元文物的专题类博物馆,馆内主要展示了中国科举考试发展历程、苏州历代状元名录、状元相关文物、状元政绩、文学艺术等成就。

平江街道依托地处历史保护区的特色,与状元博物馆共同建设有状元文化的社区教育中心,一方面推广历史文化知识,另一方面推广状元博物馆文创产品。游览博物馆,了解状元在历史上的贡献,学习状元优秀的人文精神,探究状元精神在当今社会的积极作用和意义,有助于学生形成更积极、科学的人生观和价值观,促进学生对传统文化"知行合一"的学习,提升学生的综合实践能力、素质素养,帮助学生更好、更快地成长。

二、案例呈现

1. 密切联系,提高认识

通过密切学生与生活的联系、学校与社会的联系,帮助未成年人获得亲身参与实践的积极体验和丰富经验,提高学生对自然、社会和自我之间内在联系的整体认识,发展学生的创新精神、实践能力,培养学生的社会责任感,并形成良好的个性品质。

2. 因材施教,分类体验

通过定制适合不同年龄段学生的体验活动,逐步引导青少年走进博物馆,关注苏州文化内容,参观和体验相结合,学习、了解苏州状元文化。在"书香姑苏"阅读节期间,平江街道与各社区也将联合苏州状元博物馆,组织居民和学生参观学习,讲解苏州状元家庭教育,观看状元潘世恩家庭教育视频。

3. 深化影响,传播文化

平江街道通过社区教育活动积极吸引更多的社区居民参与状元文化的传播,进一步丰富实践的形式和手段,例如开发包含博物馆的游学线路,开展历史体验活动,既达到广泛宣传的目的,又最大限度地调动群众的积极性,集知识性、趣味性、娱乐性于一体。进一步深化状元博物馆社区教育基地的内涵,形成品牌效应,同时让更多社区居民获得状元文化的切身体验,进而帮助状元博物馆开发出更符合居民游客品位的文创产品,让文创产品获得更大的市场。在获得经济利益的同时还发挥状元博物馆更大的功能,提升社会影响力,真正做到文化资源的有效传递。

三、案例成效

苏州状元博物馆作为一个小型专题博物馆,致力于把状元游学主题与本馆文创产品开发及销售相结合(见图9.6),打造具有本馆特色的文化研学产品,面向社会推广;将研学主题、场景、文创商品相结合,具有独创性以及市场推广的可复制性,通过与社会第三方机构合作,根据市场配置资源,共享经济效应。

图9.6 状元文化博物馆文创产品

文创产品在历史形象中融入新潮设计,成为新的时尚工艺品,满足了当代人审美要求。与时俱进地将状元文创产品推向市场,满足人们的精神需求,才能进一步挖掘其实用价值和市场价值,激活博物馆的生命力,以更加自然、有效的方式传承历史文化。

案例四：从百草园到共享花园
——多元参与激发社区新活力（姑苏区）

一、案例背景

里河社区属于姑苏区老旧小区，在部分地方，公共空间相对较少，公共绿地利用效率低下，社区的角落绿地长期空置，无人看管；虽有一定绿化植物，杂草丛生，环境破落，其美观度和丰富性亟须提升。根据前期调研和需求征询，居民们希望把里河玉兰苑打造成贴近自然、融入自然的缤纷社区，提升居住环境，同时达到绿色环保、环境宜居的社区花园生态网络环境标准。

二、案例呈现

1. 多方联动，助力搭建共创平台

街道、社区共同推进微更新项目，用较小的成本改变了社区面貌，提升了社区居民的归属感，让杂乱花坛焕发出新活力。"百草园"改造过程中，汇聚了各方人力物力资源，如清服公司清理垃圾、种植达人种植花草、后期维护，社会组织盆景专家开展花木养护课程，辖区学校开展自然教育服务等，为整个微花园更新提供了强有力的支撑。

2. 专业力量，助力参与式打造

由专业社工、设计师、议事小组成员组成的微更新团队，从社区需求寻访、志愿者招募、项目初步设计到花园微更新全程参与，最终打造了一个集自治参与、设计美感、绿化景观、社区人文于一体的"百草园——共享花园"，"微更新"项目由此诞生。团队成员深入社区调研勘察，发起推动了"百草园""共享花园"的落成，与居委会携手建立议事平台，进行现场访谈，听取街道、小区居民的各层面意见，打通了居民之间、居民与决策者之间的沟通屏障。

3. 多元共治，助力协商景观共治

以党建引领挖掘居民骨干，选举组建社区协商议事小组，深入小区，广泛地征求意见，并收集与梳理居民的意见和建议，形成多方联动督查机制、问题反馈机制及资源联动机制；培养议事会成员赋权增能，提升其能力与素养，激发居民参与社区事务的积极性，参与协商议事会，聚焦"百草园"微更新焦点问题，共同协商制定治理方案，进行长效有序治理，实现共建共治共享的治理格局。

项目实施前，组织开展项目方案论证，居民对花园设计、绿植类型、花木造型、花草种类等设计细节提出了许多有益建议，为设计师的专业设计注入了"草根"智慧。

4. 多元参与，助力居民自治活力

让居民参与社区公共空间的微更新设计，社区花园的建设促进小区内存量空间的活化与利用，营造精致生活氛围，促进社区融合共治。在"百草园"微更新项目的改造建议、方案形成、实施更新、后期维护等各个环节，都有居民群众积极参与。

有一批爱花爱草的叔叔阿姨，主动与微更新团队对接，加入议事会，在百草园营造中发挥了关键作用。大家结合个人特长以及各个施工阶段所需要的能力，按照各自的空闲时间，制作施工排班表，组成浇水施肥组、捡拾垃圾组、整理花园组等不同小组，全程参与。后期，团队成员巡逻、值班、维护，并给花草浇水、施肥等。日常运维技术组组织自然教育活动等（见图 9.7）。

图 9.7 居民们在"百草园"忙碌的身影

5. 自然教育,助力社区生态融合

"百草园"生态园内,遵循"自然、健康、可持续"的理念,为居民创造学习自然与体验自然的机会,组织青少年、居民参与到科学实践活动中(见图9.8),通过学习二十四节气科普知识,观察自然,体验自然,接触植物,体验与植物连结,制作植物标本,发现和感悟大自然共生共荣的原则。

图 9.8　组织青少年参与科学实践活动

期间,安澜社工服务中心开展常用药用植物品种识别、采集、观赏,挂牌、养护等活动;结合芳草园草木,开展"挂牌认养""我与苗木同成长""采果标本发放""花叶闻香识药""采果收种选优建库""干花干草香熏摆件""功能植物餐饮食品"等趣味活动,将环保性、科普性、教育性、观赏性融入进去,打造生态一体的社区自然基地。

三、案例成效

项目以"社区花园微更新项目"为切入点,以居民需求和参与为导向,采用"自下而上"的方式,以"打造一个花园,成立一支队伍,建立一套制度,赋予一些技能"为目的,与辖区居民共同商讨参与里河社区公共空间的微更新设计,利用小区的"边角空间"打造实体微景观,美化社区局部环境,改善废弃角落闲置等方式,并利用社区书院营造工作坊、社区学院微景观打造、自

然教育主题活动,促进小区内存量空间的活化与利用,丰富社区花园绿植种类,提高花园美观度,探索城市社区更新和公众参与的创新模式,带领居民走近自然、了解自然,从而推动社区营造,协助社区成员打造心目中的理想家园。

第十章
家校社联合协同类

案例一：狮山、横塘街道"四点半学校"（高新区）

一、案例背景

苏州高新区狮山、横塘街道横塘社区"四点半学校"：2011年，通过对社区内的外来务工人员子女家庭进行调查，发现有50%左右的青少年兴趣爱好是看电视与电脑游戏；有87.5%的家长支持孩子参加社区开展的青少年成长活动，并且有76.3%的家长愿意和孩子一起参加社区亲子活动。这些外来务工子女的父母大多数忙于繁重的体力劳动，且工作不稳定，没有时间和精力关心孩子，对孩子内心的困难、需求、兴趣及道德养成缺少必要的关注，大多家庭经济条件不富裕，孩子在成长中缺乏资源，在人际交往、行为习惯、社会责任感等方面都存在成长问题。

青少年时期是人成长的关键阶段，如何为外来务工子女提供适切的社区服务，关系到他们是否能更好地融入家庭、融入社会，更关系到他们的健康成长，社区针对未成年人的思想道德建设，从个人系统、家庭系统、社区系统三方介入，通过"社工＋义工"的服务模式和多元化的服务形式来促进外来务工子女的自我成长和社会共融，2012年开设了"四点半学校"社区教育课堂（见图10.1）。

图10.1 "七彩夏日"我是小小文明探寻者活动

二、案例呈现

"四点半学校"主要利用学生平日课余和双休日时间进行，在为孩子提供社会关爱的同时，还为他们提供挖掘潜力、提升自我、构建梦想的平台和机会，并倡导受助学生以投身关爱行动的方式反哺社会，成长为人格健全、有益社会的新一代城市居民。

"四点半学校"实施团队是拥有长效成员超过300人的"爱的工程师"志愿者团队以及社会爱心人士和优秀教师团队，包括教育专家组、辖区学校文化艺术类专业老师、专业社工，来自辖区高等院校的大学生志愿者以及共建单位的优秀教育资源。从青少年个人系统、家庭系统、社区系统三方介入，主要针对未成年人进行课外辅导、思想素质教育，积极开展各种既有趣味性又有专业性的活动，注重其精神文化需求，关注其健康成长，主要涉及学习辅导、爱国主义、思想道德教育、心理疏通、文明教育、圆梦行动、科普教育、法律教育、环境保护、健康教育、应急救护、兴趣培养、生活照料、课外拓展等内容。

时代在变，"四点半学校"的教学模式和内容也在不断创新，从单一的课后辅导转变为艺术培养、主题夏令营（见图10.2）、父母课堂等多元化服务内容，同时从个人服务扩大到家庭服务，整合社会优势资源，携手社区共建单位，形成多元、立体、稳定的服务体系。

图 10.2 青春社区市民学校举办外来务工子女夏令营活动

三、案例成效

多年来，横塘社区"四点半学校"在各级领导的关心支持下，通过志愿者团队共同努力，策划、组织、开展了近460次活动，受益人数达到25000人次，为社区内外青少年提供了一个学习知识、提高自己技能的平台，为放学回家无人管、无人教的学生提供了安全的场所，学生父母对"四点半学校"的教学方式给予了肯定和赞扬。一直以来对于弱势群体的关爱也是一个重点,团队为他们举办义卖活动,所得资金帮助贫困学生完成梦想,利用共建资源帮助困难家庭缓解生活问题,以集体的爱心完成了社会救助;在青少年思想道德文明教育中,学生受到了来自社会各界的关心和帮助,也让他们学会了对社会的反哺,通过自己的能力为社会上有困难的人提供力所能及的帮助,在项目课程中会安排志愿者和受益青少年一起走进孤寡老人家庭、留守儿童家庭、残疾人家庭,为他们带去爱心和帮助。

"四点半学校"不仅受到流动家庭的喜爱,更受到本地未成年人家庭的关注,得到家长和孩子们的欢迎、支持,真正让本地和流动的未成年人在社会各界的关心和爱护下健康地成长、紧密地融合。

"四点半学校"实施过程中得到了社会各界爱心人士的关心和支持,经《姑苏晚报》《李刚评话》等媒体宣传报道后,工商银行新区支行为"四点半学校"捐赠了4.35万元,联通分公司为"四点半学校"教师设计墙面重新装饰,员工通过捐款购买捐赠了桌椅和化学仪器等。同时项目成功申报了高新区第一、第二届公益创投,项目产生了良好的社会效益和社会影响,先后获得多项荣誉:2013年获"苏州市优秀校外辅导站"称号,2014年获"高新区优秀校外教育辅导站"称号,2015年获江苏省关爱青少年优秀志愿服务项目,2016年"四点半学校"开展的项目入选全国流动人口社会融合项目成功案例,活动还得到《苏州日报》《姑苏晚报》、苏州电视台教育频道等媒体的争相报道。

案例二:湖西社工委"湖西小当家"(工业园区)

一、案例背景

苏州工业园区湖西社工委于2018年启动并推出了具有标志性意义的青少年参与社区治理项目:园区青少年社区发展咨询员"湖西小当家"项目,在推进过程中从组织、机制、形式等多个角度,利用社区、学校、家庭三位一体的组织形式联合"赋能";通过培训考核平台,实施多种形式的活动,开创性地灵活运用"赋能理论",保障青少年参与社区治理的科学有效、稳步推进、优化发展,探索青少年参与社区治理的新兴模式。

二、案例呈现

为了更好地引导青少年践行社会主义核心价值观,增强青少年的家园归属感和主动参与社区治理的热情,苏州工业园区湖西社工委于2018年启动并推出了具有标志性意义的青少年参与社区治理的教育项目:园区青少年社区发展咨询员"湖西小当家"。10名中小学生,居住在湖西辖区内,成为工业园区首批社区发展咨询员(见图10.3)。活动通过青少年在社区管理工作中的亲身实践、直接参与,有效调动青少年参与社区事务的积极性和主动性,发挥主人翁精神,使其逐渐成为社区治理中不可或缺的力量。

图10.3 "湖西小当家"发展咨询员

1. 组织创新联合赋能:三位一体发挥合力

项目借力校社合作、协同育人的大背景,以青少年社区发展咨询员制度为依托,由社区牵头,给出明确规范的参与要求和参与标准,并与所在区域内的各类学校达成联合协作,通过学校向在校学生、家长发出倡议和宣传,传递理念和要求,使项目的内涵理念和目标愿景得以充分地传达和诠释,及时地获得青少年家庭的关注和支持。目前,在家庭的配合、学校的支持和社区的努力下,青少年社区发展咨询员包含两支队伍——聘任制咨询员和一日咨询员。

2. 机制创新平台赋能:培训考核严格把关

项目自诞生伊始,就在参与者的准入机制上充分考量,建立了严格的培训准入和考核准入平台,用系统的平台"赋能"项目,保障提升参与者的素养和能力。如湖西社工委推出的岗前培训课程平台——"3Q"素质提升计划,包括"IQ 智商课程"提升专业知识、"EQ 情商课程"培养工作热情、"AQ 逆商课程"锻炼毅力和耐力,为青少年提供参与社区治理的平台,帮助他们从小树立依法治国的意识,成长为成熟、负责任的公民。在一揽子的岗前培训方案中,包括社区安全辅导员、社区治理督导员、能力提升督导员和成长辅导员等各界人士。公检法、消防、城管人员、"红色管家"项目负责人、社工、学校老师以及家长等各界人士都将担当导师的责任,帮助小咨询员更好地完成岗位角色(见图 10.4)。

图 10.4 湖西小当家——安全员行动

3. 形式创新项目赋能:亲身参与能力提升

项目推出了"五星赋能"活动:"当家·说""当家·唱""当家·行""当家·看""当家·记"。"当家·行"是针对社区内各类事务和现象进行有目的、有计划的实地查访,真实地观察、记录事件的状态,并通过小组讨论、寻求帮助等形式形成较为客观的调查研究报告。如湖西城邦社区的"小当家"们组成巡查小组对社区辖内河道以及独墅湖边驳岸进行巡查,孩子们将河道垃圾、救生设备、驳岸清洁情况一一记录下来,问题得以反馈,并得到了有效解决。"当家·记"是结合当前重要的社会关注点和政策形式,面向社区居民进行亲身的讲解和倡议宣传,保障各类政策法令的落地推行。如"小当家"与社区工作人员一同参与"三合一"场所的检查。孩子们有模有样,对商铺销售、仓储的功能作了解,还实地来到商铺仓库,查看了货物的存储情况,并对商户业主讲解起"四三一"整治的要求。"当家·说"通过挖掘身边的"劳动名星",由他们向青少年讲述创造美好生活的工作心得、传递科学积极的生活理念,为青少年健康成长助力。

三、案例成效

丰富多样的项目活动形式让青少年从多个角度关注社区事务,参与社区管理,优化社区形象,自身综合素养也能获得有效的提升。稳步推进青少年参与社区治理工作的探索和实践,"小当家"们将愈加成熟发展,成为社区事务中不可或缺的中坚力量。

案例三:"双减"背景下社区教育促进家校社协同育人的实践做法(张家港市)

一、案例背景

1."双减"政策实施,加强家校社协同育人意义重大

2021年7月24日,中共中央办公厅、国务院办公厅印发《关于进一步减轻义务教育阶段学生作业负担和校外培训负担的意见》。"双减"政策实施后,辖区内原有的9家民办教育培训机构纷纷注销办学许可证,学科类校外培训基本消除,校外培训热度逐步降温。这样一来,对家长教育孩子的要求就更高了,一些家长深感在家庭教育方面知识不足、能力有限、应对乏力,加强"家校社"协同育人意义重大。

2. 学校教育资源较为丰富

乐余镇现有中小学和幼儿园7所,其中幼儿园3所,小学、初中、高中、九年制一贯学校各1所,在校学生7835名,教职员工751名,家长学校、幸福家长驿站制、家庭教育指导站已做到全覆盖。

3. 社区家庭教育起步较早

乐余镇社区教育中心下辖老年大学2所,于2017年3月启动"择邻处"家庭教育项目,先后获得2017年张家港市终身学习品牌项目、2019年张家

港市十佳社区教育品牌项目、2021年度苏州市社区教育品牌项目,2022年9月10日举办了乐余镇家庭教育指导站分站授牌仪式(见图10.5)。2023年4月,社区教育中心被中国成人教育协会授予"家校社协同育人(实验)基地"。

图 10.5　乐余镇家庭教育指导站分站授牌仪式

4. 地方人文资源丰富

乐余镇有居民家庭25000余户,有19个行政村,6个居民社区。当地民风淳朴,向来崇文重教,家庭教育资源丰富,有全国自强模范施玉其、全国最美家庭李汝龙、中国好人金小华等先进典型,有乐余老街、红色新沙洲党史教育展览馆、郭卫瓷器馆、永利开心农场、俞氏果园等青少年教育实践基地等。

二、案例呈现

1. 厘清教育资源,夯实家校社协同育人基础。一是排摸清楚本地有教育影响力的场馆教育资源:民国前建成的乐余老街、永利村沉浸式党史教育体验馆、乐余镇俞氏果园等劳动教育实践基地。二是排摸清楚本地名人教育资源:中国科学院院士薛永祺和朱敏、军事科学家倪汉昌等、中国好人金小华、全国最美家庭李汝龙、全国自强模范施玉其等典型人物。

2. 积极培养家庭教育指导师,为家校社协同育人提供优质师资。主动顺应新时代要求,提高广大家长的家庭教育水平。2022年7月,乐余镇社区教育中心联合中国成人教育协会,开办了首届乐余镇家庭教育指导师培训班(见图10.6)。首批共有111名学员报名参加,经过两个多月的学习训练，共有109名学员顺利毕业，取得了家庭教育指导师合格证书，大大增强了全镇家庭教育指导的力量，为提高全镇家庭教育水平打下坚实人才基础。

图 10.6　乐余镇首届家庭教育指导师培训班启动仪式

3. 积极构建家校社协同育人机制，强化全员育人。2023年6月，镇党政办发文，由镇教管条线牵头，建立了由民政、综治、司法、卫健、妇联、派出所、法庭、市监、医院、文体、关工委等部门联合组成的全镇未成年人保护联动机制，建立家校社协同育人机制，及时为特殊问题学生提供个性化教育服务。全镇积极推进"儿童友好乡镇"建设，建设儿童友好街区，镇党委书记、镇长等来到学校与孩子们一起过儿童节，了解孩子们的学习生活情况，调研学校德育工作、家庭教育情况，镇关工委社会妈妈队伍长期结对帮助孤贫学生等。

4. 以项目为抓手，推动家庭教育从示范走向普及。目前，镇社区教育中心着力培育家庭教育精品项目9个："家教乐无忧""寻找美丽家长""生活训练营""父母加油站""益童陪伴计划""青苹果乐园""365家长满分课堂""智慧爸妈""亲子阅读　相伴成长"。这些项目均由学校骨干教师领衔承担，学校场馆资源对外开放，力图通过示范引领，以点带面推动全镇家庭教育的普及推广。

三、案例成效

2022年2月，"乐余镇'协同共育，健康成长'家庭教育的实践探索"被列为苏州市2022—2023年终身教育实验项目。2023年3月，"区域协同发展初中生家庭教育的实践研究"被列为"江苏 3D＋"区域终身学习发展共同体课题子课题。

1. 家校社协同育人观念深入人心。"双减"以来,全镇开展家庭教育活动 200 余场次,积极参加者达 45000 余人,覆盖全镇社区和学校。家长胡慧芳感言:作为家长非常渴望成长,陪孩子一起进步。家长陆娟表示:对孩子的教育是很迷茫的,听了讲座,让自己有了教育孩子的信心。

2. 家校社协同育人机制有效发挥作用。全镇各部门群策群力,明确在家庭教育中的工作职责,逐步形成家校社协同育人运行机制,在对一些问题青少年的教育中发挥了积极有效的作用。2021 年以来全镇共开展法制、禁毒、心理健康、防诈骗、安全等专题教育 200 余场次,共同有效转化特殊问题学生 28 名。

3. 家校社协同育人影响力逐步扩大。通过讲座、课堂授课、心理咨询、亲子活动、知识问答、线上线下微课程等学习活动,受益家长众多。积极参加上级评选申报活动,镇社区家庭教育子项目先后获评"张家港市终身学习品牌项目""张家港市十佳社区品牌项目""苏州市社区教育品牌项目"等。

4. 逐步培育出家校社协同育人品牌。扎实开展"家教乐无忧""寻找美丽家长""生活训练营""父母加油站""益童陪伴计划""青苹果乐园""365 家长满分课堂""智慧爸妈""亲子阅读 相伴成长"等家庭教育项目,活动有声有色,各有侧重和特色,逐渐形成品牌。

案例四:"唱响童谣・传承乡韵"吴侬软语话通安(高新区)

一、案例背景

苏州童谣是以苏州方言进行创作和传唱的儿童歌谣,在苏州地区广为流传,具有浓厚的地方文化特色与乡土气息,是非物质文化遗产之一。通安镇在经济社会快速发展的同时,随着普通话的推广,会讲吴语的人越来越少。为保护和传承苏州方言,2016 年 10 月,通安镇启动开展"唱响童谣・传承乡韵"吴侬软语话通安传统特色文化阅读活动。活动以保护和传承苏州方言为目标,以苏州童谣为载体,通过童谣传唱的形式,不断丰富未成年人的精神文化生活。

二、案例呈现

通安镇高度重视童谣传唱教育项目,开展专项工作会议,制定教育项目活动方案,以"唱响童谣·传承乡韵"为主题,丰富辖区居民精神文化生活,制定辖区各版块童谣系列活动方案,有效推动优秀童谣传唱活动深入开展。

1. 走进校园,开展特色童谣课程

通安镇辖区校园开设了童谣特色专题教学活动,将苏州方言童谣教学融入日常教学活动,定期邀请邢宴春老师现场进行指导教学(见图10.7),针对童谣说唱者在童谣传唱中存在的发音、语调问题逐一纠正并示范正确发音。

图10.7 "唱响童谣 传承乡韵"邢宴春老师座谈会活动

各校园把传唱优秀童谣纳入学校德育教育,充分利用大课间、班队会等时间,组织学生自编自演优秀童谣节目,开展"唱童谣、学童谣、编童谣、画童谣、演童谣"活动,利用校刊、橱窗、板报、微信推送展示优秀童谣,在潜移默化中形成正确的文化理念,进一步丰富少年儿童的精神和文化生活。

2. 走进社区,打造特色居民学校

各村(社区)居民学校定期举办假期童谣专场活动,开展"唱健康童谣,做有益游戏"、"大美通安"童谣大赛等专项活动。社区居民学校以安全和文明礼仪童谣为载体,加强对辖区未成年人的思想道德教育,用童谣引导未成年人的行为,加强礼仪实践,养成文明礼仪的好习惯。

各村(社区)居民学校在开设童谣专场活动期间,鼓励辖区未成年人与家长一起创编童谣童话、诵读童谣童话,营造小手拉大手、共创文明新风尚的氛围。亲子创编童谣作品中,既有畅想春天、叙写生活的童言稚语,也有弘扬雷锋精神、体现爱国爱家乡情感的优秀作品,每一篇童谣都是真挚的、饱含情感的。

3. 成立民间文化研习所,打造特色童谣

成立"通安镇邢晏春民间文化研习所",充分挖掘通安历史文化资源,创编通安特色文化童谣等文学作品,以童谣唱响的形式让广大青少年感受家乡文化知识底蕴,萌发幼儿爱阅读、爱家乡的情感。

三、案例成效

1. 深入挖掘辖区传统文化资源,创编童谣作品

自2016年10月童谣传唱活动启动后,与非遗(弹词)传承人邢晏春合作,创建"通安邢晏春民间文化研习所",以研习所为平台,就通安传统文化资源,为通安镇创编《春天来》《树山东,树山西》《老房子》《通安西,通安东》《硫铃硫铃马去哉》等近30首具有通安文化特色的童谣作品。

2. 推进童谣特色课程资源建设

以创编童谣为载体,录制配套童谣教学视频,开发童谣绘本课程。辖区各村(社区)居民学校组织居民群众学唱优秀童谣,营造"歌声、笑声、童谣声,声声入耳"的氛围,丰富辖区居民群众的精神文化生活,让居民群众尽情吸吮优秀童谣带来的阳光雨露。

3. 推广大平台宣传

童谣教育项目启动开展后,通过微信公众号线上教学推广童谣传唱阅读活动。举办"大美通安"2018苏州童谣大赛(见图10.8),2018年4月开始启动童谣大赛,为期一个月的海选,吸引超过53万人次线上关注访问。2018年5月26日,由区委宣传部、区文化局、通安镇人民政府、区文明办、苏州广电总台交通经济频道联合推出的"大美通安"2018苏州童谣大赛,总决

赛采取现场 PK 的方式，53 名小选手分四组展开比拼，最终决出一等奖 1 名、二等奖 2 名、三等奖 3 名，以及若干入围奖。一、二、三等奖获得者还成为苏州交通广播 FM104.8、苏州儿童广播 FM95.7 的签约方言小主持人。

图 10.8 "大美通安"2018 苏州童谣大赛活动

小小童谣，蕴含大大道理。传唱优秀童谣，既能丰富未成年人的学习生活，又能帮助他们成为有道德的人。通安镇以多种形式演绎童谣，传唱优秀童谣，继承祖国优秀文化，激发爱国热情，激励少年儿童争做新时代有道德的人。

案例五：碧溪上鹞灯进校园（常熟市）

一、案例背景

碧溪新区的"上鹞灯"主要流传于常熟碧溪沿江一带，是当地老百姓过元宵节的一种民间群体活动。上鹞灯在几百年的传承与发展过程中，其制作工艺和放飞技术一直不断进步、不断提高，更是包含了力学、美学、自然科学等相关知识，充分展示了当地百姓的聪明才智、勤奋刚强和对大自然的热爱,以及乐观向上的人生姿态,体现了"天人合一"的精神和人们对和谐生活环境的美好向往,具有较高的艺术价值与观赏价值。

二、案例呈现

1. 加强组织领导,推动项目开展

为确保上鹞灯进校园培训项目的顺利开展,碧溪新区社区教育中心成立了以碧溪新区分管领导为组长,新区教育文体科科长为副组长,新区相关职能部门、新区风筝协会、常熟市和平风筝俱乐部等单位人员共同参与的上鹞灯进校园培训项目工作领导小组,明确分工和具体职责。项目的实施得到了碧溪新区党委、政府的关心和支持,项目经费得到了有效落实。

2. 开展鹞灯培训,促进文化传承

通过深入研究学生对于上鹞灯制作的感兴趣程度及实践可行性,组织碧溪新区鹞灯协会会员于2016—2019年每年开展上鹞灯进校园培训(见图10.9),进校园对学生进行培训与指导,学生自己动手制作鹞灯并且参与共同放飞和上鹞灯文化宣讲、传承等活动,提升了学生鹞灯制作能力,增强了常熟碧溪鹞灯协会的感召力和亲和力,同时促进了鹞灯协会队员与学生之间的沟通交流,充分结合本地区文化特色与地域特点,起到了推动上鹞灯文化继承与发展的作用。

图 10.9　上鹞灯进校园培训

3. 完善上鹞灯进校园制度建设以助力新生代鹞灯爱好者

秉承公益原则，汇集各种资源并以多种形式帮助热爱上鹞灯的学生，组织以关爱与培养青少年课余爱好为目的的公益活动。邀请新区鹞灯协会与常熟市和平风筝俱乐部的老师进行理论指导，组织编写《碧溪上鹞灯》培训教材，作为鹞灯（风筝）进校园培训活动的校本教材，为培训活动的顺利开展打下坚实的理论基础，使上鹞灯进校园的各项活动更具组织性、科学性，助推上鹞灯进校园活动的常态化开展，营造全社会关注上鹞灯文化的良好氛围。

4. 紧密联系学校、老师共同开展上鹞灯进校园活动

上鹞灯进校园活动让学生以团队形式进行中型、大型鹞灯制作，老师也共同参与制作，使参与者体会到了合作与互助的乐趣。同时，举办各级各类鹞灯放飞比赛，鼓励本地学生参加上鹞灯全国各类比赛，提高制扎、放飞水平，丰富师生的课余生活与精神文化生活。如2018年碧溪新区"七彩的夏日"上鹞灯制作培训、2018年碧溪新区全民健身青少年上鹞灯制作比赛（见图10.10）等。通过专题宣传，打响品牌，为上鹞灯的传承与发展创造出良好的氛围。

图 10.10　碧溪新区全民健身青少年上鹞灯制作比赛

三、案例成效

碧溪新区注重培育区域特色文化,自 2011 年设立鹞灯风筝协会起,定期邀请非遗传承人向鹞灯爱好者传授技艺,面向中小学生开展鹞子制作培训和鹞灯放飞辅导,并创建未成年人鹞灯传承基地。

自 2018 年起,碧溪新区文化站携手上鹞灯传承人向常熟市滨江职业技术学校风筝社传授技艺,开展鹞子、鹞灯制作培训活动,通过互相交流和学习,提高制扎、放飞鹞灯的水平,丰富非遗文化内涵,培养下一代传承人。开展上鹞灯进校园培训活动,把上鹞灯文化更好地向青年一代传承,进一步打造鹞灯文化,传承非物质文化遗产,弘扬江南民间传统文化。

第十一章
非遗教育、文化传承类

案例一：大运河文化带建设：服务国家战略，普及和传承江南文化（苏州开放大学）

苏州市职业大学（苏州开放大学）长期开展江南文化研究，以学术研究服务基层、服务地方为理念，努力探索历经三千年淘洗涤荡的江南文化所蕴含的现代性因素，致力于推动苏州特有的传统文化与现代文明有机结合，依托苏州石湖智库积极参与和推动江南文化、运河文化的宣传与建设，多层次全方位地服务政府、服务居民，建平台强研究，为地方出谋划策，为百姓传播文化。

一、案例背景

党的十九届五中全会提出要繁荣发展文化事业和文化产业，提高国家文化软实力。江南文化是中国文化的重要组成部分，是长三角地区的共有基因和精神纽带。苏州历来物华天宝、人杰地灵，是江南文化重要发源地之一。大运河苏州段又是江南文化发展的重要纽带，随着国家"四梁八柱"体系的建构，大运河文化带建设日益成为推动苏州传统文化与现代文明有机结合，彰显名城苏州在新时代的城市个性、增强城市竞争力的重要抓手。

二、案例呈现

1. 高质量打造大运河文旅建设的高端学术平台

2019年9月，苏州石湖智库专家学者积极参与苏州市首届江南运河文化论坛，撰写《江南运河文化保护传承利用苏州倡议》。

2020年12月,以曹毓民作为高校首席专家牵头申报的"大运河(江苏段)文旅融合研究协同创新基地"获批首批十家基地之一(见图11.1)。基地致力于大运河文旅的协同创新研究,立足苏州、面向江苏,向大众传播大运河文化以及江南文化。

图 11.1　省社科联大运河基地授牌

同时,为积极响应国家关于"大运河国家文化公园建设"发展战略的号召,进一步深化大运河文化带建设及文旅融合发展研究,探索大运河苏州段文旅融合创新发展路径及大运河国家文化公园建设举措,2020年10月举办"智汇苏州"学术沙龙。沙龙以"'四位一体'高质量打造具有苏州特色的大运河国家文化公园"为主题,邀请北京、上海、苏州等地专家教授以沙龙对话形式献计苏州大运河国家文化公园建设,并最终形成观点鲜明、可操作性强的决策咨询报告。刘士林教授阐述了"大力发展文化旅游产业,促进国家文化公园与运河城市协调发展"的观点;李丹林教授阐述了"科学保护传承利用大运河文化的法治保障"的观点;其他专家就"四位一体"建设富有苏州特色的大运河苏州段国家文化公园开展讨论。"四位一体"指的是城河一体(苏州古城和运河)、湖河一体(太湖和运河)、园河一体(园林和运河)、富河一体(经济和运河),指出大运河苏州段国家文化公园的建设必须遵循"共抓大保护、不搞大开发"的理念,因地制宜,利用苏州现有的文化资源,做好顶层建设规划，使得大运河苏州段国家文化公园的设计与苏州历史文化名城和现代化国际大都市的城市气质相符合。

11月17日，苏州石湖智库举办了第四期"智汇苏州"学术沙龙。本次学术沙龙以"长三角一体化下苏州文化高质量发展"为主题，邀请中国传媒大学范周教授和南京师范大学陈书录教授，分别就"高质量推进文化产业发展"和"江南文化特质"进行了深入阐述。陈书录教授是教育部哲学社会科学重大课题攻关项目、国家社科基金重大项目首席专家，他以"剑气箫心与江南文化"为题，对"江南文化"的本质进行了独到的解释。他认为，苏州文化是一种智者文化，同时兼具"刚柔相济"和"包容共生"等特点，在新时代具有很好的提升和拓展空间。范周教授是中国文化产业协会副会长、中国传媒大学文化发展研究院院长，近年来主持国家重大重点项目等近十项，承担各个省市文化发展规划130余项，出版学术著作十余部，发表论文200余篇。范周教授结合当下国内文化产业发展的情况，以及人才培养所面临的新挑战，提出苏州在加快文化产业发展过程中，要高度重视新技术的应用，特别要引进和培育更多"交叉型"人才，不断增强文化产业发展所需要的人才优势。

2. 全方位深化江南文化学术研究成果

2021年申报获批国家社科基金项目1项——"明清以来大运河（江苏段）流域民歌的搜集与整理"。同时，协同创新基地还获批市厅级以上大运河相关课题8项，出版大运河相关著作3本，其中《苏州运河十景》作为"一本书、一幅长卷、一个网站、一批文创产品"的立体成果，是苏州市社科联重大委托项目，受到苏州市委市政府以及苏州市民的一致好评。基地研究员先后在《中国高等教育》《中国社会科学报》《解放日报》《新华日报》《群众》发表学术文章12篇，其中，相关文章获《人大复印资料·文化研究》全文转载。同时，基地研究成果获苏州市社科应用精品一等奖1项、二等奖2项、三等奖1项。2021年12月，协同创新基地牵头申报苏州非遗研究基地获批，期望将非遗保护传承与运河文化带建设相结合。同时，积极做好宣传和交流工作。借助石湖智库"智汇苏州"学术沙龙品牌，开展两期与大运河文化带建设以及与江南文化建设有关的学术沙龙。9月22—25日，协同创新基地以"千年运河　锦绣江南"为主题，受邀参加第三届江苏省运河博览会，期间，基地专家陈璇教授受邀出席"长三角文旅发展（苏州）研讨会"并作主旨发言。

3. 多渠道宣传大运河文化建设研究成果

通过与《中国社会科学报》《中国科学报》《扬子晚报》《苏州日报》《姑苏晚报》、苏州市电视台以及各大自媒体、新媒体网络平台合作，开展运河文化传播工作。专家相关建议被苏州市委研究室《决策参考》、苏州市政府研究室《调研通报》、苏州市社科联《决策参阅》等收录。2020年10月，智库专家受吴中区委宣传部邀请，与看苏州APP共同举办了"家在运河"文化课的在线直播，文化课以"一湖润江南，一河通古今"为主题，为社区居民以及在线观看的市民讲述了"太湖与运河千丝万缕的关系"。此堂文化课共有1.5万人观看。

4. 服务政府各部门，提供"智力"支持

与姑苏区政府合作共建"苏州文化传承与创新发展研究中心"，开设"姑苏·大家说"十二讲课程。"姑苏·大家说"苏州历史文化系列讲座启动暨"苏州文化保护传承与创新研究中心"揭牌（见图11.2），表明苏州石湖智库致力于服务地方，将苏州文化研究领域造诣深厚的专家学者集聚古城，为保护区、姑苏区深入挖掘保护、不断传承创新古城文化献智献策，助力姑苏在打造文化IP、提升文化影响力上谋创新、塑特色，书写苏州历史文化保护研究与利用全新篇章。目前，课程开设了两讲，受到姑苏区委领导的一致好评。

图11.2　2022年苏州市职业大学党委书记钮雪林与姑苏区委书记方文浜共同为中心揭牌

5. 对接街道与社区,开展"文化"普及

智库建设秉承服务地方发展需求之理念,主动对接社区、街道,送经进社区,为居民讲故事、讲文化,为创造人民美好生活提供智力支持。智库研究员先后参加吴门桥街道"做活姑苏运河'最精华'文眼的学术沙龙";与枫桥景区共同协办作为江南运河文化节的重点项目"枫桥诗会";与金阊街道运河社区共建运河党群服务中心,开展"我家住在运河边"项目研讨会,为社区居民讲故事,获运河社区党委颁发的"最佳红色合伙人"称号。

三、案例成效

智库自成立以来,以大运河文化带建设为重要抓手之一,始终按照"接地气、讲质量、创特色"的原则,开展有针对性的学术探索、理论研究和社会服务工作,在大运河文化带建设理论研究、学术品牌的打造以及服务社区居民方面取得重要成果,深受社区居民的喜爱,在苏州市以及江苏省内形成了一定的影响力和品牌效应。2021年新年,《新华日报》联合江苏网邀请省内九位专家推出了"'智'说运河:专家带你游大运河"活动。智库专家受邀参与,作为苏州段的解说专家。活动被学习强国APP专题介绍。

1. 师资队伍实力强劲,努力为居民百姓普及文化

团队对接苏州市金阊区运河社区的建设工作,积极开展市民讲坛,开展"我家就在运河边"项目推进会;团队积极参与姑苏区吴门桥街道"石湖串月"活动,团队成员受聘"姑苏大运河文化研究中心"专家成员,为姑苏区的大运河文化带建设出谋划策;团队成员积极参与平望打造大运河农文旅新运河小镇的建设,作为评委出席平望新青年文创大赛;团队成员作为主讲嘉宾出席吴中区"运河家"系列讲坛,讲座在看苏州APP全程直播,有近2万观众在线观看。

2. 平台建设成果卓越,积极为地方政府出谋划策

团队成员作为苏州市宣传部大运河文化带建设专家组成员,参与苏州市大运河文化带建设的各类专家咨询会。参加苏州运河十景遴选评审,参加大运河国家文化公园的建设论证以及各个板块运河文化带建设咨询论证工作。基地研究员作为首席专家参加了江苏省旅游协会"长三角文旅发展(苏州)研讨会"并作主旨发言。

3. 媒体宣传影响显著，成功为运河文化推广发力

基地研究员作为专家参与苏州市电视台《运河之城》的录制工作，多次接受包括《焦点访谈》《新华日报》、苏州电视台、《苏州日报》等媒体的访谈。同时，编纂《苏州运河十景》，打造"一本书、一幅长卷、一个网站、一批文创产品"的效果日益显著，苏州市社科联举办首发式，苏州电视台跟踪报道。

案例二：振兴龙狮，弘扬文化（太仓市）

一、案例背景

龙狮文化是中华民族的文化瑰宝，龙狮所独有的团结奋进、顽强拼搏精神是中华民族优良传统的集中体现，也是中华民族生生不息的精神源泉。双凤龙狮文化以双凤龙狮文化展示馆为基地，以社区教育为手段，渗透学校教育内容，培养了走向国际舞台的龙舞队伍，同时也为双凤"福地文化"和太仓全国综合实力"十强县"建设提供了源源不断的精神滋养。

二、案例呈现

1. 创建龙狮文化展示教育基地

为传承龙狮文化精神，双凤镇创办了龙狮文化馆，建成大师工作室（龙狮传人仇国良龙狮工作室，见图11.3）、龙狮工艺生产厂，推进龙狮文化进社区、进校园、进企业，形成国内首屈一指的龙狮文化"产、教、传"基地。以双凤龙狮文化展示馆为依托，社区和学校融合，技师与教师共同开发龙狮制作教材、舞龙舞狮技艺教材、龙狮文化教育课程教材等，先后出版了本土化特色培训教材5本：《龙狮产品设计和手工制作》《龙狮书画课程教材》《体育龙狮校本课程》《Scratch动画（龙狮）设计》《太仓市双凤中学舞龙套路》。

同时，加强龙狮文化在当代社区教育中的探索，已完成市级课题"感受龙狮文化魅力，探究舞龙舞狮技法"，创新了龙狮育人方法和路径；成功立项江苏省教育科学规划课题"文化传承视野中'龙狮舞'艺体课程群开发的研究"，不断提升龙狮文化教育内涵的深度、社会的关注度和群众的参与度。

图 11.3　仇国良龙狮工作室作品

2. 开展龙狮文化教育传承

双凤龙狮特色文化教育传承得到太仓、苏州两级政府的大力支持,依托大师工作室,龙舞传人仇国良大师亲授技艺(见图 11.4)。组织当地中小学生和城乡居民到龙狮馆、艺术馆参观、体验,传播龙狮文化,展示龙狮魅力,传承龙狮精神。推进龙狮文化进校园,双凤中小学开展龙舞制作班、龙舞舞蹈班,新湖小学、双凤中学将龙舞精神渗透到德育课堂。在当地高职院校苏州健雄职业技术学院开辟建立中国龙狮艺术研发教育基地,把非遗财产龙狮文化与高校教育有机结合,锻炼了学生的意志品质,陶冶了学生的道德情操。

图 11.4　传承人教授制龙扎狮技艺

3. 形成龙狮文化特色品牌

2007年，双凤龙狮制作技艺列入太仓市非物质文化遗产名录。2008年，经文化和旅游部复评，授予双凤镇"中国民间艺术之乡——龙狮之乡"称号，双凤镇举办大世界基尼斯之最——规模最大的青年舞龙活动，1100名青年参与舞龙。太仓双凤龙狮技艺享誉全国、闻名中外，先后获得2012年中国国际大体育节舞龙大赛银奖、民间扎龙金奖、"陆家杯"全国舞龙银奖、"灵山杯"江苏舞龙金奖等20余项奖项。

4. "以赛扬名"扩大龙狮文化影响

定期举办"非物质文化遗产代表作名录大展演""旅游团体验活动""庙会活动"等各级地方巡演活动，宣传双凤镇龙狮文化与龙狮精神。组织参加各级各类龙狮比赛，提高双凤镇龙狮文化品牌效应，提升龙狮文化育人水平，让龙狮传人在实战中快速成长，增强龙狮爱好者的信心和热情，锻炼他们"敢为人先、脚踏实地、灵活变通、和合互信、勇敢担当、不屈不挠"的新时代龙狮精神。在狮王争霸赛、灵山杯江苏省舞龙精英邀请赛、安徽龙狮大赛、陆家杯全国舞龙邀请赛、江浙沪龙狮大赛、国际邀请巡演等比赛中，先后获得金、银、铜奖20多项，双凤龙舞品牌享誉全国，驰名海外。

此外，龙狮文化产业也在不断做大做强。在政府支持下，20世纪70年代仇国良开办文艺工厂，试制出龙狮成品，推向市场，获得成功。目前，太仓市城厢镇、双凤镇有13家文艺工厂生产销售龙狮，产品远销海内外，形成特色文化产业，市场占有率占全国一半以上；双凤龙狮销售也从国内扩大到了国外，美国前总统奥巴马就职庆典预订的"中国龙"就是双凤龙狮。

三、案例成效

依托双凤龙狮文化教育传承基地，不断加强龙狮"文化、产业、教育"三位一体发展，在繁荣文化产业、传播龙狮文化、培养龙狮传人、引导学生成长、传播中华文化等方面产生了良好的经济效益和社会效益。

1. 形成了龙狮特色文化产业

产业是文化的基础。为繁荣龙狮文化，太仓市城厢镇、双凤镇先后创办了13家太仓市龙狮民间工艺美术厂，生产、销售龙狮，产品远销海内外，将各种龙狮产品打进国内市场，并走出国门。双凤龙狮制作技艺被确定为苏州市非物质文化遗产,双凤镇被文化和旅游部命名为"中国民间文化艺术之乡"(龙狮之乡),不但传承了双凤龙狮技艺,而且成为脱贫致富的绝活。双凤龙狮文化品牌助推了经济社会发展,形成了龙狮特色文化产业。

2. 培育了一批中华龙狮传人

舞龙舞狮运动是一种集武术、舞蹈、音乐、技巧等综合因素于一体的体育项目。可用于健身,也可用于各类庆典和仪式,充满吉祥和欢乐,具有观赏性,富有生活情趣。仇国良素有"江南狮王"称号,作为双凤镇龙狮传承人、民间艺术家、教育家,培养了12个太仓籍学徒和5个外地徒弟,培育了一支享誉国际舞台的龙狮队,在新湖小学、双凤小学、双凤中学,用龙狮精神塑造校园环境,以龙狮技艺培养学生的中华技艺,培育着新一代龙狮传人,传承了中华龙狮文化精髓。

3. 促进了青少年全面发展

教育的使命不仅仅是帮助孩子习得知识与技能,更重要的是引领青少年的精神成长,让他们在学习过程中获得灵魂的碰撞和升华。让青少年用自己的心去倾听、去感受、去体悟生命中的真、善、美,这远比说教式的教育更生动形象,也更能让人信服。"龙狮舞"文化有着敢为人先、脚踏实地、灵活变通、和合互信的精髓,是孩子们成长教育的天然养分。在"龙狮舞"文化的情境中,青少年接触和体验人、事、物,触动他们的心灵,使他们在了解、认同并创新的过程中潜移默化地受到熏陶。通过龙狮表演,帮助学生构建"惯于耐心与踏实、善于思维与想象、乐于交流与合作、勇于实践与尝试"等良好习惯,鲜活地引领青少年生命成长,让其人格自然而完美起来。

4. 扩大了中华文化国际影响

双凤龙狮队在江苏、上海、广州等舞台上多次获得金奖、银奖、铜奖等奖项,龙狮精神得到了传扬,龙狮文化得到了发扬,地方龙狮产业得到了发展,龙狮文化教育影响力日益增强。国内近一半龙狮产品来自太仓双凤,双凤镇的龙狮产品远销欧美等发达国家,众多政府、驻外使馆不远万里采购双凤龙狮产品,增添节日气氛。龙狮承载着中华文明走向全世界,扩大了中华文化的国际影响力。

案例三：非遗学堂，传承蚕桑（高新区）

一、案例背景

蚕桑文化是中国文明的起点，是国人的骄傲，至今已有4000多年的历史，流传地区、人群之广足以成为"最具中国特色的文化形态"。苏州享有"丝绸之府"美誉，历史上种桑养蚕、纺丝织绸，蚕桑文化是苏州的一张名片。浒墅关镇蚕桑历史文化源远流长，拥有桑园、桑蚕养殖户、茧站、丝织厂等丰富的蚕桑资源。浒墅关镇的蚕桑事业，由女子蚕业学校、大有蚕种场、浒墅关镇区诸蚕种场以及周边乡镇各蚕农家庭组成饲蚕产茧产业链。浒关蚕种场是近现代蚕桑业的一处重要工农业生产场所，历史悠久、规模庞大。近几年来，浒墅关镇将蚕桑文化传承融入社区教育，利用蚕桑资源构建社区教育特色项目，为居民终身学习注入传统文化细胞，让居民感受古镇悠久的历史和人文故事，培养本土意识和乡土意识，激发群众爱家乡、爱祖国的情感，体现文化自信。

二、案例呈现

1. 传承传统文化

为了再现古镇风貌，传承蚕桑文化，浒墅关镇正在打造一个定义为游憩型、城市生活目的地的非传统古镇。其中运河文化商业广场通过恢复修缮苏州蚕种场民国时期建筑群、浒墅关老电影院旧址等，展现"晓·学、蚕·里、钞·关、剧·源、尚·河、守·艺、茧·舍"七大场景。"蚕·里"展览中心是浒墅关镇蚕桑文化宣传教育的主阵地。蚕·里通过五坊四里的形式体现浒关城市客厅的概念，融合蚕桑文化，展览中心集中展现浒关悠久的蚕桑历史文化。另外还编撰《浒墅关志》《史说浒墅关》《浒墅关文化遗踪》等书籍，详细记载了浒墅关的蚕桑文化。

为了加强教育辐射，将蚕桑文化纳入社区教育文化传承的重要方面。全镇实现了市民学校的全覆盖，依托12个村（社区）居民学校社区教育基地,充分发挥12个居民学校、1个文体中心、2个青少年活动站、3个大型图书馆等各类活动阵地,建立相关制度、组织网络。2014年以来共开设培训学习活动78次,受教育者达万人次。

2. 培养师资队伍

由社区教育工作者、学校优秀教师、大学生村官、热心传统文化的社会爱心人士组成"蚕·里"文化宣讲团,发挥他们的积极性和主动性,共同策划、参与各类宣传教育实践(见图11.5)。此外,成立文体中心"蓝之梦"、"大学生村官"艺术团、惠丰社区舞韵舞蹈队等文化艺术业余宣传队16支。

图 11.5　青年教师蚕桑文化教育活动

3. 突出地域特色

浒墅关蚕桑业在国际上享有盛誉,浒墅关蚕种在海外被称为"铁种",传承和振兴蚕桑文化。在学校、社区、文创家园及蚕里中心植入蚕桑文化科普。创设一定的蚕桑文化主题氛围,让孩子参与探索、认知、感受、表达与表现的整个活动过程,引导他们懂得珍爱生活,享受成长的快乐。社区组织辖区内的家长、小朋友开展"领养蚕宝宝　春天带回家"主题亲子活动,聘请民俗专家授课。家长和孩子一起参与饲养蚕宝宝,认真观察蚕的变化,培养了孩子们认真观察、耐心饲养的能力,促进了亲子交流。融合惠丰社区"茉莉花时装队",旗袍秀秀出女性风韵和精彩,树立文化自信,增添妇女智慧。

4. 丰富传承形式

以蚕桑文化为主题的舞蹈《蚕桑丝路　梦回浒墅关》(见图11.6)在高新区群众文化创作节目大赛中获得一等奖,还参加苏州市群众文化"繁花奖"的角逐,优美灵动的舞姿使蚕桑文化得到很好的传承。以春节、"5·15"国际家庭日、"六一"儿童节、国庆节为契机,通过开展手抄报、DIY传统制作、知识竞赛、书画艺术等形式多样的活动,加强蚕桑文化认知,让居民们体会文化乐趣。许多富有地方特色的蚕桑民俗正面临消亡的命运。特别是"80后"、"90后",蚕桑文化对于他们而言已经开始陌生。如何让子孙后代了解蚕桑习俗,将优秀的民俗文化保留下来,并且能够得到传承和发扬?对此,浒墅关镇政府对当地留存的蚕桑习俗进行整合,将"蚕·里"展览中心作为蚕桑文化教学传承基地,让浒墅关的新一代了解家乡的蚕桑文化。此外,通过文艺形式让更多的人参与到蚕桑文化的保护队伍中。

图 11.6　蚕桑文化宣传舞蹈《蚕桑丝路　梦回浒墅关》

三、案例成效

从特色项目层面来说,蚕桑资源的开发和利用,丰富了原有社区教育蓝本的内容,改变了教学封闭、单一的状况,使项目更具文化特色,教育内容更有内涵,更具直观性、生动性。从文化浸润角度来看,社区教育与广大居民生活世界密切联系,在生活实践经验基础上,拓宽了他们的知识面,以生活化的物件激发他们的学习热情，调动学习主动性和积极性，从而提高学习的有效性，同时也培养他们热爱家乡的美好情感。从社区教育教师角度来看，在进行蚕桑特色项目课程的开发与实践过程中，强化了教师的课程意识，提高了教师的课程设计能力。从居民发展角度来看，弘扬蚕桑文化，促进社区教育内涵建设，提高了社区教育的教育质量和辐射影响力。

案例四：传承非遗文化，弘扬工匠精神（吴中区）

一、案例背景

苏州的碑刻碑拓制作技艺历史悠久，以精巧细致、格式独特、内容丰富而独树一帜。碑刻，是指刻在碑上的文字或图画。碑拓，是南朝时出现的一种印刷技术，是中华民族传统文化的代表。在印刷术诞生之前，古代遗存下来的文字有不少是在石头上记下来的，碑拓是将碑版上的文字或图像，用宣纸紧覆在碑版上，用墨打拓其文字或图形，然后将纸揭下，纸上留下碑版上的文字或图形。它的出现为雕版印刷术的产生提供了条件，是历史发展的重要佐证。2007年，苏州碑刻制作技艺被批准为"江苏省非物质文化遗产"。木渎弘戈堂艺术碑刻工作室致力于各类艺术碑刻及艺术雕像的设计制作，以弘扬中华优秀传统文化，传承非物质文化遗产石雕、碑刻、碑拓技艺为己任。

二、案例呈现

1. 创设非遗文化传承学习基地

弘戈堂艺术碑刻工作室创立于1991年，工作室始终秉承"笃实耕耘，精雕细琢"的工匠精神，坚持纯手工雕刻，追求品质第一，以诚信待人，以道义律己，在海内外树立了良好口碑。2009年工作室被确立为"苏州碑刻博物馆非物质文化遗产碑刻技艺传承基地"，并以此为契机，与学校、社区合作，开设公益课堂，热心服务于每一位学习者、爱好者。

2. 积极参与公益性传承推广活动

为进一步弘扬中华优秀传统文化,传承非物质文化技艺,工作室积极参与各类公益性传承推广活动:2015 年,天平山范仲淹文化节免费展示和传授碑刻碑拓技艺;2016 年,镇江丹徒中国米芾书法公园现场教授碑拓制作;2017 年,江阴孔庙、常熟真武观等单位展示碑刻技艺,教授碑拓制作;2018 年,首届"石能言"苏州传统文化大讲堂开设专题讲座《教育人生,刀刻情怀》;2019 年,《2019 忆江南·苏州大运河碑刻拓片展》进行学术讲座《苏式碑刻传拓技艺与苏州碑刻文化》;2020 年,开设《保护遗产,传承文化,实现中国梦》专题讲座。

3. 开展非遗文化学习体验活动

走进学校、社区:非遗传承老师走进木渎高级中学、胥口实验小学、苏州市新区浒墅关幼儿园等多个学校,义务培训学校老师,再由老师教给学生;走进木渎古镇游学基地,让师生现场观摩、亲身体验,帮助大家获得关于传统碑刻技艺的最直观感受(见图 11.7)。走进木渎各个社区,免费为市民讲述非遗,呼吁市民保护世界遗产,继承和弘扬非遗精神。

图 11.7 学生体验成果

三、案例成效

1. 弘扬中华优秀传统文化

碑刻、碑拓与书法、美术、篆刻、文学、历史都有着紧密的关系，碑刻集"五美"于一身，它的文字美、篆刻美、书法美、文化美、历史美，让大家在体验碑刻技艺的同时，了解相关历史文化，感受繁盛优秀的中华文明。在碑拓体验活动中将一颗颗弘扬中华传统文化的"火种"传播给了大家，使他们真切感受到中华传统文化的博大精深，激励大家用行动来继承和发扬中华优秀传统文化。

2. 培育非遗文化技艺传人

苏州碑刻博物馆"碑刻技艺传承基地"负责人戈春男，是苏州碑刻技艺自吴昌硕起，至周梅谷、钱荣初、时忠德一脉沿袭相承的传人。他二十年如一日，热衷于弘扬中华优秀传统文化，传承非物质文化遗产碑刻碑拓技艺。如今，他的工作室已有学徒13人，在他的指导影响下，一批"80后"碑刻工艺师已经成长起来。作为碑刻非遗传承人，他致力于让传统技艺活起来，为现代社会服务，这是他的传承梦想，也是我们要弘扬的工匠精神（见图11.8）。

图 11.8 演示碑拓步骤：上墨

3. 扩大非遗文化社会影响

工作室自成立以来,承接了国内外各类重要文化景观项目,将中国非遗文化远传海外。主要作品有文化和旅游部派塑的《邓小平汉白玉雕像》、台湾地区《法华经》碑、无锡灵山胜境荷花仙子大型雕像、苏州寒山寺"天下第一诗碑"、苏州山塘街白居易纪念馆白居易胸像、三峡白帝城《前后出师表》巨碑、镇江"米芾书法公园"580米碑廊、吴江"笠泽文体广场"400多米历代名人书画碑廊及80平方米体育项目大型浮雕、南京《栖霞山赋》碑等重要文化景观。"神舟十号"飞船上天的时候,飞船上搭载了一张书有"中国梦"字样的碑刻拓片,而这张融书法、碑刻、拓碑技艺于一体的作品,左边的落款为"佛涛"和"戈氏艺术碑刻工作室戈春男镌"。现在拓片由故宫博物院收藏。精湛的雕刻工艺和不忘初心的坚守,让"弘戈堂"声名远扬。

木渎镇将"弘戈堂"作为市民传统文化学习平台,开设碑刻、碑拓、书法、美术、篆刻等课程,传播中华优秀传统文化及技艺,惠及全镇市民。

案例五:虞东书屋·阅享社区(常熟市)

一、案例背景

何市位于常熟市东部,横沥、芦泽两塘交汇处,又称虞东、桂村。是上千年来众多乡贤一同创造孕育文化的故土,积聚了无数典故、遗迹、人文故事,形成了独特的文脉,是桂村人心灵的依托和自豪。乡土文化的普及推广,对于居民尤其是新市民增进了解社区传统和历史,更好地融入社区,成为社区建设的参与者而不是旁观者,作用无可替代。终身学习的本土文化与课程资源开发,对于加深心灵家园的归属感,增进对出生地、居住地的了解和社区优秀传统文化的认同,意义非凡。

通过社区调研,何市社区居民有读书的悠久传统,更有迫切的现实需求。退休人员和少儿更喜欢阅读,他们需要读好书,读有关本土作家的书,读有关乡风民俗的书。何市乡贤名人效应显著:有中国作协原副主席何建明、清末民初常熟县代理民政长徐兆玮等名人,影响久远。何市群众阅读基础深厚:社区拥有卓越的文化根基,书楼众多。有清末藏书楼虹隐楼、何建明书房、桂村书屋以及多个综合性文化场所,能多层次满足不同文化阶层的居民日常精神生活需求。

二、案例呈现

1. 本土乡贤传统文化的传承

开展徐兆玮事迹风骨宣讲、徐兆玮日记赏鉴、虹隐楼系列读书活动等。一众文史爱好者"虹隐沐新辉　悦读享生活"(见图11.9),听虹隐往事,追岁月痕迹,在本地专家郁新带领下参观虹隐楼,赏虹隐文集,读百态人生,赏析了徐兆玮《支川归舟怀北山》。听何市文史学者李家成讲述徐兆玮开邑内乡镇办学新风之逸事。聚中心小学与新市民学子于虹隐楼开展"分享阅读,共享书香"活动,使学生了解本地乡贤,感悟乡村俊杰精神传承,树立文化自信。

图11.9　何市社区"虹隐沐新辉　悦读享生活"活动

走进市图书馆,借馆藏于市图书馆之篇幅宏大、内容丰富、总计297册600余万字的堪称清末民国江南地域性百科全书的徐兆玮日记稿本(原藏于虹隐楼——虞东书屋的组成部分),开展"书香润童心,先贤伴成长"活动,研究当时地域性社会变迁、文化民俗,再现并见证了珍藏 100 多年的列入清史工程(国家清史编纂委员会)之徐兆玮日记真迹的重要文史价值。

2. 本土名人何建明文化精神的传播

何建明,常熟何市人,中国作协原副主席、中国作协报告文学委员会主任。"行远且思本　筑梦向未来",在何建明书屋开展何建明报告文学读书分享会,邀请市教育局何建文主任解读何建明先生报告文学名作《落泪是金》。何主任结合自身的求学经历,鲜活地与大家分享了该书记述的贫困大学生执着大学梦的洒泪之路,剖析了当时学子们在物质与精神上的双重艰辛。诸多社区与会者听完后不禁潸然泪下,分享会现场的青年学生们在认真阅读书作后,当场与何主任进行了互动,表达了自己内心的触动以及从字里行间感悟的人文精神与人生启迪。

3. 文化传承进社区、学校、机关

何市社区在王淦昌故居开展了"传承模范精神　汲取奋进力量"——纪念王淦昌先生诞辰 116 周年读书活动。原常熟市教育局教研室主任何建文为大家介绍了何建明与王老间的忘年之交、《惊天动地的"两弹"元勋》成书的背景以及书中记录的"王淦昌先生的趣事"。

支塘镇政府承办了"虞东书屋·悦享社区"之"何建明红色书籍阅读·分享·签名活动",邀请何建明先生分享他的写作历程。何主席说,作为一名江苏籍作家,他迫切想要记录下雨花英烈的种种壮举,让更多人看到他们伟岸的身姿,记住他们的丰功伟绩!所谓十年磨一剑,十年来他搜集大量史料,采访相关人物,呕心沥血,玉汝于成,完成了这部自认为 40 年创作生涯中用情最深、用功最多的作品。席间,何主席代表性地向出席阅读分享活动的嘉宾讲述了《雨花台》中丁香烈士的故事。现场诵读书声琅琅,作者动情讲述掷地有声,文化气息浓郁,气氛热烈。活动的最后,与会者纷纷拿出自己的书请作家签名。

4. 打造本土文化品牌,增强新市民的归属感

通过本土文化宣讲、读书分享活动、书屋开放日等活动,使全体居民了解本土的传统文化,从而增强文化自信和家乡的荣誉感。让新市民通过活动与生活实践的体悟,认同本土文化,增强归属感。要让年轻一代,特别是青少年,了解本土文化、传承本土文化,埋下文化传承、发扬光大的种子。

三、案例成效

1. 读书分享

在何市社区道德讲堂开展"阅读红色经典 传承红色基因"读书活动。学习习近平新时代中国特色社会主义思想,并收集了《忠心赤胆鉴日月 爱国精神耀山河》《坚守信仰,发扬红岩精神》《"十一"的歌者》等红色书籍读后感。还开展了何市社区"虞东书屋 阅享晚年"等系列活动。

2. 专家讲座

聘请本土专家和著名作家开展讲课活动。邀请教育系统、文化条线等专家、领导参与读书活动、文化宣讲活动。在支塘镇政府举行了"虞东书屋·悦享社区"之"何建明红色书籍阅读·分享·签名活动",邀请了书籍作者何建明参与活动并作讲座。

3. 参观研学

组织读书爱好者走出乡土,拓宽视野,开展"书香润童心,先贤伴成长"活动,参观翁同龢故居,走进常熟图书馆等文化场馆(见图11.10)。

图 11.10 暑期研学游:书香伴成长

案例六：越溪船拳文化的传承与推广（吴中区）

一、案例背景

2020年9月28日，习近平总书记在十九届中央政治局第二十三次集体学习时的讲话中指出："中国有坚定的道路自信、理论自信、制度自信，其本质是建立在5000多年文明传承基础上的文化自信。"在考察殷墟遗址时，习近平总书记再次强调"中华优秀传统文化是我们党创新理论的根"，赋予中华优秀传统文化崭新的时代内涵。这对越溪船拳的进一步发展指明了方向。

二、案例呈现

1. 加强科学研究，解码文化基因

在众多当地高校的参与下，依托江苏省哲学社会科学界联合会研究课题和苏州市文旅科研项目对越溪船拳开展了科学、系统和规范的研究。通过研究，梳理了江南船拳的发展历史，丰富了江南船拳文化内涵。古老的江南船拳和其他非物质文化遗产一样，是古代劳动人民智慧的结晶，不管是基础训练还是呈现形式，不管是队伍间的竞争还是拳种间的融合，都包含了许多处理人与自然、人与社会之间关系的有益启迪，蕴含了许多值得大家学习、借鉴的理念。

2. 全面提升技艺，深度融入生活

越溪船拳经常受邀参加当地各类民俗活动和各类推广活动节目的录制。然而，目前的越溪船拳传承人群，主要以学校师生为主，需要培养更多、更广泛的社会传承力量。希望在普及船拳文化的同时，组建一支相对稳定的传承队伍，有利于船拳技术的持续提高；有利于诸如橹船操作技艺、锣鼓演奏技艺、传统服饰制作技艺等船拳相关文化展现得到整体性的提升；有利于各类活动的组织和参与，以满足人们在不同阶段、不同场合、不同情境，不断提升的欣赏、互动、参与和传承等需求。

3. 利用各类平台,讲好船拳故事

在开展各种基础性研究的基础上,越溪船拳文化有了展示的丰富素材和切入点。我们利用各级各类平台,大力讲好船拳文化故事,取得了不错的成效。如:越溪船拳受到了业内研究机构的关注,各类访谈多起来了。《现代苏州》《运动苏州》《苏州日报》《姑苏晚报》、苏州广电总台等媒体都派出记者,对越溪船拳进行了专题采访。受邀参与拍摄了苏州广电总台《寻找非遗》《闪亮的宝藏》《江南文化知识竞赛》《行走新时代,美丽乡村行》等多部江南船拳专题节目。2022年9月,新华社国际传播融合平台的《秀我中国》栏目组来到苏州,邀请吴文祖老师在护城河游船上向外籍人士传习船拳招式,沉浸式体验苏州尚武精神。

4. 交流展示学习,营造文化高地

积极探索船拳文化参与旅游推广的可行性,逐步将其融入当地发展规划,建设一个可供市民或游客参观、极具江南水乡特色的水上"江南船拳非遗文化展馆",举办面向社会大众的江南船拳文化宣传和培训推广活动(见图11.11)。逐步建立和打造一个集江南船拳研究、交流、培训、展演于一体的基地,为船拳爱好者提供一个专业的实训场地,为游客提供一个极具当地特色的旅游参观目的地。2013年于芜湖,2019年、2020年于广州,先后多次参加中国体育文化博览会和中国体育旅游博览会,展示江南船拳文化的魅力。

图 11.11 举办江南船拳暑期训练营

三、案例成效

1. 获得国家级荣誉和宣传报道

获得"最中国的体育项目"赞誉。船拳表演的双橹快船、船拳表演者所穿的江南水乡服饰以及为江南船拳表演助兴的民间音乐等,都具有鲜明的吴文化特征,展现了吴文化和江南民俗风情的历史画卷。2021年6月,江南船拳被《中国国家地理》誉为"最中国"的体育项目,并在《中华遗产》作了专题介绍。2020年6月,越溪船拳视频专题片《传承船拳文化,攻守修炼人生》,荣登"学习强国"平台;2019年1月,吴文祖老师获评苏州市十大体育魅力人物;同年7月,根据吴老师事迹拍摄的视频专题片《江苏非遗|吴文祖:振兴船拳,"船"承下去》,登上了"学习强国江苏学习平台";2023年5月,越溪船拳精彩亮相央视频综合频道CCTV-1播出的大型文化季播节目《非遗里的中国》(见图11.12)。

图11.12 《非遗里的中国》:船拳传承人吴文祖

2. 船拳文化进校园品牌效应

在吴文祖老师的推动下,吴中区成立了江南船拳研究会,与吴中区越溪实验小学、苏州市职业大学等多所院校合作,形成了独具特色的教育文化品牌。自2008年起,吴中区越溪实验小学就把船拳列入体育课程,利用课余时间组织全校师生练习,每年定期举行船拳文化节活动。2011年12月,该校被教育部评定为首批全国中小学中华优秀传统文化艺术传承学校。吴中区越溪实验小学在传承传统文化的同时,强身正德,以文化人、以武育人,秉承"传承吴越文化精华,丰富校园文化内涵"的宗旨,走出了一条特色办学之路。

3. 船拳文化科研成果丰富

2013年12月,吴文祖参与编写的江南船拳校本教材,被江苏省教育厅评定为江苏省基础教育类教学成果二等奖。2019年11月,他撰写的论文《江南船拳非遗文化的社区教育价值》荣获苏州市社会教育优秀论文评比一等奖。2020年10月,他编著的江南船拳市民读本《尚武江南的"船"说》由文汇出版社出版。2021年2月,他的13万字长篇小说《江南船拳》在《今古传奇》发表。2021年11月,他参与创作的歌曲《吴韵船拳》获苏州市群众文化繁星奖。2020年4月,他主持的江苏省哲学社会科学界联合会研究课题"濒危非遗项目江南船拳品牌建设研究"顺利结题。2021年1月,他主持的苏州市社会教育研究课题"江南船拳文化研究"通过专家鉴定,顺利结题。

船拳被视为建构江南形象重要的文化名片。吴文祖老师及其团队将继续深入贯彻落实党的二十大报告中让中华优秀传统文化得到创造性转化、创新性发展的相关精神,以"让中华文化绽放新的时代光彩"为背景,让越溪船拳焕发新的生命力,努力展现越溪船拳在新时代应用的无限可能,以"船拳+"的多元打开方式展现新时代的中国面貌。

第十二章
老年教育、智慧学习类

案例一：风景这边独好
——大新镇"幸福夕阳移动课堂"（张家港市）

一、案例背景

"幸福夕阳"移动课堂是张家港市大新镇社区教育中心针对老年教育的现状而实施的项目。长期以来，因种种客观因素的制约，农村老年教育举步维艰。作为终身教育的重要组成部分，农村老年教育事实上是实现全民学习、终身学习的关键，只有农村老年教育实现了全覆盖，全民学习、终身学习才有希望成为可能。

按照传统思维，老年大学的建办离不开固定阵地。但根据农村老年人的实际情况，如要扎实办好老年教育，提高老年人的受教育面，就不能靠等老年人上门，老年教育的服务重心必须下移。只有让老年大学的课堂和师资主动去贴近老年人，直接将老年大学的课堂开到群众家门口甚至是群众家里，更多的老年人才可能得到学习的机会，才会选择更健康的精神寄托方式。

二、案例呈现

大新镇现有60岁以上老年人1.1万人，大多分散在农村。镇社区教育中心老年大学开设的学习平台仅对镇区老年人可以发挥很好的作用，更多散居在农村的老年人却很难沾边。

1. 出台措施，挖掘点位

为了让更多的老年人足不出村（社区）甚至足不出户就能参加学习活

动,大新镇社区教育中心在认真调研的基础上,探索多元教育和开门办学模式,制定出台了移动课堂开设管理办法:凡是热心学习的居民,只要家中具备一定的空间或场地等基本条件(比如客厅能容纳20到30个人),镇老年大学就可以将"幸福夕阳"移动课堂直接开设到居民家中;对有一技之长的老教师、老干部、老党员、老模范、老企业家,只要热心老年教育,有能力完成相关教学任务,均可加入"幸福夕阳"移动课堂志愿讲师团队伍。2016年五个点位率先符合大新老年大学"幸福夕阳"移动课堂的开设条件,不仅为全镇老年人平时学习提供支持,更让群众从中直观感受到政府对老年教育的高度重视(见图12.1)。

图 12.1 "幸福夕阳"移动课堂秋季远足活动

2. 加强管理,统一考核

移动课堂开设以后,镇老年大学不是放任不管,而是采取了老年大学专职管理老师分工负责制,每位老师负责一到两家移动课堂,与老年学员一起上课,做好学员上课点名签到,与老年大学本部一样统一考核。严格做好师资培训工作,使他们的一技之长真正得到充分发挥。2016年,大新镇10个村、3个社区全部具备了开设条件,大新老年大学便在全镇所有村、社区开设了"幸福夕阳"移动课堂,由各村、社区教育管理员专门负责此项工作。

3. 注重质量,灵活多样

为了确保"幸福夕阳"移动课堂能收到实实在在的成效,镇老年大学在注重数量和质量的前提下,还注重课堂形式的多样化,让老年人由衷地发现"幸福夕阳"移动课堂是他们内心向往的地方、喜爱的乐园。在第一批 5 家"幸福夕阳"移动课堂正常开设灵活小课进行教学的同时,大新老年大学又将一些特别适合共享的课程集中开设固定大课(见图 12.2)。如邀请全国十大孝子王凯作《孝的长征》集中讲座,让老年人感受到中华传统美德的巨大魅力;邀请国内著名养生专家作"五福养生"健康教育集中讲座。每上完一次集中大课,大新老年大学又会将同样高水准的讲座送到各村社区的"幸福夕阳"移动课堂作小课巡讲。

图 12.2 "幸福夕阳"移动课堂——书画班

三、案例成效

"幸福夕阳"移动课堂的成功开设标志着大新镇老年教育迈入了一个全新阶段,即由镇区单一的集中教育向农村和居民家庭的分散教育深入,这种灵活的教育模式,有力地推动了老年教育的全覆盖。通过大面积推广"幸福夕阳"移动课堂,全镇老年人更多的学习需求便捷地得到了满足,老年教育的教育惠民功能得到了充分发挥。

移动课堂的开设得到了各级领导的关心和指导,也得到了社会各界的广泛认可。2016 年 5 月,张家港电视台专门采访了大新老年大学"幸福夕阳"移动课堂,《张家港日报》以"我市首家'幸福夕阳'移动课堂落户农家"为题报道了大新老年大学的特色办学。"大新镇'幸福夕阳'移动课堂组织管理研究"获批2016—2017年苏州市社区教育精品实验项目、2017年度张家港市终身学习品牌项目、2019年江苏省社区教育品牌项目。"幸福夕阳"移动课堂教育服务团队被评为2019年度江苏省社会教育优秀团队。

案例二:赋能银龄　智行江城(吴江区)

国家统计局2021年公布第七次全国人口普查数据显示,我国60岁及以上人口超过2.6亿,占总人口的18.70%。"十四五"期间,中国老年人口将突破3亿,我国将从轻度老龄化迈入中度老龄化。为贯彻落实国家"解决老年人运用智能技术困难"的决策部署,吴江区着力进行老年教育学情摸排,积极开发智能化适老课程,联合多方力量优化培训师资,搭建数字化线上学习平台,精心组织竞赛征文活动,为老年人学习智能技术开辟一条新的道路。

一、案例背景

按照"广泛发动、自愿培训、基础应用、普及普惠"的原则面向全区老年人开展智能技术普及提升培训。从征集需求出发,重点针对新冠疫情防控背景下健康扫码出行、网约车出行、手机支付、预约挂号、微信聊天等日常生活场景创设多媒体智能手机教学课程,印发免费培训手册10000册,发布"悦学吴江"微信公众号"无限听"视频课程资源,通过全面开设老年大学培训班、志愿者深入社区日间照料中心(综合为老服务中心)开展公益培训及试点中小学校开展爱心文明实践活动等形式,全方位助力老年人解决数字化时代遇到的难题,年目标培训量达1万人次以上。

吴江区形成了四级网络实施单位:吴江区社区培训学院(依托区教师发展学院)1所,承担指导全区老年人智能技术普及培训业务工作;镇(区)社区教育中心(依托成人教育中心校)8所,均已建设成为江苏省标准化社区教育中心,建有327所村(社区)居民学校,具体开展各镇(区)老年人智能技术普及培训工作;吴江区建有区老年大学1所,各区镇老年大学8所,基本实现老年教育全覆盖,从2021年3月起全面开设老年人智能手机培训班;吴江区现建有社区(村)日间照料中心377家,区教育局联合民政局布点扩面,分工负责,积极推行老年人智能技术普及培训行动。

二、案例呈现

1. 进行细致学情摸底

吴江区社区培训学院联合卫健委、教育、民政、老干部局等多部门,制定了《吴江区老年人智能技术运用情况调查问卷》,在全区开展了需求调查。一是老年人学习主体的学习能力有限,个性化需求大;二是师资不足,教学素养不高;三是教育资源的系统性、适老性欠缺;四是城乡老年人学习资源不平衡。

2. 做好培训宣传发动

通过发倡议书、张贴宣传、网络媒体推送等渠道,联合民政局、老龄委等多部门,召开"老年人运用智能技术专项普及培训工程"课程发布会(见图12.3),扩大知晓度与影响力。

图 12.3 吴江区"老年人运用智能技术专项普及培训工程"课程发布会

3. 组织专项技能培训

开展"银龄智能行"吴江区老年人智能技术普及培训行动,8所社区教育中心与各镇(区)日间照料中心展开深入合作,积极送教上门。在中小学和各试点学校,开展"我教爷爷奶奶学手机"活动(见图12.4),教家里的老年人学习使用手机。

图 12.4 "我教爷爷奶奶学手机"活动

4. 组建梯度服务团队

充分发动专兼职教师、中高职学校学生等组成志愿者团队,区社区培训学院对来自区各镇日间照料中心的 60 名社区老年人工作志愿者进行专项培训。

5. 研发专项学习资源

编印智能手机学习读本《智能手机快易通——吴江区老年人运用智能技术专项普及培训手册》,手册图片生动、语言通俗易懂;同时新建配套视频微课 51 课时,在"悦学吴江"微信公众号成功上线,实现全媒体课程的建设,方便老年人随时、随地、反复地学习。

6. 打造适老学习空间

在辖区内筛选出 15 个硬件条件较好、活动开展较成熟的社区日间照料中心授牌为联合国教科文组织城市社区学习中心(CLC)、城市社区学习空间,将其打造成普及培训行动示范点。

7. 开展项目课题研究

同步申报吴江区 2021 年度综合性调研课题"社区教育视域下推进老年人智能技术应用的路径与策略研究",探索吴江模式,形成吴江经验。

8. 组织学习竞赛评比

一是开展教育故事征集活动,邀请所有参与者将在老年智能手机普及工作中的所感所想用故事的形式展示出来,这里既有各镇的社区教育中心教师为将工作落地而使出的各种妙招和高招,也有各志愿者参与此项工作所感受到的无比的光荣和快乐,还有一些老年学员学会智能手机使用后所感受到的兴奋和幸福,更有孩子们发动全家教会家里的长辈使用智能手机后的自豪与感动。二是组织竞赛活动。先是以镇为单位,以教材为基础,组织老年人智能手机使用的知识竞赛(见图 12.5)。在此基础上,每个镇选出三名老年选手参加网上的操作竞赛。竞赛增加了学习的趣味,也检验了学习的成果。

图 12.5　吴江区首届线上老年人智能手机运用能力大赛(八个分赛场)

三、案例成效

吴江区深入建设"互联网+生活"的老年智慧学习空间,以教育的手段开展面向全区的系统性、全面性、精准化的老年群体信息素养提升教育,以提高区域内老年人的数字化学习能力,通过引导老年人沉浸式体验、模拟型应用等形式,积极融入数字生活,实现老年教育数字转型、智能升级和融合创新,为老年教育发展注入新功能。

1. 多部门协作联动

吴江区教育局联合卫健委、教育、民政、老干部局等多部门,积极开展情况调研,组织项目发布,协调施教师资,统筹项目安排,检验项目成效,真正在每一个环节都做到了全程、全员、全方位。

2. 多媒体课程建设

本次专项培训工程由专项开发小组认真组织研讨,精心开发了线下课程及在线视频课程,充分考虑老年人的认知及学习特点,不断调整课程呈现形式、学习难度及知识点的衔接逻辑顺序,进一步强化课程的适老性。

3. 多维度项目增效

在不断提升、优化评价机制的过程中,对于施教队伍中的先进教员,采取推荐表彰、树立典型等方式进行激励与宣传;对于在教学过程中效果特别显著及突出的各分教学点,进行城市学习空间授牌,纳入联合国教科文组织城市(CLC)项目管理,增进教学的科学性及有效性;组织老年学员积极参与主题知识及运用竞赛,同时辅以教育故事征文等活动,增强老年学员的学习积极性和成就感。

案例三:"七彩夕阳"学共体化身社区群治生力军(张家港市)

一、案例背景

现在的年轻人大都在为生计奔忙,所以,白天的社区基本上就是老年人的世界。如何让大量生活静寂的老年人过得充实而有意义,这是社区教育和社区治理都绕不开的一个重要话题。为积极探索社区教育赋能社区治理的有效途径,近年来,张家港市大新镇社区教育中心以全镇第一个成立的大型城市社区大新社区为实验基地,对该社区"七彩夕阳"老年学共体开展志愿服务教育培训,引导学共体成员通过志愿服务在社区群治中积极发挥作用,收到了很好的效果。

二、案例呈现

大新镇大新社区居民委员会成立于 2005 年,由阳光家园、新茂花园等 8 个小区组合而成,其中有商品房、拆迁安置房以及 20 世纪 90 年代的小产权房,属于混合型社区,辖区总面积 1.3 平方千米,常住人口 1.2 万人,常住老年人口 3000 余人。为构建学习型社区、促进社会和谐、应对人口老龄化,大新镇社区教育中心在该社区设立了镇老年大学教学点——"幸福夕阳"移动课堂(见图 12.6),该教学点与镇老年大学共享师资,同步设置课程、同步教学、同步管理,常年开设健身操、广场舞、旗袍秀、功夫扇、功夫剑、合唱、锡剧、门球、书法、手工、烘焙、沙上文化传承、智能手机培训等十多门课程,1500 多位老人常年参与学习。在学习中,学员们自发形成了新阳光艺术团、先锋书友会、乐享手工、快乐烘焙等多个"七彩夕阳"老年学共体。这些老年学共体积极参与社区活动,热心社区公益。

图 12.6 "幸福夕阳"移动课堂

针对老年学共体成员普遍有时间、有精力、有一定文化的特点，大新镇社区教育中心和大新社区党总支因势利导，把什么是志愿服务、怎样做好一名志愿者、怎样把志愿服务融入社区治理等理念传授给社区老年群体，引导广大老年人在老有所学的同时老有所为，积极参与力所能及的社区治理事务，并切实将社区治理中需要发挥群治力量的一些事务交给学共体去负责。

大新镇社区教育中心不仅注重引导社区学共体通过志愿服务在群体生活方面发挥作用，而且注重引导他们在丰富群体精神方面发挥作用。主要的做法是，在教学点的日常教学中，各个教学班均积极鼓励每个学共体发展壮大，从而通过学共体中骨干成员的示范带动让更多的老年人参与到社区"幸福夕阳"移动课堂的学习中来。在教学点的学习内容上，结合老年人的认知弱点，加入科普知识、法律知识以及反诈骗等知识的传授，不断帮助老年人拓宽认知，提高安全防范意识。同时，结合传统佳节，鼓励学共体组织空巢老人开展传统食物制作、节日手工制作、小组游戏等活动，努力帮助老年人扩大夕阳圈、搭建情感圈。

三、案例成效

在从事社区群治事务中，原先以学习、专业为基础的学共体根据社区群治需要，派生出了老年自治服务队、文明宣导队、文明交通队、平安志愿队、暖心帮帮团、垃圾分类志愿服务队、文明养犬劝导队、老娘舅解忧团、防疫志愿队、机动派遣队等20多个志愿服务团队（见图12.7）。这些志愿服务让老年人在奉献中体验到了别样的幸福感和获得感，从而乐在其中，并更为主动地参与到社区治理的方方面面。如有一技之长且身体健康的老大爷组成的"全能军大衣"志愿服务队，他们会根据服务对象需求进行"供需对接"，列出服务清单，开展安全检测、电器水电维修、健康检测、免费理发等便民服务。针对行动不便的老人，"军大衣"们每月为老人提供水电气费代缴等跑腿服务。

通过对社区"七彩夕阳"学共体持续的教育和引导，越来越多的老人从社区治理过程中纯粹的被服务角色转变为重要的参与角色、奉献角色，这样巨大的转变，不仅帮助了更多的老人实现了老有所为，更是为当下任务繁重、人手紧张的社区治理增添了一支热心负责、人数众多的群治生力军。

图 12.7　社区学共体志愿服务队

案例四：急救知识　"援"在社区（高新区）

一、案例背景

为深入贯彻落实习近平总书记构建服务全民终身学习的教育体系精神，结合街道实际情况，虎丘区（高新区）狮山横塘街道大力宣传全民学习、终身学习的理念，不断深入开展全民学习、终身学习活动，引领市民生活方式转变。

经过调查了解，社区居民对于应急救护知识与技能的学习保持积极的态度。应急救护则是紧急情况下挽救自己和他人生命的关键，如果能熟练掌握的话，就能发挥极大作用，甚至能极大地减少后续医院的工作量，也为患者提供更大的安全保证。如今，急救知识掌握情况还不容乐观，急救技能掌握不熟练，急救能力较差，需要社区工作人员进一步加强急救救护知识的宣传，进一步加强急救知识的普及，从而持续改进居民的急救意识和急救技能水平。大型商场是人流密集、容易发生意外事故的地方，为普及急救知识，增强商场商户和工作人员的安全意识，提升商场应对突发事件应急救援能力和意外伤害事故的自救互救能力，苏州虎丘区（高新区）狮山横塘街道青春社区红十字"博爱家园"在远发金屋装饰广场开展了"急救知识'援'在社区"应急救护培训活动。

二、案例呈现

1. 举办应急救护知识培训讲座

社区大部分居民愿意学习应急救护知识，并认为应急救护知识是十分有用的，而且要求举办应急救护知识宣传讲座（见图12.8）。社区中的很多居民患有慢性病，如果出现意外情况没有及时有效地处理，可能会引起多种并发症，所以应急救护知识讲座对社区居民是非常有必要的。

图 12.8　举办应急救护知识宣传讲座

通过开展应急救护培训、举办应急救护宣传讲座来保持居民的积极性，旨在对老年人普及急救知识，提高社区居民的应急救助能力，同时通过培训让老年人获得一些基本的中医西医知识，帮助排查健康问题，让老年人在面临突发情况时能够第一时间得到及时有效的帮助。同时，展现社会对于老年群体的关爱和关注,引导全社会增强尊老、敬老、助老的思想意识,形成引导、鼓励老年人健康生活的舆论环境和社会氛围,切实增强老年人的幸福感、荣誉感和获得感。

2. 加强急救技能实操培训

"遇到他人倒地怎么施救?""如何判断要做心肺复苏?"医生们现场把应急救护的相关知识和技能传授给参与活动的老人。面对突发状况,时间就是生命。在活动现场,主讲医生通过"理论+实践"的方式,重点普及"常见急症"现场救护方法,边演示边描述各项操作的细节要领,并向社区居民讲解了心搏骤停的抢救、心脏按压技术、气道异物梗阻等紧急救护方法、步骤及注意事项等急救知识,利用人体模型手把手示范了胸外按压、心肺复苏术等操作,传授了如何呼叫昏迷患者,监控心跳脉搏,如何打开患者口腔气道,进行人工呼吸及在患者心脏上方进行按压的规范手势、力度等知识(见图12.9)。现场人员参与度极高,主动参与现场操作演练,大家纷纷表示受益匪浅,会将救护培训融入日常安全保障工作,在面临突发紧急事故时能够及时有效地开展自救、互救,确保对有需要的人及时伸出援手,争取"救命的黄金时刻"。

图 12.9 急救技能实操演练

3.急救知识主题科普进社区

社区邀请高新区中医院的医务人员走进社区开展"护老爱老 '救'在身边"急救知识科普主题宣传活动。社区志愿者采用图文并茂的形式，结合实际生活中遇到的突发急症为大家讲解拨打120急救电话注意事项、海姆立克急救法、胸痛发作等急救措施，帮助居民掌握现场救护技巧，提高应急救助能力。

4.关爱老人义诊活动送上门

医务人员还为社区老人们提供热情、周到的上门义诊服务，为前来咨询的群众问诊、把脉，耐心了解病情，在用药和饮食方面进行指导，帮助老年人养成健康的生活方式和更好的生活习惯，为群众普及科学就医的相关知识。现场还安排了血压测量、血糖测量、口腔检查、养老咨询等服务，老人们排起长队，纷纷表示："这次培训宣传活动对于我们老年人来讲真是一场及时雨，如果没有家人在身边，老年人在突发疾病时的自救、互救能力尤为重要。"

三、案例成效

1.多种形式促进社区居民正确掌握自救互救方法

社区工作人员将社区急救知识培训提到了社区发展的第一位，主动提供急救讲解和演练，并且在社区里广泛宣传和发动，利用讲座、直观图表、短视频、现场实操等多种方式，让社区居民都有自己练习的机会，从而初步掌握正确的急救知识和方法，在遇到意外时能采取最有效的自救方法，有效减免意外发生时面临死亡的不可控因素。

各社区与红十字会也进一步深化为民服务，强化"博爱家园"品牌，打通红十字会服务群众的最后一公里，向更多群众普及应急救护知识、技能，传播自救、互救理念，形成"人人学急救，急救为人人"的良好氛围。

2.加强社区居民日常保健意识，学会控制危险因素

加强居民日常保健意识，传播正确处理突发疾病所需要的专业知识，让居民们学会控制危险因素，逐步改变不良生活方式，预防各种疾病的发生，并通过实际操作演练，不断提高居民安全急救知识与技能，提升处理应急事件的能力。

3.案例分析老年应急救护知识培训意义重大

为引起老年人对应急救护培训知识的足够重视,请老年人观看了众多应急救护案例,其中发生在老年人身边的真实案例更容易激发老年人参加救护培训的信心。

通过真实案例的分析和讲解,使得老年人进一步明白了老年应急救护知识培训意义重大:时间就是生命,最有效的抢救时间只有短短4—6分钟,这也就是医学上所说的"黄金救命时间"。伤病者本人或第一目击者懂得现场救护知识和技能,通过简单的自救、互救,如对猝死者进行现场心肺复苏,对外伤者实施止血、包扎、固定和搬运,那么50%以上的生命就有可能挽回。

第十三章
社区教育项目建设类

案例一:翰墨张浦 泽惠万家(昆山市)

"翰墨张浦 泽惠万家"是昆山市张浦镇社区教育中心创建的全国终身学习品牌项目。为保障项目有序、有效地实施,张浦镇社区教育中心在上级部门的大力支持下,以居民需要为落脚点,以建设江苏开放大学学习苑基地和全国终身学习品牌创建为抓手,有序推进各项措施,取得了初步的成效,2020年顺利通过江苏开放大学学习苑基地终期验收。"翰墨张浦 泽惠万家"被中国成人教育协会评为2020年度全国终身学习品牌。

一、案例背景

张浦镇社区教育中心于2015年9月开始启动"翰墨张浦 泽惠万家"项目前期调研与活动策划,并通过开设成人公益班和亲子书法比赛、成人书法比赛等推动书法进社区,得到昆山市书法协会的支持与肯定,并被授予昆山市第一个书法教育基地。

江苏学习在线、苏州市终身教育学会、昆山市民学习在线及《书法报》《昆山日报》等媒体多次报道该项目的活动信息。苏州市社区教育工作者培训活动将该项目的活动基地——七桥村书法课堂作为实践参观的学习点。该项目以"翰墨张浦 泽惠万家"为主题,借助中华传统文化,凝聚起践行社会主义核心价值观的创新交流平台,主要针对村(社区)居民、中小学生及学校教师、企事业单位职工等,共开设成人(青少年)软笔公益班、硬笔公益班11期,目前在学成人学员150多人,青少年学员700多人。

二、案例呈现

为更好地推广项目成果,在《书法报》江苏昆山工作站的专业支持下,引进社区民政备案社会组织——七桥村怡心斋书画社(现为戚家桥书画院),建立项目成果推广管理小组,以七桥村书法基地为核心,通过流动课堂、中华书法体验室的形式,辐射到周边村(社区)、企事业单位、中小学校。

1. 协调多部门资源,共谋教育大计

为更好地推进全镇社区教育稳步发展,大力弘扬书法文化,张浦镇成人教育中心校在镇社会事业发展和管理局的统筹下,与镇关工委、镇总工会、镇老龄委、镇妇联、镇文联等多个部门合作,成立项目成果推广领导小组,为项目成果推广的策划与实施提供了有力的保障。

2. 整合专兼职队伍,保障项目实施

师资队伍建设,是项目策划与实施的关键。一方面通过镇书法家协会,聘请书协会员担任兼职老师;另一方面通过引进社区民政备案组织——七桥村怡心斋书画社,聘请《书法报》江苏昆山工作站专业师资担任兼职教师,充实了教师队伍。社区教育中心成立了"翰墨张浦"书画讲师团,12位讲师团成员中,1人为中美协会员,1人为中硬协会员,9人为省书协会员,还有1人为苏州美协会员。

3. 建好体验室,规范项目成果推广

在项目成果推广的过程中,一方面以江苏开放大学学习苑的建设标准严格要求,以书法传承为主打课程,积极推动学习苑基地建设,为推进全镇乡村文化振兴战略和新时代文明实践提供了有力的保障;另一方面以"翰墨张浦 泽惠万家"实施方案为依据,开辟12个中华书法体验室(见图13.1),涉及村、社区、学校、企业等不同行业(单位),有序开展各项活动。其中,戚家桥中华书法体验室积极打造昆山市第二批市民终身学习体验基地,并成功申报江苏省优质项目化基地。

图 13.1　昆山市张浦镇首个书法体验室启动

4. 组织好各项活动，扩大社会效应

为更好地推广品牌建设的社会效应，一方面组织学员参与书法游学、书法观展、书法比赛（见图 13.2）、书法惠民送福等活动；另一方面配合苏州开放大学、昆山市教育工会、昆山市终身教育促进委员会等部门组织市级以上的居民书法比赛，受到了广大居民的欢迎，同时也扩大了张浦镇书法传承项目成果的影响。

图 13.2　教职工书法展示赛现场评审会在昆山市张浦镇举行

三、案例成效

在各村（社区）、中小学校、各职能部门的积极配合下，在广大居民朋友的踊跃参与下，加上《书法报》社的专业指导和微痕书画社、戚家桥书画院的友情支持，"翰墨张浦　泽惠万家"品牌建设成果推广取得了一定的成效。

1. 教育平台基本健全

为更好地推广品牌建设成果，以七桥村书法基地为主阵地，通过开设流动课堂，有效地推进了书法进校园、进社区、进企业、进家庭。张浦镇社区教育中心建立了翰墨张浦微信公益群、怡心斋家长微信公益群、微痕书画社微信群，分别把张浦镇成人书法爱好者、青少年书法爱好者、昆山市青年书法爱好者凝聚起来，并通过书法爱好者传播书法文化和活动信息，为更好地推进公益书法教育吸纳新生力量。

2. 受益居民逐年增多

近年来，通过微信平台及学员推荐，参加公益书法学习的成人（老人）学员达 900 多名（含重复报名学习）、青少年学员近 5000 名（含重复报名学习），七桥村书法基地、各流动课堂参加学习的学员遍布全镇各村（社区）、各行各业。

3. 社会影响不断扩大

"翰墨张浦　泽惠万家"项目的有效推进，营造了浓郁的翰墨书香氛围，苏州市社区教育实验项目"翰墨书香进万家"顺利完成，被评为苏州市重点项目成果；《昆山日报》、江苏学习在线、苏州市终身教育学会、《书法报》等媒体多次对活动进行了报道。注重理论与实践相结合，《依托"工业强镇、田园新城"建设，着力推进"传统文化社区行"》在全国社区教育工作交流会（2017 年，青海）上交流，《发展社区教育，助力乡村振兴》在《中国社区教育》上发表。

案例二：醉美沙家浜——"阿庆嫂"在行动（常熟市）

一、案例背景

沙家浜是中国历史文化名镇、全国文明镇，沙家浜风景区是全国百家红色旅游经典景区、全国爱国主义教育示范基地、苏州巾帼党性教育基地,一部京剧《沙家浜》风靡全国,阿庆嫂诚实守信、朴实大方、机智勇敢的形象,是沙家浜妇女的代表。

党和国家对于乡村振兴进行了重要战略部署,大力推进"美丽家园"建设,动员农村妇女积极投身乡村振兴战略,从家庭做起,从改变生活和卫生习惯入手,清理整治房前屋后环境,清除私搭乱建、乱堆乱放,全面净化绿化美化庭院。

当下,巾帼发挥"半边天"的力量,走在乡村振兴行动前列。沙家浜镇涌现了一批美丽庭院建设的妇女志愿者队伍(见图13.3),她们热爱自己的家乡,喜欢种植花草,积累丰富的美丽庭院建设经验,可示范推动美丽庭院建设。

图 13.3　沙家浜镇美丽庭院宣传志愿服务队成立

二、案例呈现

沙家浜镇社区教育中心组织全镇妇女从思想引领、素质提升、技能培训、课程研发、美丽家园建设等角度出发,打造农家美丽庭院,形成引领长三角地区农村人居环境新地标。2020年7月—2021年12月,沙家浜镇社区教育中心研发了美丽庭院四大系列培训课程,镇妇联牵头,以"创建美丽庭院,建设美丽家园"为主线,共同推进课程编制,引领全镇妇女大展身手,积极投入乡村"美丽庭院"创建,促进农村人居环境整治提升,助力乡村振兴。

1. 美院使者"创庭造院"增能培训

2020年11月20日,在常熟市精工模具制造有限公司,利用精工模具废弃的瓶瓶罐罐,通过彩绘改造成色彩缤纷的创意花盆,进一步提高妇女对垃圾再利用的参与意识,提升动手改造能力,引导妇女增添庭院花草。最大限度发挥妇联组织力量,将镇、村两级妇女干部、妇联执委们组织起来,集中一堂,统一思想,深刻认识到美丽庭院创建的必要性和重要性,发挥巾帼干部的带头引领作用,率先打造自己的美丽庭院,营造赏心悦目的家居环境,进一步指导和带动周边的家庭创建"美丽庭院"。

2. 百花绽放"赏花识木"专题课堂

2021年1月20日,在镇党群服务中心(飘香园),邀请园艺老师、达人讲解有关庭院绿化种植的知识,介绍花卉的一般种类,讲解实用的养花方法。

3. 创新思维"旧物改造"系列活动

2020年12月17日,在镇政府成教会议室,鼓励妇女发现庭院中的凋零之美,提高审美水平和动手能力。创建沟通平台,鼓励她们互相合作,共同参与。通过培训,妇女认识到生活中很多废旧物品可以用来美化庭院(见图13.4),开展系列手工制作、旧物利用摄影展等活动,开动思维,让废旧物品不再是垃圾,摇身一变,成为点缀庭院的重要元素。

4. 美丽庭院"匠心打造"审美提升

2021年10月28日,在华阳村王女士家,邀请专业的园艺老师为沙家浜镇妇女教授花木扦插、嫁接技巧,进一步提升她们对园艺和生活的热爱,共同创建美丽庭院。系统讲解如何合理规划庭院功能布局、庭院风格定位、绿植花卉的选择和护理等,普及庭院美学知识,提升审美品位,介绍水体、植物、铺装等搭配,创建景观小品,提升庭院美感。

图 13.4 "美丽庭院"旧物改造活动

三、案例成效

广大妇女积极参与到"美丽庭院"的创建中来，不仅为全镇妇女提供交流学习的平台，从根本上提升发现美、寻找美和创造美的能力，更为"美丽庭院"创建行动注入活力，以庭院美带动村庄美，以村庄美带动村风美。

（1）创建"一个"美丽庭院建设讲习所，形成以沙家浜镇社区教育中心为载体、沙家浜镇妇联牵头、广大妇女参与学习的场所。

（2）打造"两条"示范美丽庭院游览路线，西部以芦荡村黄桥章基红色乡村文化家园、东部以唐市时光小镇为特色的古镇文化特色家园。

（3）组建"三支"美丽庭院建设志愿队伍（美丽庭院宣传志愿队、美丽庭院长效管理志愿队、美丽庭院指导志愿队），参加志愿队伍人数占全镇妇女的85%以上。

（4）研发"四大"美丽庭院技能课程体系，即美院使者"创庭造院"、百花绽放"赏花识木"、创新思维"旧物改造"、美丽庭院"匠心打造"。

（5）树立"五位"美丽庭院建设学习型带头人，形成学习共同体，带动更多的妇女同志参加活动，共同打造美丽的家园。

案例三：一眼千年·游古赏今——文化姑苏游学（姑苏区）

一、案例背景

游学是世界各国、各民族文明中最为传统的一种学习教育方式，我国可追溯至春秋时期孔子周游列国治学。读万卷书，行万里路，在学习之中潜移默化地体验人生，在体验中丰厚学习的深度和广度。沧浪街道位于古城核心区，东起桂花公园，西连学士河，北与干将路、竹辉路相望，南临古运河景观带，拥有大运河世界文化遗产和吴地端午世界非遗"双世遗"，文化底蕴深厚，人文景观、历史遗存荟萃。温文尔雅的江南文化、绵延千年的府学文化、活力无限的创新文化，再现了粉墙黛瓦、轩窗临水的千年古邑，描画了拥抱时代、活态焕新的现代姑苏。

二、案例呈现

项目主要包括江南文化、府学文化、创新文化，形成三条游学线路，通过参观学习三条各具特色的游学线路，触摸千年古城历史，感悟现代姑苏魅力，畅想未来苏州盛景（见图 13.5）。

图 13.5 "一眼千年·游古赏今"游学线路手绘图

1. 江南文化游学：一街一巷一井

（1）线路介绍

君到姑苏见，人家尽枕河。32号街坊历史文化遗存丰富，现存古街巷17条，更有近百口古井保存至今，是苏州古城传统风貌的重要组成部分和集中展示区域，也是江南文化的重要载体和典型代表之一。一街一巷一井，构成了古城生活的神经末梢，凝结为江南水乡最美的意象。

（2）游学元素

实地体验江南水乡韵味，体会"人家尽枕河"的经典意境，学习小巷背后的姑苏古城历史，探寻老苏州的记忆。感受千年古城的烟火气，通过参观古井、古巷等，学习当地成功改造的经验，启发古城保护与更新的智慧。

（3）游学路线

乘骝桥——剪金桥巷——桃园古井（桃园活动室体验非遗项目）

（4）游学课程

在道前社区二楼进行游学课程的学习，并总结此次游学路线中学习到的知识点，可现场提问检验，发放小奖品。同时开展江南文化相关理论和体验课，将江南文化传播走深、走实。

2. 府学文化游学：一府一署一祠

（1）线路介绍

位于古城西南方位的沧浪街道，在春秋姑苏建城时属于士农工商中的"士"片区，从古至今一直是苏州府学，是江南文化的中心所在，对苏州乃至整个江南文化的发展起到至关重要的作用。沧浪街道辖区内留存的很多官署建筑中，江苏按察使署、警察博物馆极具代表性，是苏州乃至全国古代官署建筑留存世间的较为完整的范本，其规格形制体现出中国古代等级森严的建筑风格，构成一个完整的古代行政、司法、执法的链条，使人们能真实感受到封建社会的"赫赫威仪"，同时也是府学文化游学的最佳去处。

（2）游学元素

学习况钟廉政爱民、张伯行整顿吏治、林则徐禁绝鸦片等深受百姓爱戴的清官事迹，感受廉政文化的魅力。参观独特的官署建筑，体会古代等级制度对建筑风格的影响，激发对古代建筑的兴趣和好奇心。了解七君子事件背后的历史，感悟战乱年代各派人士为救亡图存付出的心血和抗争，珍惜当今和平时代的来之不易,践行社会主义核心价值观。

（3）游学路线

况公祠——江苏按察使署旧址——警察博物馆

（4）游学课程

线路前设置探索环节,学员扫描二维码,在小程序上参与游学问答,带着问题了解传统江南建筑。游学结束后,小程序答题全部正确即可领取奖品。在江苏按察使署旧址进行游学课程的学习,总结此次游学路线中学习到的知识点,可现场提问检验,发放小奖品,培养学员乐学善学、勤于反思、自我完善的意识。

3. 创新文化游：一馆一厂一园

（1）线路介绍

工厂企业是城市发展与生长的年轮,随着城市发展变革,许多老工厂企业在完成历史使命后逐渐隐没在城市的角落。这些工业遗存作为城市发展的记忆亟待保护,也期待它们能够焕发新的活力。姑苏69阁文创产业园、胥江park、蓝·盘南1983文化创意产业园等项目,通过整体风貌保护结合内部功能划分整合对园区的空间重构,同时利用辖区丰富的工业及人文创意资源,吸引各类创新创意企业入驻,为老工业园区的转型升级与创新发展做出了典范。

（2）游学元素

参观各个产业园独特的建筑风格,对照老厂房旧照片,体味老厂房变迁背后的时代发展,感悟设计师尊重传统、推陈出新的创意理念。通过参观产业园内的商家和入驻企业,学习古城区产业园大力发展文创产业、数字经济的经验做法,感受不同产业园文化的独特魅力。

（3）游学路线

姑苏69阁文创产业园——胥江park——蓝·盘南1983文化创意产业园（活动室体验实境课程）

（4）游学课程

在蓝·盘南1983文化创意产业园进行游学课程的学习,并总结此次游学路线中学习到的知识点,通过讨论形式,请学员对老厂房改造和产业园发展方向提出创新想法和建议,并将学习成果纸质化,送至产业园管理办公

299

室,作为决策参考。同时设置课程打卡,发放小奖品。

三、案例成效

"一眼千年·游古赏今——文化姑苏游学"项目自立项以来,沧浪街道社区教育中心积极组织各类人群体验游学线路、组织游学课程实施,全年组织游学活动百余场,服务各类游学体验群众近万余人次,包括在校大学生、青少年、机关事业单位人员、各界群众团体等(见图13.6)。

图13.6 "一眼千年·游古赏今"游学体验活动

同时,社区教育中心坚持课程开发,满足群众的学习需求。开发"江南古建筑结构与文化"课程,运用传统榫卯结构原理展现江南古建筑的魅力,课程获评2023年苏州市社区教育优秀课程。研发"杖头木偶"课程,普及杖头木偶传统戏剧知识,传承传统文化。制作"指尖非遗"视频课程,梳理辖区非遗资源,展现江南非遗文化的魅力。

为扩大宣传效果,社区教育中心制作游学线路地图,以直观有趣的手绘地图系统展现三条游学路线,并在游学体验开始前、大型群众活动中、商业载体、文化站以及社区等进行发放推广,目前已发放3000余份,增强了游学项目的知名度和影响力。

下 篇

苏州市社区教育大事记
（2014—2023年）

2014 年

1月3日,在苏州市教师发展中心举行"苏州市社区教育发展战略研究"开题活动。全国社区教育专业委员会理事长、江苏省成人教育协会会长陈乃林,江苏省教育科学院教育发展研究中心副主任张晓东博士,苏州大学博导、江苏省社会教育指导委员会成员田芝健教授等专家聆听了开题报告,并对课题研究提出具有参考价值的意见和建议。

5月6日起,"学在苏州·市民学习云平台"社区教育课程建设工作组工作启动。

7月20—22日,苏州市首个社区教育管理干部培训班在苏州市职业大学开班,来自全市各区县的97名学员参加。培训内容涉及社区教育国内外动态、我国社区教育内涵发展的行动策略与实践思考、社区教育实验项目的推进、创新开发具有本土特色的市民学习课程等。

7月22日,"农村社区学习中心(CLC)能力建设"新项目点授牌会议在吴中区木渎镇召开。"农村社区学习中心(CLC)能力建设"是由中国成人教育协会与中国教科文全委会秘书处共同组织实施的项目,主要开展扫除文盲、职业技能培训、能力建设等学习教育活动。

7月23—25日,苏州市首个社区教育通讯员培训班在苏州市职业大学开班,全市有94名学员参加。培训重点是围绕社区教育特点和要求让学员更进一步了解新闻报道、通讯的写作技巧和要求、摄影技术应用、宣传角度选取等知识。

8月,完成民办教育与社会教育条线师资培训工作。其中,民办学校教师培训包括董事长、校长、园长、骨干教师、会计等8个类别、18个班,参加培训人数1800余人;社区教育教师培训首设社区教育管理者培训和社区教育通讯员培训,参训人数分别为97人和94人。

12月10—12日,经专家考核,全市有99所居民学校被确认为2014年江苏省标准化居民学校,20家乡镇(街道)老年大学被确认为苏州市第三批教育现代化乡镇(街道)老年大学。

2015 年

1月6—10日,组织华东师大—苏州社区教育管理者研修班,苏州开放大学、各区县教育局科长、部分省标准化社区教育中心校长（主任）共43名学员参加。来自华东师范大学、上海社会科学院、浦东干部管理学院的专家、教授、研究员为学员们就社区教育理论与实务、法治建设、校长领导力和教育研究与方法等方面进行了讲解。研修班期间，学员参观了闵行区梅陇社区学校。

2月6日，木渎镇"农村社区学习中心（CLC）能力建设"暨木渎镇社区教育实验项目研讨会在木渎镇社区教育中心顺利召开。

3月9日，印发《2015年苏州市社区教育工作要点》（苏教民社〔2015〕1号）。3月18日在苏州开放大学召开社区教育科长会议，布置全年工作，并就全民终身学习活动周全国总开幕式进行交流。

3月20日，吴中区老年大学获评江苏省示范老年大学，吴中区胥口镇老年大学获评江苏省示范老年学校。

4月7日，江苏开放大学社区教育调研会议在苏州开放大学召开，江苏开放大学社会教育处郑青、张珠龙、左志红等3人组成的调研团与我市社区教育工作者就当地社会教育的工作进展情况、定位、特色、典型案例和社会教育工作发展、推进等问题进行了充分交流。

4月15—18日，联合国教科文组织终身教育专家曼苏博士一行到木渎考察，省教育厅副厅长杨湘宁、市委教育工委委员沈宇、吴中区人民政府副区长周晓敏接见曼苏并出席了调研会。

4月16日，联合国教科文组织农村社区学习中心（CLC）能力建设交流研讨会在吴中区木渎镇举行，省教育厅副厅长杨湘宁、联合国教科文组织专家曼苏（印度）、市委教育工委委员沈宇、吴中区人民政府副区长周晓敏等领导出席。

4月20—22日，由局长助理张佳伟带队的苏州市考察团一行5人赴广州考察社区教育，主要学习考察广州市推进社区教育的体制、机制、模式方面的理论实践成果和国家开放大学（广州）远程教育建设经验。

5月17日，苏州"三叶草"社区教育发展联盟正式成立。"三叶草"社区教育发展联盟由苏州工业园区胜浦街道社区教育中心、昆山周市镇社区教育中心、张家港凤凰镇社区教育中心组成，联盟的正式挂牌成立，将进一步促进社区教育的规范化、常态化和社会化。

5月29日，江苏开放大学吴进副校长一行到园区开放大学调研，园区教育局林红梅副局长参加了会议。吴校长对园区开放教育和社区教育发展以及如何在全民终身学习活动周全国总开幕式上展示园区进行指导。

6月25日，全民终身学习活动周全国总开幕式教育局筹备工作会议召开，初步明确了开幕式议程及各工作组任务范围。

7月14日，2015年全民终身学习活动周全国总开幕式工作协调会在苏州市会议中心举行，会议回顾了2014年活动周情况，并布置了今年活动周的具体工作。教育部职成司成教处黄辉处长、中国成人教育协会部分领导以及全国各省、市、自治区与会代表共81人出席了会议。

8月17日，苏州博克企业集团董事长李君图等同志获评苏州市首批"学习之星"。

9月20—26日，相城区举行了以"终身学习益终身，相城学风溢相城"为主题的全民终身学习活动周，并在相城区黄埭镇冯梦龙村拉开了活动周的序幕。

10月16—18日，由中国成人教育协会、苏州市人民政府主办，江苏省教育厅、苏州市教育局承办，高等教育出版社、苏州工业园区智慧家长信息科技有限公司、苏州国华展览有限公司协办的2015全民终身学习活动成果展示暨首届苏州终身教育博览会于国际博览中心举行。本次展会是"2015年全民终身学习活动周"全国总开幕式的重要活动之一，旨在展示国内终身教育成果，促进区域间各级各类教育机构的合作与共赢。展会吸引了来自全国20多个省市的200多家教育系统、互联网智慧教育企业积极参展，接近5万市民到现场参观，"互联网＋家长高峰论坛"和"终身学习名家大讲堂"等7场活动累计超过5000人参与，通过手机直播，场内外近10万人参与。教博会问卷调查结果显示，近九成（86.37%）观众对展会表示满意。

10月29日上午，由教育部职业教育与成人教育司、中国教科文组织全委会秘书处、中国成人教育协会联合主办，江苏省教育厅、苏州市人民政府承办的2015年全民终身学习活动周全国总开幕式在苏州工业园区举行。教育部副部长鲁昕出席会议并讲话。会议推出了2015年度全国"百姓学习之星"；展示了各地全民终身学习活动的成果和首届苏州终身教育博览会的丰硕成果；开通了中国成人教育协会建设的"全民终身学习公共服务平台"

和"学在苏州"市民终身学习云平台。民政部、人力资源社会保障部、文化和旅游部等部门代表,中国教科文组织全委会秘书处、中国成人教育协会等有关负责人,以及来自全国各省(区、市)的代表共400人参加了会议。

10月29日下午,全国学习型城市建设工作推进会在江苏省苏州市举行。教育部副部长鲁昕出席会议并讲话。会上,中国成人教育协会公布了第三批全国学习型城市建设联盟名单,我市正式成为联盟成员城市。

11月5日,太仓市2015年全民终身学习活动周开幕式在太仓市第二中学体育馆隆重举行,本届学习周活动主题为"生活,因学习而精彩"。

11月15日,第五届上海金山、浙江嘉善、江苏吴江三地社区教育论坛在浙江嘉善举行。

11—12月,为推动社区教育工作的转型,走访有关乡镇(街道)和企业,落实"教育惠企"培训计划。12月中下旬起,"教育惠企"教育及企业干部培训班陆续开班,培训反响良好。

12月9—11日,开展2015年度社区教育现场抽查评估工作,评估项目主要为苏州市学习型乡镇(街道)、苏州教育现代化乡镇(街道)老年大学。

12月15—16日,省教育厅专家组到苏州,进行2015年度省级高水平农科教结合富民示范基地及社区教育机构标准化建设申报单位现场考核(吴江区同里现代农业示范园、昆山市淀山湖镇社区教育中心、常熟市梅李镇社区教育中心)。

2016年

1月,针对2015年年末的创新项目"教育惠企"培训,对各试点区县、街镇进行跟踪调研。"教育惠企"项目使受训企业管理人员了解了企业管理与自主创新、转型升级的内在意义,有助于加快推动企业在新经济形势下实现战略转型和创新发展。调研也为2016年继续做好该项目厘清了思路,扩展了社区教育服务的新空间。

2月23日,在园区开放大学召开"苏州市成人教育研究会2015年年会暨换届更名大会",苏州市成人教育研究会会长、苏州市教育局副局长高国华对近年来研究会的工作给予充分肯定。苏州市终身教育学会的更名成立,将有助于推动学习型城市的建设。大会通过了《苏州市终身教育学会章程》，并按相关程序产生了新一届理事会。苏州市教育局民办与社会教育处处长张可伟当选为新一届理事会会长。中国成人教育协会、江苏省成人教育协会均发来了贺电。苏州市社科联学会处处长蒋蔚毅应邀出席了大会。

3月24—25日，在苏州工业园区职业技术学院举办"教育惠企"（二期）培训班，来自全市社区教育管理干部和企业家近300人参加了培训。

3月28—30日，委托市民办教育服务中心，组织市终身教育学会、各区（县）教育局分管社区教育的科长和社区学院（或社区教育中心）负责人一行24人赴武汉大学考察学习。主要考察了武汉大学，参观学习了武汉市江岸区百步亭社区，并初步与武汉大学中国中部发展研究院达成了合作意向。

4月6—8日，由苏州开放大学承办社区教育管理干部培训班，参训学员100人，主要是帮助社区教育干部及所辖区内企业管理者加深对宏观经济政策和国家最新税收管理政策的认识与了解。

4月15日，苏州市吴江区被教育部评为全国社区教育实验区。

4月，委托苏州市终身教育学会拟定《苏州市社区教育实验项目管理办法（修订版）》和《2016—2017年社区教育实验项目指南》，组织2016—2017年度社区教育实验项目立项申报工作。

5月3日，公布2015年度苏州市社区教育优秀论文评选结果，确定《多元递进推进乡镇全民学习活动运行模式研究》等7篇论文为一等奖；《社区治理背景下基层社区教育发展初探》等9篇论文为二等奖；《农村"书香家庭"建设的实践与研究》等14篇论文为三等奖；27篇论文为参与奖。

5月31日—6月2日，由苏州开放大学承办社区老年工作者能力提升培训班，参训对象为各市、区教育局（教育和体育局）分管社会教育的科长和各开放大学校长、社区学院院长、社区教育中心主任、社区（村）从事老年工作的骨干力量，共计100人。

6月17日下午，苏州市终身教育学会、苏州市民办教育协会、苏州市民办教育服务中心联合武汉大学中国中部发展研究院，在苏州会议中心举办了"新常态、新发展——2016年中国经济供给侧之转型升级经济大讲堂"活动，苏州市工商联、苏州市台办、苏州市企业家思维研究会、苏州市咖啡西餐业商会等行业商户协会给了大力支持。武汉大学中国中部发展研究院常务副院长、世界经济系教授、世界经济学会常务理事、美国经济学学会副秘书长张建清分析了中国乃至全球的经济形势,并结合苏州经济的发展建言献策。前国家统计局总经济师兼新闻发言人、现国务院参事特约研究员、中国统计学会副会长、著名经济学家姚景源教授做了专题报告。来自全市开放大学、社区学院、乡镇(街道)社区教育中心负责人及企业家共400余人参加了此次活动。

6月20—22日,由市终身教育学会和市委党校联合承办主题为"培育和发展学习共同体,推动学习型苏州内涵发展"的各市、区分管社区教育的科长,培训学院院长和社区教育中心校长(主任)培训,参训学员100人。

6月28日,"农村社区学习中心为老年人学习服务"开题会在木渎镇顺利举行。

6月,苏州市终身教育学会组织专家对申报的60个实验项目进行了评审,最终确定"苏州市'三叶草'社区教育发展联盟的实践与探索"等43个项目为2016—2017年度苏州市社区教育实验项目。

8月1—7日,台湾地区成人及终身教育学会代表团访问同里社区教育中心。

9月,下发《关于大力加强全市社区教育工作,建设学习型城市的意见》。

9月11—17日,相城区举行了以"推动全民终身学习,建设学习型新相城"为主题的全民终身学习活动周,并在相城区太平街道举行了活动周的开幕式。

10月,举办2016年苏州市全民终身学习活动周开幕式。

11月15—17日,由苏州开放大学承办社区教育"为区域经济服务"培训,参训对象为各市、区教育局(教育和体育局)分管社会教育的科长,各开放大学校长,社区学院院长,社区教育中心主任,各街道从事法律咨询或调解的教师,共计100人。

11月25日,接待北京市社区教育考察团来吴中区考察交流。

11月25日,第六届上海金山、浙江嘉善、江苏吴江三地社区教育论坛在上海金山举行。

11月30日,在浙江省宁波市召开的2016年农村社区学习中心(CLC)能力建设项目年会暨创新发展研讨会上,木渎镇成人教育中心校被中国联合国教科文组织全委会秘书处、联合国教科文组织驻华代表处与中国成人教育协会授予"农村社区学习中心(CLC)能力建设项目"第三期实验点。这是继 2014 年获得第二批实验点后的又一殊荣。

11 月,召开"苏锡常社区教育城市比较研究"课题会议。

12 月 26 日,苏州市吴江区被省教育厅评为江苏省社区教育示范区。

12 月,开展《苏州市终身教育促进条例》立法调研。

12 月,完成"学在苏州"市民终身学习云平台升级工作。

2017 年

1 月 10 日,协助全国职业教育与继续教育工作会议召开,并安排社区教育现场调研。

1 月 19 日,召开苏州市社区教育工作研讨会。

1 月 20 日,举办苏州市社区教育管理干部创新发展研修班。

2 月 27 日,召开苏州市省级教育服务"三农"高水平示范基地创建工作会议。

3 月 1—3 日,举办第二期苏州市居民学校负责人培训班。

3 月 18 日,承办江苏省农村社区学习中心(CLC)能力建设项目创新发展研讨会。

3 月 28—30 日,举办第三期苏州市居民学校负责人培训班。

4 月 6—9 日,组织"大数据管理与应用"苏州考察团赴贵阳考察和调研。

4 月 20 日,迎接省教育厅、省成人教育协会领导专题调研指导全国社区教育实验区和省社区教育示范区创建工作。

4 月 25—27 日,举办苏州市社区教育科研能力提升培训班。

4 月 27 日,迎接联合国教科文组织(UNESCO)驻华代表处教育官员 Robert Parua、项目官员关静柠一行调研农村社区学习中心(CLC)项目的进展情况。

5 月 12 日,开展苏州市优秀终身教育视频课程评比活动。

5 月 22—24 日,承办首届"社区学习共同体"发展国际研讨会。

5 月,迎接江苏开放大学专家组莅临我市对首批"学习苑"立项单位进行中期评估,组织评选苏州市百姓学习之星。

6月9日,开展市级现代化街镇老年大学考核验收工作。

6月15日,举办苏州市中青年社区教育工作者培训班。

6月27日,召开苏州市2016—2017年度社区教育实验项目中期评估情况通报及研讨会。

6月29日,举办联合国教科文组织"农村社区学习中心(CLC)"老年教育项目指南研讨会。

8月17—19日,举办苏州市社区教育工作规范化培训班。

9月6日,召开苏州市社区教育立项课题开题论证会。

9月,开展江苏省标准化居民学校创建工作。

10月10日,举办苏州、宁波两地社区教育校长交流启动仪式。

10月11—13日,开展苏州市第四批学习型乡镇(街道)评估考核工作。

10月20日,举办2017苏州市全民终身学习活动周开幕式;成立苏州市社会教育服务指导中心、苏州市社会教育培训与研究基地。

10月30日—11月1日,承办江苏省社会教育规划重点及重点以上课题评审会。

11月1—3日,举办第四期苏州市居民学校负责人培训活动。

12月4日,承办2017年第十四届海峡两岸终身学习峰会。

11月6—10日,组织考察团赴太原考察学习型城市建设和终身教育立法情况。

12月6—8日,举办苏州市社区教育通讯员能力提升班。

2018年

2月,召开苏州市社区教育工作研讨会。

4月8—12日,举办苏州市市民游学项目建设规划培训班。

5月30日—6月1日,江苏省成人教育协会农村教育专业委员会、苏州市终身教育学会在苏州联合举办"江苏省教育服务'三农'高水平示范基地建设现场会"。

6月26日,举办"苏州市终身教育立法研究"课题开题论证会。

7月24—26日,举办苏州—铜仁社区教育研讨会暨对口帮扶培训签约仪式。

8月22—24日,开展2018年苏州市社区教育工作者培训。

9月17—19日,开展苏州市2018—2019年社区教育实验项目社区教育工作者培训。

9月19—21日,承办江苏省2018年社区教育品牌项目建设推进培训会。

9月,张家港承办2018年全国农村积极老龄化培训与研讨会。

10月25日,举办苏州市全民终身学习活动周开幕式。

10月29—31日,承办省社会教育规划课题2016—2018年(重点及以上课题)评审会。

10月,苏州市首届社会教育(教学)成果奖评审在苏州开放大学召开。

11月2日,召开苏州市社区教育游学项目建设推进会。

11月26—30日,举办苏州市"社区教育资源建设管理干部培训班"。

12月5日,召开苏州市社会教育服务指导中心年终表彰大会;成立苏州市终身教育促进委员会。

12月,召开2017—2018年苏州市社区教育立项课题结题培训会。

2019年

1月4日,2018年度苏州市社会教育课题开题评审会在苏州开放大学召开。

1月8日,2019年苏州市社区教育工作统筹会议在苏州开放大学召开。

3月1日,苏州市社会教育服务指导中心2019年首次例会召开。

3月28日,苏州市人大常委会调研苏州市终身教育立法工作。

4月8—11日,联合国教科文组织"终身学习理念下新时期社区教育创新发展研讨会暨城市学习中心能力建设项目开题会"在吴江举行。

4月8—12日,苏州市社区教育之终身教育立法培训班顺利举办。

5月6—8日,苏州市"社区教育中心校长综合能力提升"培训班顺利举办。

6月4—5日,苏州市社会教育服务指导中心开展了苏州市首批社区教育游学项目中期评估。

6月17日,苏州市残疾人教育工作研讨会在郭巷召开。

6月21日,联合国教科文组织"CLC"苏州联盟老年教育工作会议在昆山周市召开。

7月5日,苏州市社会教育服务指导中心2019年第二次例会顺利召开。

8月19—23日,2019年苏州市社区教育管理干部能力提升班顺利举办。

8月25—27日,苏州市终身教育学会举办第八期村(社区)居民学校校长培训班。

9月6日,江苏省"沙家浜红绿新学堂"游学项目授牌。

9月7日,市民学习苑运河图书馆接受省级学习苑现场评估。

10月18日,召开2019年苏州市社区驾驭项目集中评审汇报会。

10月25日,2019年苏州市暨常熟市全民终身学习活动周开幕。

11月25日,苏州市首批社区教育游学项目终期评审会召开。

12月5日,2019年江苏省社区书画大赛作品展在苏州开放大学开幕。

12月21日,"城市社区学习中心(CLC)能力建设项目"总结推进研讨会在苏州召开。

12月27日,苏州市社会教育课题2018年度立项课题中期检查及2019年度立项课题开题评审会在苏州开放大学开展。

12月30日,苏州市首批游学项目经验分享及第二批游学项目现场汇报会顺利开展。

2020年

4月28日,苏州市社会教育服务指导中心2020年首次例会暨2019年总结表彰会召开。

7月8—10日,苏州市社区教育摄影师资(初级)培训班举办。

7月11日,张家港市南丰镇"教育惠企"活动启动。

8月5—7日,2020年苏州市社区教育实验项目实践探索培训班顺利举办。

8月17日,苏州市首届示范性社区教育中心评审会召开。

8月19—21日,苏州市第二批市民学习苑申报现场评审。

9月26日,苏州市首届社区教育教师能力大赛在苏州园区开放大学举办。

9月29日,苏州市社会教育服务指导中心开展了苏州市首批市民学习苑终期评审。

9月,开展2020年苏州市社会教育课题申报和优秀论文评选工作。

11月3—6日,苏州市社区教育管理干部综合能力提升培训班举办。

11月8—11日,苏州开放大学赴延安开展苏陕社区教育帮扶对接工作推进事宜。

11月27日,2020年苏州市暨相城区全民终身学习活动周开幕并发布苏州市市民学习地图。

12月,苏州市社会教育服务指导中心开展了苏州市第二批社区教育游学项目终期评审。

2021年

3月24日,召开2021年苏州市社会教育工作会议,下发《2021年苏州市继续教育工作要点》。

4月,开展苏州市老年人智能技术优秀数字化课程资源建设,组织评选2021年度"苏州市学习之星",张家港市社区教育市级精品项目推进会召开,2021常熟社区教育教育惠民项目立项评审,"书香吴中 悦读越美"2021年吴中区全民阅读节暨"学史悟理 阅美甪直"甪直镇第十届全民读书节启动,工业园区启动"能者为师——社区教育志愿教师招募"活动。

5月,苏州市第三批社区教育游学项目立项,举办苏州市终身教育学会换届选举大会,太仓市举办2021年社区教育教师能力大赛。

6月24日,苏州开放大学组织开展2021年苏州社区教育教师能力大赛。

6月,举办苏州市社区教育教师能力提升培训班,举办2021年苏州市社区教育实验项目建设与管理培训班,昆山市"智慧助老微课堂"智慧助老课程发布,高新区"建党百年辉煌 同悦经典书香"——苏州西部生态旅游度假区2021年阅读节开幕。

7月12—14日,举办2021年苏州市社区教育机构建设与管理培训班。

7月22日，吴江区举行了首批日间照料中心"城市社区学习空间"授牌仪式。

9月，苏州市教育局组织了苏州市第二批示范性社区教育中心建设申报考核，苏州市社会教育服务指导中心开展了苏州市第二批市民学习苑中期检查，姑苏区举办"大运河畔·古韵非遗·正当潮——少儿非遗汉服秀"活动。

10月，姑苏区社区教育代表参加首届"长三角家庭教育论坛"并发言。

11月19日，举办2021年苏州市全民终身学习活动周暨苏州工业园区第七届全民终身学习活动周开幕式。

11月，苏州市社会教育服务指导中心开展了苏州市首批老年教育赋能项目立项和苏州市第三批社区教育游学项目中期检查，昆山市第三批市民终身学习体验基地立项。

12月，张家港市、苏州工业园区、常熟市三地社区教育共同体举行签约仪式；召开第11届"上海金山·浙江嘉善·江苏吴江·安徽宣州"终身学习共同体研讨会；举办苏州工业园区公益课程惠民项目发展论坛。

2022年

1月3日，"沙家浜红绿新学堂"游学项目、"昆曲源头　文化巴城"游学项目、生命奥秘游学项目、3D打印科教资源项目齐聚昆山，发挥基地社会教育作用，打造终身学习良好氛围，助推双减工作的开展。

1月12日下午，苏州市第二批市民学习苑项目建设经费使用说明会在苏州开放大学举行。

3月，"基于'精准滴灌'理念的苏州社区教育模式构建与实践"获江苏省教育厅教学成果奖(职业教育类)一等奖。

4月26日，苏州市民学习苑"苏工苏作传承项目"获教育部社区教育"能者为师"实践创新项目。

4月，组织苏州市首届社区教育优秀课程评比、苏州市首届社区教育优秀团队遴选。

6月11日，苏州开放大学、苏州市社会教育服务指导中心组织开展了2022年"江南文化"系列公益课程进社区培训项目。《鼎甲天下　文章魁首——科举制度与苏州状元文化》首场培训在常熟博物馆拉开了序幕。

6月29日,2022年苏州市社区教育教师能力大赛在苏州开放大学成功举办。

9月15日,苏州市在教育局职成司"智慧助老"优质工作案例、教育培训项目及课程资源第二批推介中获得"智慧助老"优质工作案例2个、优质培训项目1个、优质课程资源9个。

10月14日,吴江区"城市社区学习中心(CLC)能力建设项目(第二期)"研讨会在吴江区太湖新城社区教育中心召开。

10月20日,《苏州市终身学习促进条例》立法调研组在苏州市人大副秘书长陆丽瑾带领下实地考察调研大新镇社区教育中心和大新老年大学。

10月,开展昆山市首批乡村振兴教学点评选。

11月2日,省成人教育协会、市人大常委会带队考察调研张家港市保税区社区教育工作。

11月11日,中国成人教育学会网络教育中心李荣华主任来常熟沙家浜指导调研社区教育。

11月18日,嘉定安亭、昆山花桥、青浦白鹤、昆山陆家四地"学悦双城·1+"项目第十一次"理论引领共建,实践推进学悦"研讨会在嘉定区安亭镇百蒂凯现代农业生态园举行。

11月,苏州市老年教育赋能项目首批结项和第二批申报工作顺利开展。

12月,苏州开放大学获江苏省社会教育东西部结对先进集体,高觐悦获江苏省社会教育东西部结对先进个人。

2023年

3月16日,环阳澄湖游学联盟区域共同体助力乡村振兴教学点迎来了首批游学团队——扬州市职业大学2021年部级高素质农民培训(高邮种植)班100名学员。

3月22日下午,2023年苏州市社会教育服务指导中心工作例会暨2022年总结表彰会在苏州开放大学顺利召开。

3月起,2023年"江南文化"系列公益课程进社区活动开始。

4月18—20日,由江苏省成人教育协会城市社区教育专委会主办、苏州市终身教育学会承办的"新时代学习型城市建设专题研修班"在苏州开放大学举办。

4月21日,苏州市第一批"家门口的老年大学"102个项目名单公布。

4月25—26日,中国联合国教科文组织全国委员会咨询专家、农村社区学习中心(CLC)能力建设项目组组长王力教授带队莅临吴中区木渎镇、张家港保税区,考察调研社区学习中心(CLC)能力建设项目工作。

4月,组织2023年苏州市社区教育优秀课程评选、开展苏州市第四批社区教育游学项目申报评审。

5月30日,苏州开放大学举办2023年苏州市社区教育教师能力大赛。

6月20—21日,苏州市首届社区教育教学公开课观摩活动在苏州市老年大学举办。

7月15日,苏州市第二批"家门口的老年大学"64个项目名单公布。

7月24—25日,江苏省社会教育服务指导中心副主任吴光林一行莅临我市调研社区教育工作。

9月11日,江苏省教育部门调研团一行50余人在省教育厅副厅长曹玉梅的带领下莅临张家港保税区,对区街社区教育进行调研。

9月15日,中国成人教育协会乡村振兴专业委员会秘书长姜明房、项目主任王斌莅临张浦镇金华村,就职成教育助力乡村振兴工作进行调研、交流。

11月1日,2023年苏州市全民终身学习活动周开幕式暨姑苏区第十届全民终身学习活动周正式开幕。

11月28日—12月1日,中国教育发展战略学会2023年学术年会暨终身学习专业委员会学术年会在苏州举办。

11月28日—12月1日,江苏省教育厅指导,江苏省社会教育服务指导中心主办、江苏省终身教育研究会社区教育专业委员会协办的"社区教育研究骨干科研能力提升及特色品牌打造专项培训班"在苏州成功举办。

图书在版编目(CIP)数据

回顾与展望:苏州社区教育发展研究:2014—2023 /
高觐悦,孙桂英主编. -- 南京:南京大学出版社,
2024.9. -- ISBN 978-7-305-28452-6
Ⅰ.G779.2
中国国家版本馆 CIP 数据核字第 2024F5E571 号

出版发行　南京大学出版社
社　　址　南京市汉口路 22 号　　邮　编　210093
HUIGU YU ZHANWANG:SUZHOU SHEQU JIAOYU FAZHAN YANJIU(2014—2023)
书　　名　回顾与展望:苏州社区教育发展研究(2014—2023)
主　　编　高觐悦　孙桂英
责任编辑　荣卫红　　　　　　　编辑热线　025-83685720
照　　排　南京紫藤制版印务中心
印　　刷　苏州市古得堡数码印刷有限公司
开　　本　718 mm×1000 mm　1/16 开　印张 20.5　字数 336 千
版　　次　2024 年 9 月第 1 版
印　　次　2024 年 9 月第 1 次印刷
ISBN　978-7-305-28452-6
定　　价　88.00 元

网　　址　http://www.njupco.com
官方微博　http://weibo.com/njupco
官方微信　njupress
销售热线　025-83594756

* 版权所有,侵权必究
* 凡购买南大版图书,如有印装质量问题,请与所购
　图书销售部门联系调换